土地利用
生态安全调控研究
——
以兴国县为例

国家自然科学基金面上项目（41971243）和国家自然
科学基金地区项目（41961035）成果

谢花林　何亚芬　温家明◎著

RESEARCH ON REGULATION OF
LAND USE ECOLOGICAL SECURITY

A Case Study in Xingguo County

经济管理出版社
ECONOMY & MANAGEMENT PUBLISHING HOUSE

图书在版编目（CIP）数据

土地利用生态安全调控研究：以兴国县为例/谢花林，何亚芬，温家明著. —北京：经济
管理出版社，2020.11

ISBN 978-7-5096-7607-3

Ⅰ.①土… Ⅱ.①谢… ②何… ③温… Ⅲ.①土地利用—生态安全—研究—兴国县

Ⅳ.①F321.1 ②X321.256.4

中国版本图书馆 CIP 数据核字（2020）第 235901 号

组稿编辑：王光艳
责任编辑：杜弈彤
责任印制：黄章平
责任校对：董杉珊

出版发行：经济管理出版社
　　　　　（北京市海淀区北蜂窝 8 号中雅大厦 A 座 11 层　100038）
网　　　址：www. E-mp. com. cn
电　　　话：（010）51915602
印　　　刷：唐山昊达印刷有限公司
经　　　销：新华书店
开　　　本：720mm×1000mm /16
印　　　张：17
字　　　数：324 千字
版　　　次：2020 年 12 月第 1 版　　2020 年 12 月第 1 次印刷
书　　　号：ISBN 978-7-5096-7607-3
定　　　价：68.00 元

前　言

　　国土是生态文明建设的空间载体，是我们赖以生存和发展的家园，是中华民族繁衍生息和永续发展的家园。近年来，由于一些不合理的土地利用方式或行为，导致生态系统及环境遭到破坏，有些甚至难以恢复。例如，在城市化和工业化发展过程中，建设用地需求日益增加，为满足耕地"占一补一"政策的要求，沿海滩涂以及其他生态用地（尤以湖泊等湿地以及草原为首）被开发为农业用地。生态用地的过度开发导致了不少地区生物多样性丧失、生态退化、生态调节能力下降等灾难性后果。

　　鉴于当前我国的土地生态破坏问题，以及全球气候异常频现的现实背景，开展土地利用生态安全评估与调控工作尤为重要，是一项功在当代、利在千秋的公益事业。党的十八大报告提出"大力推进生态文明建设，优化国土空间开发格局，构建科学合理的城市化格局、农业发展格局、生态安全格局。"《中共中央关于全面深化改革若干重大问题的决定》重申"要划定生产、生活、生态空间开发管制界限"。党的十九大报告指出，加大生态系统保护力度，优化生态安全屏障体系，构建生态廊道和生物多样性保护网络，提升生态系统质量和稳定性；完成生态保护红线、永久基本农田、城镇开发边界三条控制线划定工作，构建国土空间开发保护制度。2019年党中央、国务院正式印发的18号文件《关于建立国土空间规划体系并监督实施的若干意见》明确提出，建立国土空间规划体系并监督实施，将主体功能区规划、土地利用规划、城乡规划等空间规划融合为统一的国土空间规划，实现"多规合一"；落实新发展理念，坚持以人民为中心，促进高质量发展，在资源环境承载能力和国土空间开发适宜性评价的基础上，科学有序统筹布局生态、农业、城镇空间，划定生态保护红线、永久基本农田、城镇开发边界等管控边界，优化国土空间结构布局，保护生态屏障，开展生态保护和修复，完善基础设施和公共服务设施，延续历史文脉，突出地域特色。党的十九届四中全会《中共中央关于坚持和完善中国特色社会主义制度　推进国家治理体系和治理能力现代化若干重大问题的决定》指出，坚持和完善生态文明制度体系，促进人与自然和谐共生，要加快建立健全国土空间规划和用途统筹协调管控制度，统筹划定落实生态保护红线、永久基本农田、城镇开发边界等空间管控边界。习近平总书记指出,生态环境问题既是经济问题,也是重大社会问题和政治问题;要建立健全以生态系统良性循环和环境风险有效防控为重点的生态安全体系,实施主体功能区战略,划定并严守生态保护红线,实施重大生态修复工程,构建科学合理的生态安全格局,筑牢国家生态安全屏障。

构建生态良好的土地利用安全格局,保障国家生态安全已经上升为国家重要战略之一,为我国土地利用管理的理论研究与区域实践指明了方向。土地利用生态安全格局的构建,有利于导向性土地生态安全管控措施的实施,从而真正实现土地利用生态安全的维护。而土地利用生态安全管控需要在厘清土地利用对区域生态环境影响机理的基础上,基于人地关系协调理论,对区域土地利用格局、过程和行为进行生态化管理和调控,以维护土地生态系统结构和功能的健康与稳定为目标,从而实现土地资源可持续利用的最终目的。因此,开展土地利用生态安全管控研究,可以有效防止土地退化和改善区域生态环境质量,同时对于优化国土空间格局,提升区域生态文明建设水平,为人民提供更多生态福祉也具有十分重大的现实意义。

江西省兴国县是南方红壤丘陵县,典型的生态脆弱区,东、西、北三面群山重叠,中南部以县城为中心形成一个地势起伏和缓的盆地。兴国县因地区特有的自然地理特征及各种人为因素,水土流失严重,水旱灾害频频发生,对当地生态环境造成很大影响,进而导致农业低产,经济落后。兴国县是江西省乃至全国水土流失较严重的县之一。水土流失带走土壤中大量的有机质和养分,泥土流入河床,使河流淤高,洪水泛滥,很多农田常年遭受水害,成为落河田,不适宜耕种。1983 年,经国务院批准兴国县被列为全国水土保持重点治理县。水土流失导致地质灾害频发,威胁兴国县的粮食安全、生态安全和防洪安全,严重制约了丘陵地区的经济和社会发展。

本书选择兴国县为研究对象,借助景观生态学理论,利用遥感和地理信息系统技术、空间统计学和 CA 建模等方法,在梳理土地利用生态安全领域国内外研究进展的基础上,分析研究区土地利用动态变化,测度土地利用生态风险程度及其时空演变规律,探析重要生态用地——林地变化的驱动因素及森林破碎化程度,探讨林区优先保护区的识别方法,进行区域生态安全空间重要性评价,建立 CA 模型进行土地利用生态安全调控模拟研究。

本书共 12 章,各章的主要内容如下:

第 1 章首先介绍了本书的研究背景与研究意义,其次对国内外相关的研究文献进行了系统的梳理与评价,最后在此基础上阐述了本书的研究目的、研究内容、研究方法。

第 2 章探讨了土地利用生态安全调控的理论基础,具体包括土地系统控制论、土地利用行为理论、景观生态安全格局理论、人地关系协调理论、生态环境预警理论和土地生态安全理论。

第3章探讨了土地利用生态安全调控的研究方法，具体包括景观格局分析法、空间统计学方法、生态经济价值核算法、生态安全评价法、模型模拟法、多元 Logistic 回归模型和情景分析法。

第4章对研究区概况进行了介绍。主要从地理区位、自然环境、土地利用概况以及社会经济概况等方面对研究区进行概述。

第5章分析了土地利用动态变化特征。具体从景观格局动态度、景观类型转移概率矩阵、景观类型转入/转出贡献率和景观格局指数四个方面重点分析兴国县土地利用景观格局的时空动态变化规律。

第6章基于分形理论探讨了兴国县土地利用空间行为特征。在 RS 和 GIS 技术支持下，以兴国县土地利用变化为研究对象，运用景观生态学的理论和研究方法，尤其是分形理论方法，研究兴国县土地利用景观格局及其变化，从而对兴国县景观格局的演变规律进行实证分析。

第7章探讨了林地变化的驱动因素及其破碎化。首先研究了兴国县的林地利用变化，运用 Logistic 回归模型以社会经济因素，区位因素和气候、土壤、地形等自然因素揭示了研究区林地变化的原因；其次从非传统的景观格局角度用森林景观破碎指数分析评价兴国县的森林破碎格局及其干扰模式，并基于上述分析提出了一些有针对性的政策建议。

第8章分析了基于景观结构的土地利用生态风险。具体在基本判别指标的基础上，构建了干扰度指数和景观脆弱度指数，并通过土地利用格局与生态环境之间的关系，建立景观格局指数与土地利用生态风险之间的定量化表达，借助空间统计学空间化变量的方法探究兴国县土地利用的生态风险空间特征。

第9章基于生境质量与保护成本分析识别兴国县林区优先保护区。主要是在运用 InVEST 生境质量模型对兴国县林地生境质量进行评估的基础上，构建生物多样性保护成本空间格局，综合两者的关系，识别出基于生物多样性保护的林区优先保护区。

第10章基于 GIS 进行区域生态空间重要性评价。主要通过建立一个空间尺度上的综合指数，评估区域生态空间对维护区域水资源安全、生物多样性保护、防灾减灾和自然游憩的重要性，并基于 GIS 建立一个确定维持生态安全的关键空间的方法。结果表明，生态空间在维护水安全、生物多样性保护、防灾游憩等方面具有空间特征。

第11章调控模拟了土地利用生态安全格局。在区域关键性生态用地空间结构识别的基础上，综合考虑粮食安全和未来经济发展对建设用地的需求安全，设置底线安全、满意安全、理想安全三种情景，构建土地利用格局演化的 CA 模型模拟比较不同安全情景下的关键性生态用地的损失量和空间形态等，揭示不同政策执行下的土地利用调控效果。

第 12 章总结了土地利用生态安全调控对策，包括实施国土空间生态重要性分区管制、建立土地利用生态安全的预警机制、创新土地利用生态安全的补偿机制和完善土地利用生态安全的公众参与机制。

由于土地利用生态安全评估与管控研究极为复杂，涉及众多学科的理论和方法，本书仅是对土地利用生态安全的粗浅研究。特别是其理论和方法还不成熟，再加上笔者能力有限，书中不免有欠妥之处，恳请读者不吝斧正。

本书是在课题组承担的国家自然科学基金面上项目"南方丘陵山区耕地撂荒多尺度过程机理与权衡管理研究"（41971243）、国家自然科学基金地区项目"农户异质性视角下耕地利用生态转型的行为机理与调控研究——以江西省为例"（41961035）、国家自然科学基金项目"基于约束性 CA 的红壤丘陵区土地利用安全格局情景模拟研究——以江西兴国县为例"（40801106）、江西省教育厅科学技术研究项目"基于 GIS 和 CA 的鄱阳湖地区土地生态安全空间预警与优化调控研究"（GJJ180285）、江西省高校人文社科研究项目"江西省国土开发与保护的配置效率与权衡研究"（GL19206）等部分研究成果的基础上整理而成。土地利用生态安全研究涉及的领域较广，是一项复杂的系统工程，本书引用了大量的相关文献，在此对相关文献的作者们表示诚挚的谢意。

江西财经大学生态文明研究院朱振宏、肖璐萍、李凤琴、施佳颖等参与了部分工作，同时朱振宏、肖璐萍、李凤琴、施佳颖、温宇阳、欧阳振益、李哲和许信参与了书稿的校对工作，在此对他们表示衷心的感谢。

本书适合土地资源管理、地理学、环境管理、生态学和人口、资源与环境经济学等专业的本科生和研究生阅读，也可以作为政府工作人员参考用书。

谢花林
2020.10.8

目　录

1

第1章

绪　论

1.1　研究背景与研究意义

1.1.1　研究背景

土地是人类赖以生存的基本条件，人类所有的包括政治、经济、文化在内的生产和生活活动都必须依赖其所在的土地生态系统。土地利用是人类根据土地资源的自然特点，按一定的经济、社会目的，采取一系列生物、技术手段，对土地进行长期性或周期性的经营管理和治理改造。就广度而言，对土地的利用是人类改变自然环境最主要的活动（李秀彬，2002）。地球进入"人类世"，人类活动使地球的陆地、海洋、大气和生物系统发生了巨大变化，随着人类活动的加剧和对土地持续不合理的开发利用，环境污染与生态破坏日益严重，由此导致的温室效应凸显、酸雨区扩展、自然资源短缺、水土流失、土壤沙化、森林减少、草场退化、洪涝灾害频发、冰川冻土融化和土壤污染等生态环境问题又严重威胁着人类的生存与发展。

在过去的50年间，全球土地利用由于人类干扰的加剧经历了巨大的变化，其速度超过了人类历史上的任何时期。就全球而言，世界进入快速的全球化时期，迅猛的工业化和经济增长推动人口膨胀，也加剧了对环境的影响。2010年全球城乡建设用地面积（包括居住用地和基础设施用地）达1.19亿公顷，占全球陆地表面总面积的0.88%，在不进行政策干预的情况下，到2050年，全球居住用地和基础设施用地面积预计增长约2.6亿~4.2亿公顷；而在政策干预下，居住用地和基础设施用地面积将增长0.9亿公顷。无论哪一种情景，居住用地和

1

基础设施用地的扩张是靠侵占生态用地和农业用地实现的。从国内来看，根据刘纪远等（2014）的研究，1990~2010 年，中国耕地面积增加 182 万公顷，城乡建设用地面积增加 552 万公顷，其中约有 318 万公顷耕地被建设占用，林地面积共减少 85.2 万公顷，草地面积持续减少。

土地具有自然特性和稀缺性，一旦遭到破坏和污染，即使经过长期的修复也难以恢复到最初的状态。在这样的背景条件下，土地利用变化所引发的全球环境变化得到广泛而高度的关注，关注焦点为气候和生态系统在未来的可能变化（李秀彬，2002）。根据国家遥感中心发布的《全球生态环境遥感监测 2019 年度报告》，2000~2018 年全球土地退化与改善恢复两大过程在不同区域并行发生，两者总量基本持平。其中，退化扩展和加重的土地总面积达 1609.59 万平方千米，约占全球陆地总面积的 11.95%（除南极洲外），退化扩展和加重区域集中分布在非洲和南美洲热带及其以南地区。亚马逊平原和刚果盆地等全球水热条件最佳的热带雨林区域出现了大面积的森林退化，亚马逊平原退化面积高达 447.57 万平方千米，刚果盆地退化面积高达 330.11 万平方千米，这主要与全球变化背景下由气候变暖、厄尔尼诺等引起的连年干旱，森林大范围砍伐、开垦和频繁的火灾干扰等密切相关。

当今中国，由于人口众多、经济结构不尽合理和有些地方对自然资源进行掠夺式开发等，仍面临着水旱灾害频繁、水土流失严重、荒漠化扩展、水体污染加剧、外来物种入侵以及生物多样性丧失等生态问题。我国人均耕地面积已从 1949 年初的 0.0026 平方千米降到了 0.00097 平方千米，高质量耕地尤其是水田被大量占用，全国耕地土壤污染点位超标率为 19.4%。2018 年全国水土流失面积达到 273.69 万平方千米；草地退化、沙化和碱化面积以每年 2 万平方千米的速度增加，退化面积已占全国草原面积的 1/3；全国荒漠化土地总面积达 261.16 万平方千米，占国土面积的 27.20%，同时受全球气候变化影响，干旱半干旱地区还将继续扩张。1949 年以来，全国湖泊水面减少约 1.4 万平方千米；土壤污染严重，全国土壤总的超标率（土壤超标点位的数量占调查点位总数量的比例）为 16.1%。这些问题严重影响了我国社会经济的可持续发展，直接影响实现中华民族伟大复兴的进程。

党的十八大以来，以习近平同志为核心的党中央把生态文明建设摆在改革发展和现代化建设全局位置。党的十八大报告提出："大力推进生态文明建设，优化国土空间开发格局，构建科学合理的城市化格局、农业发展格局、生态安全格局。"《中共中央关于全面深化改革若干重大问题的决定》重申"要划定生产、生活、生态空间开发管制界限"。2014 年，习近平总书记提出构建总体国家安全观，并将生态安全作为非传统安全纳入国家安全体系。2015 年，划定生态保护红线，强化生态风险的预警和防控被写入《国家安全法》。党的十九大报告进一步指出，加大生态系统保护力度，优化生态安全屏障体系，构建生态廊道和生物多样性保护网络，提升生态系统质量和稳定性，完成生态保护红线、永久基本农田、城镇开发边界三条控制线划定工作，构建国土空间开发保护制度。党的十九届四中全会通过的《中共中央关于坚持和完善中国特色社会主义制度推进国家治理体系和治理能力现代化若干重大问题的决定》对坚持和完善生态文明制度体系做出系统部署，指出要加快建立健全国土空间规划和用途统筹协调管控制度，统筹划定落实生态保护红线、永久基本农田、城镇开发边界等空间管控边界。习近平总书记也多次指出，生态环境问题既是经济问题，也是重大社会和政治问题；要建立健全以生态系统良性循环和环境风险有效防控为重点的生态安全体系，实施主体功能区战略，划定并严守生态保护红线，实施重大生态修复工程，构建科学合理的生态安全格局，筑牢国家生态安全屏障。

在诸多影响区域生态安全的因素和过程中，土地利用/覆盖及其格局的变化是影响区域生态安全较重要的方面（高清竹等，2006）。改革开放以来，我国国土空间开发利用以相对紧缺的资源赋存支撑了40多年的高速增长，但也面临着许多新情况和新挑战。比如，伴随城镇化的快速推进，一些城市周边耕地数量"红线"成了随意变动的"红飘带"，建设占用耕地现象时有发生；"摊大饼"式的发展让不少城市遭遇了"成长的烦恼"：城市周边耕地、湿地减少了，城市生态带遭到破坏，环境质量改善难度加大，城市热岛效应凸显，雾霾天数增加，等等。因此，生态安全不应仅停留在理性层面上，研究土地利用生态安全问题，构建生态安全的土地利用格局以实现区域土地利用的可持续是实现区域生态安全的当务之急。

江西地处华东地区，属中部六省之一，是典型的发展中省份。在近年的快速城镇化发展过程中，人地矛盾突出，生态环境有恶化的趋势。兴国县隶属江西省赣州市，由于地质条件特殊、战争破坏、过度开荒等原因，水土流失触目惊心，"天空无鸟、山上无树、地面无皮、河里无水、田中无肥、灶前无柴、缸里无米"是以前的真实状况。据1980年末统计，全县水土流失面积占山地面积的84%，山地植被覆盖率只有28.8%，农民人均收入仅为121.1元。20世纪七八十年代，兴国县曾因水土流失严重，被国内外水土保持专家称为"世界水土流失之最"和"江南沙漠"。土地利用不合理造成的生态环境问题严重威胁区域生态安全、粮食安全，制约了地区社会和经济发展。习近平总书记多次强调江西要加快构建生态文明体系，做好治山理水、显山露水的文章，打造美丽中国"江西样板"。近年来，兴国县坚定不移地把绿色发展融入经济社会建设的全领域、全过程，绿色发展步伐稳健，纵深推进山水林田湖草生态保护修复、森林质量提升、废弃矿山修复、水土保持综合治理等生态工程。基于此，在国家提倡绿色发展转型与社会经济发展中资源环境约束瓶颈不断凸显阶段，研究区域的土地利用生态安全问题，合理规划区域土地利用生态安全格局，建立土地利用生态安全预警机制，实现区域土地可持续利用成为我们的首要问题。

因此，本书从土地利用生态安全角度出发，在土地系统控制论、土地利用行为理论、景观生态安全格局理论、人地关系协调理论、生态环境预警理论和土地生态安全理论研究的基础上，基于景观格局分析法、空间统计学方法、生态经济价值核算法、生态安全评价法、模型模拟法、多元 Logistic 回归和情景分析法等研究方法，分析兴国县生态景观格局动态变化和土地利用空间行为特征，重点探讨重要的生态用地——林地变化的驱动机制和森林破碎化模式及其干扰模式；构建景观干扰度指数和景观脆弱度指数，通过解析土地利用格局与生态环境之间的关系，建立景观格局指数与土地利用生态风险之间的定量化表达，借助空间统计学空间化变量的方法探究兴国县土地利用的生态风险空间特征；从区域正面临及可能面临的生态威胁视角，辨识关键性生态空间和生态重要性空间，模拟自然发展情况下，区域建设用地和耕地的发展变化，在此基础上构建区域土地利用生态安全预警机制；提出土地利用生态安全调控对策，为政府实现土地利用生态安全目标，制定科学合理的土地开发利用和保护政策提供决策依据。

1.1.2　研究意义

1.1.2.1　理论意义

（1）本书以实现区域土地利用生态安全为目标，突破传统景观指数的限制，采用森林破碎化分析模型，建立林地破碎化地图、森林干扰模式地图传递出破碎化及森林干扰模式的明确空间含义，丰富了景观生态学理论。

（2）通过生态系统服务功能重要性评价和生态敏感性评价方法，以栅格为单元辨识区域关键性生态空间，为土地利用生态安全格局的构建提供了理论依据。

（3）将区域关键性生态空间辨识与未来土地利用格局模拟相结合，构建区域土地利用生态安全的预警机制，突破以往只针对单一具体的土地利用进行生态安全预警的研究范式，为区域土地利用生态格局的构建提供了新的思路。

1.1.2.2　实践意义

在土地利用生态安全已逐渐成为区域可持续发展关注焦点的背景下，研究包括景观生态安全格局构建、关键性生态空间辨识、土地利用生态安全预警以及土地利用可持续发展等在内的区域土地利用生态安全问题，对于区域社会经济发展具有以下重要的实践意义：

（1）有利于促进区域土地资源的充分合理利用，保障粮食安全，优化区域农业产业的要素配置和统筹规划。

（2）有利于科学合理地规划和管理土地利用空间，缓解区域建设用地与粮食安全、生态安全及经济增长压力之间的矛盾。

（3）有利于保护区域关键性生态空间，改善生态环境，保障区域重要生态系统服务功能的稳定发挥和土地资源的可持续利用，实现土地利用生态安全目标。

1.2 相关概念界定

1.2.1 土地资源

土地资源（Land Resource）是一种重要的自然资源，从广义上说是指地表附近在一定高度和深度范围内的一种集合地球上的气候类型、生物种类、水文地貌、土壤岩石、矿藏、植被以及人类的活动成果构成的一个自然的综合体（申元村，1992；赵晓波，2013）。英国经济学家马歇尔曾指出："土地是指大自然为了帮助人类，在陆地上、海上、空气、光和热各方面所赠与的物质和力量。"马克思也认为土地是世界上一切生产的源泉。实际上，从不同的研究角度可以对土地资源做出很多不同的定义。原国家土地管理局在1992年出版的《土地管理基础知识》中从土地管理的角度定义土地："土地是地球表面上由土壤、岩石、气候、水文、地貌、植被等组成的自然综合体，它包括了人类过去和现在的活动结果。"《土地大辞典》从土地利用的角度阐述了土地资源的内涵，即土地资源是指"已经被人类所利用的和可预见的将来能被人类利用的土地"。林培（1996）从可利用的角度评价土地资源，认为在一定技术条件和一定时间内可为人类所利用的土地，包括农地、交通用地、工业用地和林地等土地都可以称为土地资源。刘卫东（1996）从价值方面考虑，认为经过人们在生产要素和管理技术等各方面的投入之后，能够实现经济收益的土地就是土地资源。

土地资源承载了所有人类社会的生产和生活活动，是人类生存与发展不可或缺的一种重要的自然资源，具有稀缺性和使用用途多样性等重要的性质。土地的稀缺性主要表现为土地资源供不应求的现象，由于土地资源不像水资源和大气资源那样具备较强的流动性、自我补充和自我净化能力，其相对固定，利用方式转换较为困难，而且往往具有不可逆性，自我净化能力也相对较差，所以土地资源不仅供给弹性低，短时期内出现较大的需求缺口也很难获得及时补充，难以完全满足社会经济发展的需要（罗静和曾菊新，2004）。土地的用途多样性表现在土地资源不仅可以实现居住、商业、工业和农业生产等多种用途，而且可以在这些不同的用途之间进行转换。实际上，土地分类是土地科学的基本任务和重要内容之一，也是土地资源利用效用评价、土地资产评估和土地利用规划等方面研究的基础性和前期性工作（钟文平等，2014）。具体来说，土地类型在不同的时期根据实际情况和管理需求可以做出不同的划分。1984年发布的《土地利用现状调查技术规程》把土地资源分为耕地、园地、林地、牧草地、居民点及工矿用地、交通用地、水域、未利用地等类型，其中未利用地包括荒草地、盐碱地、沼泽地、沙地、裸地、裸岩石砾地和其他未利用土地。[①] 2001年出台的《全国土地分类（试行）》把土地资源分为农用地、建设用地和未利用地，其中农用地主要包括耕地、园地、林地、牧草地；建设用地主要包括居民点及工矿用地、交通运输用地、水利设施用地。[②] 2007年发布的《土地利用现状分类》中，农用地包括耕地、园地、林地、草地，而建设用地的内容发生了一些变化，主要包括商服用地、工矿仓储用地、住宅用地、公共管理与公共服务用地、特殊用地、交通运输用地、水域及水利设施用地。[③]《中华人民共和国土地管理法》则将土地分为农用地、建设用地和未利用地，农用地是指直接用于农业生产的土地，包括耕地、林地、草地、农田水利用地、养殖水面等；建设用地是指建造建筑物、构筑物的土地，包括城乡住宅和公共设施用地、工矿用地、交通水利设施用地、旅游用地、军事设施用地等；未利用地是指农用地和建设用地以外的土地。2017年原国土资源部组织修订国家标准《土地利用现状分类》（GB/T 21010—2017），经国家质量监督检验检疫总局、国家标准化管理委员会批准发布并实施。新版标准秉承满足生态用地保护需求、明确新兴产业用地类型、兼顾监管部门管理需求的思路，完善了地类含义，细化了二级类型划分，调整了地类名称，增加了湿地归

---

① 全国农业区划委员会. 土地利用现状分类 [EB/OL]. http://www.360doc.com/content/15/0112/23/9556040_440275820.shtml，1984-09-08.

② 中华人民共和国国土资源部. 全国土地分类（试行）[EB/OL]. http://www.360doc.com/content/11/1128/10/7293128_168018590.shtml，2001-08-21.

③ 中华人民共和国国家质量监督检验检疫总局和中国国家标准化管理委员会. 土地利用现状分类国家标准 [EB/OL]. http://www.doc88.com/p-178329084206.html，2007-08-10.

类，并将该分类标准实际运用于第三次全国国土调查。

1.2.2　土地利用

　　土地利用（Land Use）是指人类根据自身的需要，在一定的经济和技术条件约束下，通过各类手段对土地的自然属性加以开发和利用的一个动态过程。这个过程涉及人类、资源和环境等多种主体之间大量信息、物质和能量的交流和转换（罗娅等，2014）。土地利用是一个有着特定功能的复合系统，主要由土地自然生态系统和社会经济发展系统组成，人们的生产生活将这两个系统成功地结合起来（周子英，2012）。人们利用土地的活动，任何时候都发生在自然系统、经济系统及体制系统的三重框架内（李秀彬，2002），任何形式的土地利用活动都或多或少地对地表自然环境施加影响，后者也同时反作用于前者，这种反作用有时候以极端的形式出现，比如自然灾害，使土地利用系统受到直接的打击，地表自然环境的变化往往表现为自然资源的衰竭和环境的退化，当这一问题足够严重以致引起公众的关注时，体制系统就可以通过法律、法规及政策等资源和环境管理手段调整土地利用系统。除了环境变化，土地利用系统还通过自身的经济表现和社会效应为各个层次的决策者提供信息，指示其自身在经济上的可行性和社会上的可容性（李秀彬，2002）。土地利用过程需要达到的目标就是各种土地利用活动不超越土地自然系统的自我更新能力，不断保护和加强土地自然系统的生产和更新能力。土地利用方式需要达到的目标是合理和高效地利用土地，在保持土地质量及土地所提供服务的前提下，使产品的净利益增加到最大限度（张正峰，2019），即减少土地利用生态风险，保障土地利用生态安全。

1.2.3　生态用地

　　"生态用地"一词是由石元春院士于 2001 年考察宁夏回族自治区时提出的，随后石玉林院士在中国工程院咨询项目"西北地区水资源配置与生态环境保护"报告中对生态用地概念做了阐述，指出在西北干旱区，生态用地是指具有干旱区防治和减缓土地荒漠化加速扩展功能的土地，可以作为"缓冲剂"，以实现保护和稳定区域生态系统的目标（张红旗等，2004）。岳健和张雪梅（2003）对生态用地的概念做了更为定性的描述，认为生态用地是指除农用地和建设用地以外的土地，包括为人类所利用但是拥有农用和建设用以外的用途，或主要由除人类之外的其他生物所直接利用，或被人类或其他生物间接利用，并主要起着维护生物多样性、区域或全球的生态平衡以及保持地球原生环境作用的土地。苏伟忠等

（2007）认为生态用地的狭义理解是指以发挥自然生态服务功能为主的土地资源。柏益尧（2005）引入"生态用地"和"三地"的概念，用"建设用地""耕地"和"生态用地"三种用地类型重新整合土地资源，以期改变长期以来土地资源分类管理偏重于人类的需求、忽视生态环境建设的状况。邓红兵等（2009）从生态服务角度出发，定义区域或城镇土地中以提供生态系统服务为主的土地为生态用地。唐双娥（2009）从法学视角认为生态用地可界定为保证人类生态安全、以发挥生态功能为主的土地，或者其生态功能重要或非常脆弱需要修复、保护的土地。党的十八大以来，中央和地方政府强调优化生态用地、生活用地、生产用地"三生用地"空间结构，邹利林等（2018）据此定义生态用地为具有调节生态平衡、维持和保障生态安全功能的用地。张红旗等（2015）认为，生态用地是支撑生产用地和生活用地实现自身功能的前提。

本书认为生态用地应该是维持区域生态平衡，以发挥自然生态系统服务功能为主的土地资源。生态用地的内涵包括：①生态用地以自然生态保护为主要目的，与侧重支撑人类生态系统用地类型的建设用地、耕地相对应，用途侧重自然生态系统的保护及其功能发挥，尽量避免人类活动对自然生态系统的干扰和破坏；②生态用地的范围应当包括各类自然生态系统保护用地、自然和人工水系以及各类湿地、重要生态功能区保护用地、自然保护区等；③生态用地应当为自然生态系统的修复与弥合创造条件，最终恢复并保持自然生态系统的完整多样和健康稳定；④生态用地的安排对于人类需求来说，侧重点在于保证人类社会生态安全，满足人类整体生存需要前提下生活质量的提高、可持续性的保障以及人与自然的和谐（张德平等，2006）。

区域关键性生态用地是指在区域一定的生态空间供给下，为保障区域洪水防护和水资源保护安全、生物多样性保护安全、地质灾害防护安全、游憩安全，维护区域景观格局完整性和连续性所需要的关键性用地空间。它承担着维护生命土地的安全和健康的关键使命，并为社会提供持续不断的生态空间服务，是区域土地生态系统持续提供自然空间服务的基本保障。

1.2.4　生态安全

生态安全（Ecological Security）最早出现在 20 世纪 40 年代的土地健康及土地功能评价中，其概念建立在环境安全的基础上（庞雅颂和王琳，2014）。生态安全一词从有明确定义至今，已有约二十年历史。生态安全的概念由国际应用系统分析研究所（IASA）在 1989 年提出，其认为生态安全是指人的生活、健康、安乐、基本权利、生活保障来源、必要资源、社会秩序和人类适应环境变化的能力等方面不受威胁（张智光，2013）。其后，美国环境学家 Norman Myers（2004）认为因资源战争和生态威胁而引起的环境退化，继而波及其他领域的不安全即为生态不安全。生态安全概念产生于生态威胁、生态风险等概念。Herrmarm 等（2003）从国家安全出发，指出生态安全是国家安全的一个重要组成部分。Steve Lonergan 等（1993）讨论了生态安全与可持续发展的关系，认为这两者都与人类安全相关联。Rogers（1997）认为生态安全是自然环境在不损害其潜力的前提下能够满足人类和生物群落的持续发展与生存需求。Mack Halle（2004）将人类安全网络系统细分为人口、政治、文化和生态等安全子系统。Rapport（1998）认为生态安全应当与人类社会可持续发展相联系，生态安全的目标就是为人类的生存发展提供良好的生态服务功能。

2000 年 12 月国务院发布的《全国生态环境保护纲要》首次明确提出了"维护国家生态环境安全"的目标，并认为生态安全是国家安全的重要组成部分。生态安全是人类在生产、生活和健康等方面不受生态破坏与环境污染等影响（肖笃宁等，2002），能够实现生态环境自身良性循环，促进资源环境与社会经济发展的相互协调（周国富，2003）。近年来，专家学者从不同的视角对生态安全进行解释。郭中伟和甘雅玲（2003）从自然生态系统的角度认为生态安全是生态系统的结构不受破坏、生态功能不受损害，是生态系统的健康和完整。黄青和任志远（2004）从生态承载力的角度出发将生态安全定义为生态系统的承载能力大于人类对它的影响时的一种状态。邹长新等（2014）以区域安全的视角将生态安全定义为区域内各类生态系统在维持自身正常的结构和功能条件下能够承受人类各种正常的社会经济活动。王根绪等（2003）从生态风险和生态健康角度定义生态安全。崔胜辉等（2005）从生态风险和生态脆弱性的角度认为生态风险和生态脆弱性是生态安全的本质。王耕等（2007）从生态系统隐患的角度阐述区域生态安全的机理。生态安全涉及自然和社会两个方面，包括自然生态安全、经济与社会生态安全、资源环境安全等，尽管不同学者对生态安全内涵和外延的看法有所不同，但都认为生态安全具有战略性、完整性、可持续性、综合性和不可逆性等特性（陆威等，2016；李昊等，2016）。2020 年 6 月，国家发展和改革委员会、自然资源部印发了《全国重要生态系统保护和修复重大工程总体规划（2021—2035年）》，指出了保障生态安全的目标，确定了保障国家生态安全的关键区域和重要举措，布局了青藏高原生态屏障区、黄河重点生态区（含黄土高原生态屏障）、长江重点生态区（含川滇生态屏障）、东北森林带、北方防沙带、南方丘陵山地带、海岸带七个区域生态保护和修复重大工程，以及自然保护地建设及野生动植物保护、生态保护和修复支撑体系两个单项重大工程，从区域角度谋划统筹山水林田湖草生态要素，修复生态脆弱地区的生态系统功能，提升生态脆弱区的生态系统稳定性和保障生态安全的能力,凸显了保障生态安全、促进人与自然和谐共处、支撑生态文明建设和美丽中国建设的作用。

本书将生态安全定义为维护人类生存的社会环境和自然环境,免受人类过度活动与利用所致使的破坏,即人类生活的空间尚未构成威胁的状态。

1.3 相关研究进展

1.3.1 景观生态安全研究

1.3.1.1 景观安全格局及其破碎化研究

人类各种行为和活动的范围主要是在景观这个层次上,因而景观是研究人类活动对环境影响的适宜尺度(谢花林,2008)。伴随着我国社会经济的发展,城市化和工业化进程的日益加快,都市农业景观受到人们愈来愈多的关注。都市农业景观指的是由在城市化进程中受到影响的诸如耕地、林地、农业用地、草地等用地类型所构成的景观空间。城市化使都市景观的空间布局、空间结构、类型、过程和格局发生了显著的变化,而景观空间格局的变化会严重影响景观单位所能提供的功能,所以城市化严重影响了景观生态的安全。鉴于此,宋晓媚等(2015)基于 GIS 和 RS 技术分析了西安市农业景观生态的动态变化过程,并且基于"压力—状态—响应"(PSR)模型定量分析了都市农业景观生态安全,发现在城市化的发展过程中,景观结构变化剧烈,景观板块细碎化、复杂化程度均较严重,都市化使景观生态安全受到了严重的威胁。孙翔等(2008)利用 PSR 模型,以 TM 遥感影像为底图,对空间可以插值的指标进行空间插值,而空间不可插值的指标则利用专家赋值法进行处理,采用 RS 和 GIS 相结合的技术通过空间叠加得到厦门市 2003 年和 2006 年的景观生态安全综合指数,得出在城市化的进程中,景观的生态安全压力会有所提升,但是景观调控能力的加强,也可以相应地缓解景观生态的压力。韩逸等(2019)以南方丘陵区典型县——奉新县为研究区,选取景观格局指数构建耕地景观生态安全评价模型,分析了县域尺度下耕地景观生态安全状况及其空间聚集特征,并应用地理加权回归模型探究自然和社会经济因素对区域耕地景观生态安全影响作用的空间地域差异,结果表明区域耕地景观生态安全问题存在明显的空间聚集性。

上述学者仅对城市化进程中景观空间格局及布局的占用和破碎化、景观空间功能的降低以及景观生态安全状况的影响因素进行相应的研究，没有对如何进行景观安全的重构与重建进行评述。

1.3.1.2 景观生态安全重构研究

关文彬等（2003）认为景观恢复是指恢复原生生态系统间被人类活动终止或破坏的相互联系；景观生态建设是以景观单元空间结构的调整和重新构建为基本手段。两者的综合统称为景观生态恢复与重建，是构建安全的区域生态格局的关键途径。李咏红等（2013）利用遥感和 GIS 技术分别得到生物保护景观生态安全格局、水源涵养景观生态安全格局、土壤保持景观生态安全格局，并对这三类景观生态安全格局进行叠加，分辨出生态战略景观生态安全格局，针对各生态安全区的构建提出相应的管理政策。杜悦悦等（2017）基于生态重要性评价识别源地，而以生态敏感性区域构建生态阻力面，利用最小累计阻力模型识别关键的景观廊道和生态廊道，以期提升大理白族自治州等山型城镇的景观生态安全。该研究采用的生态重要性源地识别和生态敏感性阻力面分析方法可为生态安全格局的构建提供新思路。王洁等（2012）基于 GIS 技术对景观生态安全格局的关键节点进行识别，通过最小耗费距离模型模拟出较优的景观生态安全格局和安全廊道，并将其与现有的廊道进行对比，提出完善策略。生态安全是实现绿洲可持续发展的重要保障，何珍珍等（2019）利用最小阻力模型，以水域、林草地为生态源地，将生态安全水平、海拔和坡度作为阻力因子生成最小累计阻力面，划分生态功能区，识别生态廊道和生态节点，从点、线、面综合视角进行景观格局优化，将划分的生态缓冲区、生态连通区、生态过渡区、生态边缘区等五个功能区和生态源地、生态廊道及生态节点景观组分相结合，提出优化建议。田雅楠等（2019）选取典型生态型市域张家口市，基于"源—汇"理论构建景观生态安全格局，划定不同保护重点的五大生态功能区，识别重点生态保护区、重点生态修复区和廊道系统，以此作为保障城市生态安全的基础，逐步形成"点—线—面"三位一体的立体保护体系，为张家口市生态安全格局分步骤建设提供依据。该研究提出了分步骤建设的构建思路，为欠发达生态型市域景观生态安全格局的构建及生态环境保护体系的建设提供了范例。

上述学者从不同角度运用不同方法和模型对景观生态安全的建设提出了相应的策略，但却没有研究景观生态安全的时空演变和演进过程，而对比时间尺度上的差异，则可以分析影响景观生态安全的因素，进而更好地提升区域景观生态安全水平。

1.3.1.3 景观生态安全的时空演变研究

雷金睿等（2020）以海南岛为研究区，基于 PSR 模型构建海南岛湿地景观生态安全评价体系，采用层次分析法确定指标权重，在遥感和 GIS 技术的支持下分析了 1990~2018 年海南岛湿地景观生态安全状况及其空间分布特征。结果表明，海南岛湿地景观生态安全指数（LESI）在总体上呈下降趋势，安全等级由临界安全演变为较危险状态，提出要严格实施湿地资源规划分区分级管控和湿地生态修复工程，维护和强化湿地生态空间的连续性和完整性。陈昆仑等（2019）通过景观指数和 GIS 空间分析方法研究武汉中心城区湖泊系统景观格局的演化特征；构建湖泊景观生态安全评价模型发现武汉城市湖泊系统总体的景观生态安全呈现不断恶化的趋势，而次级湖泊水系景观生态安全呈现不同的演化特征，城市建成区的迅速扩展直接危害景观生态安全。彭文君等（2018）对喀斯特山区2000~2014 年耕地利用状况的演进过程和景观生态安全的演进过程进行分析，发现该地区 15 年来旱地和水田的细碎化程度不断提高，而旱地和水田的景观安全性则不断降低；基于灰色关联分析法发现旱地和水田景观生态安全性的演变和演进过程是不一样的，旱地景观安全性的影响因素是农业总产值，而水田景观安全性的影响因素则是粮食产量。李加林等（2016）基于 TM 遥感影像针对海岸带的景观生态格局构建演变模型，判断浙江省海岸带的景观生态分布格局，结果显示1990~2000 年景观生态低风险区和较低风险区的分布向内陆逐步后退，而 2000~2010 年生态风险上升的趋势明显低于 1990~2000 年，说明人们在沿海岸开发利用的过程中，注重经济和环境的协同发展，提高了景观生态安全程度。谈娟娟等（2015）基于 GIS 和遥感技术，采用典型相关分析法并且充分重视指标的选取，以人类活动和自然因子为驱动因子，建立生态安全健康指标体系，发现人类活动是影响景观生态演进过程的主要因子，而自然条件状况也有一定的影响。

综上所述，学者们从不同角度分析了景观生态安全演进的驱动因子，以及不同驱动因子影响程度的大小，也有学者以景观生态时空变化的特征对景观生态安全进行相应的考量。

1.3.1.4 景观生态安全演变的驱动因素研究

蔡汉等（2020）基于统计年鉴提供的数据运用地理探测器筛选出扬州耕地景观安全格局时空演变的主要影响因素，并结合地理加权回归软件分析出影响因素之间的空间差异。结果发现，社会经济影响因子的解释度明显高于自然影响因子；各个社会经济因素对扬州市耕地景观生态安全格局的影响存在显著的空间差异。于潇等（2016）以景观格局安全指数和生态质量指数为变量构建现代农业区景观生态安全评价模型，对 1984~2014 年三江平原的景观生态安全时空分异进行了分析。结果表明：研究区景观生态安全格局变化明显，整体呈现出先下降后回升的趋势。研究结果一方面说明农业开发对景观生态系统具有一定的负面影响，另一方面也说明积极的土地整治对景观生态安全具有促进作用。赵筱青等（2015）将景观干扰度和景观脆弱度纳入景观生态安全评价体系，同时以景观结构和功能来考核景观生态安全的时空变化特征，更加全面地反映了受强度干扰和异质性减少的区域，发现 2000~2010 年景观类型的变化是影响景观生态安全的主要因素，而景观功能指数却无明显变化。谢余初等（2015）基于 GIS 技术和 PSR 模型分析自然灾害胁迫压力之下景观生态安全的时空分异特征，发现景观生态安全区域的土地利用格局与经常发生泥石流、滑坡和水土流失的区域的土地利用格局恰巧相反，并且随着"防护林""长还林"等工程的实施，2000 年之后景观生态安全指数日益增高。游巍斌等（2011）基于 GIS 技术和 Moran's I 指数分析了 1986~2009 年武夷山的景观生态安全指数，发现其一直处于逐步上升的趋势，空间相关性是由结构因素和非结构因素共同作用的结果，一种景观安全度的提高有可能导致另外一种景观安全度的降低。李秀芝（2017）选取景观生态安全指数建立耕地景观生态安全评价模型，发现耕地景观安全指数逐年下降，其可能的原因是随着人类活动的日益加强，景观的连接程度不够，细碎化程度严重，景观生态安全格局分布不均匀。时卉等（2013）通过构建新疆维吾尔自治区（以下简称新疆）天池的景观生态安全度，发现高景观生态安全度范围由南向北转移，而低景观生态安全度范围由南向北进行扩散，区域景观安全度格局的集聚性逐步下降，具有空间随机分布趋势。汤旭等（2017）对湖南省县域的森林景观生态安全进行时空特征的分析，结果发现随着时间的推移，森林景观生态安全不太乐观，主要是由于能源消耗量居高不下。杨青生等（2013）基于 PSR 模型构建景观生态安全指标体系，以东莞市作为研究区分析景观生态安全格局的时空变化，发现 1988~2005 年东莞市的景观生态安全指数逐年下降，并且区域空间由"市中心—镇中心"沿"市中心—镇中心—道路"不断扩张。该研究以像元为指标评价单元，可以很好地进行景观指标指数的计算。

上述学者利用不同的模型和软件对景观生态安全的时空变化进行分析，得出的结论大都是景观生态安全指数随着年份有所下降，而空间格局则由集聚性向分布性演变，人类活动和自然环境的变化虽都对我国的景观生态安全产生影响，但是人类活动的影响更为剧烈，政府在城镇化和工业化的进程中需要制定管理政策。

1.3.1.5　景观格局对生态安全的影响研究

也有一些学者从景观生态格局角度对景观生态安全进行考量。苏凯等

（2019）对东北森林带 2000~2015 年的景观格局变化进行生态系统结构、生态系统转换方向、景观指数变化分析，运用 MCE-CA-Markov 模型模拟 2020 年东北森林带景观格局变化趋势。结果表明：人工表面逐年增加，城市化进程有所加快；草地的破碎化在 2000~2015 年有所加剧，而森林的破碎化程度较低且变动较小，且 2020 年后东北森林带的森林、农田比例将进一步下降，草地、人工表面比例进一步上升，生态环境恢复和重建将面临较大压力。张瑾青等（2020）利用最大斑块指数和斑块聚合度等景观格局指数刻画了城镇扩张过程对区域内以林水格局为代表的生态安全格局的影响，发现城镇扩张过程与生态安全格局的演变特征紧密相关；城镇扩张的不同阶段对区域生态安全格局的影响存在显著差异，差异主要表现为最大斑块指数和斑块聚合度等景观格局指数的变化；不同景观指数在该过程中表现各异，其中斑块占比是城镇扩张过程中区域生态安全格局演变的主要响应指数，景观形状指数是唯一表现出尺度效应的指数。赵筱青等（2013）基于 GIS 技术和"成本距离加权"将生物和景观因素纳入其中构建了最小阻力模型，利用最小阻力阈值划分了五个生态功能区，并且界定了桉树禁止种植区和可种植区，以期缓解保护与发展的矛盾。陈传明（2015）利用 GIS 软件提取景观生态的各类属性信息（如面积、周长、数量等），运用景观格局指数对武夷山自然保护区景观格局进行评价，发现武夷山各类型植物林的破碎程度均不低，但是农村居民点、农田等的细碎化程度却较高；景观异质性程度低，景观结构出现明显的简单化。张兵等（2005）基于 1986~2000 年的 TM 和 ETM+遥感影像对甘肃中部地区的景观生态格局进行评估，发现具有干旱半干旱气候条件的甘肃地区的景观生态格局具有一定的脆弱性，而且在城镇化进程中，土地类型的转型对区域的景观生态格局具有很强的影响。蒋依依等（2009）认为旅游景观是一个复杂的人文和生态相互耦合的格局。他们对游客的空间分布格局进行相应的分析，评述系统要素之间的相互关系，从而为旅游空间协调管理提出相应的政策与建议。李潇然等（2015）基于 GIS 技术，选取土壤侵蚀等阻力因子构建最小距离耗费模型，将三峡库区划分为水源涵养区、生态缓冲区、生态敏感区、生产生活区四个功能区，并且模拟城市扩张，为城市的合理扩张以及提升该地区的景观生态安全格局提出了相应的政策建议。陆禹等（2015）利用 GIS 技术和最小距离耗费模型为景观生态的优化提供了相应的改善途径和政策建议。他们运用的粒度反推法较传统方法能够更客观地解决生态源地选取的问题，运用生态阻力面能够找到那些往往被人们忽视，但却是景观生态方面需要重点建设的薄弱点。李杨帆等（2017）运用景观生态学和景观生态安全格局理论方法，将基于 2006~2015 年城市不透水面变化率、风险受体敏感指标和生态红线管控构建的景观生态风险空间预警模型，与基于景观"源—汇"理论构建的景观生态安全格局相叠加，揭示厦门市景观生态安全格局在快速城市化下的状况与未来潜在的风险状态，进而提出调控措施。该研究发现生态风险预警结果与景观生态安全格局相叠加可以识别出区域景观生态安全格局中处于风险状态的关键源、缓冲区、廊道、战略点，将生态风险预警方法与景观生态安全格局调控设计相结合，能为城市区域环境管理与景观调控提供科学支撑。

1.3.1.6 景观生态设计研究

维护区域景观生态安全，景观生态的重新设计极为重要。景观生态设计是指对那些受到胁迫的区域进行重构与重建，以期大力提高区域景观的总体生产力和稳定性，并且使景观生态系统良性循环。不同学者对景观设计提出了不同的看法。快速城市化导致自然生态系统退化，其调节、净化、生产等服务受到严重破坏。景观设计作为当代改善城市环境的重要手段，应当更加重视对景观功能与过程的设计，使公园、绿地等景观成为城市重要的生态服务供给者，而非城市的负担（刘洁，2019）。俞孔坚（2011）提出了"设计生态学"概念：它是人工的生态或人工设计的生命（包括人）与自然环境相互作用的系统，是景观设计及规划塑造的生态过程，也是一种跨尺度、跨学科的实证主义研究。区域景观资源保护与格局优化设计是农村生态建设的重要内容。如何有效配置各类景观数量，优化空间布局，充分发挥其生态调节作用，是改善农村生态环境质量、推进绿色城镇化亟须解决的重大问题（王夏晖等，2015）。钟学斌等（2012）在完成景观生态调查和景观分析的基础上，对景观空间格局进行分析，得到以增加耕地为目标的土地整理实施方案。刘家明（2004）认为基于景观生态中的要素如人工斑块、自然斑块和廊道对旅游度假区进行设计能够保证旅游度假区的环境优美以及道路顺畅。魏菲宇（2006）认为景观生态能够将科学和艺术相互结合，为城市的健康发展提出新的思路，景观生态设计具有降低人类对景观的影响程度、提高生物生活环境水平的功能。吴巍和王红英（2011）提出城市住宅区、城市公园、休闲广场、城市滨水绿地、旅游度假区和风景区的景观设计方式，并在对景观设计概念和具体内容进行分析的基础上，提出生态设计是城市设计的高级阶段。肖晓楠等（2018）依据矿区生态系统特征、地理位置及自然恢复情况，将矿区生态修复分为自然恢复、自然恢复与人工修复、生态修复与适度开发三大类，从地形条件及竖向设计、汇储水条件与水景设计、植被的恢复与利用、场地弃置矿石的再利用和建成后的污染防治五个方面对矿坑进行了景观生态设计。

1.3.1.7 土地利用与景观安全关系研究

土地是人类活动的主要对象，近些年随着经济发展，土地的过度开发与利用愈来愈严重，及时地进行土地开发、复垦和整理等工作，并将景观设计与土地利用相结合成为维护景观生态安全的重点。王军和钟莉娜（2017）认为土地整治必然会引起景观斑块、廊道和基质的显著变化，在土地整治中纳入景观生态的理念是土地生态和景观生态安全的必由之路，开展景观生态型土地整治规划，是实现土地整治多功能发展战略的迫切需求。韩博等（2019）认为传统的土地整治手段在当前生态文明建设的要求下亟待转型，通过生态型土地整治实现生态改善、景观提升的需求迫切，因此以景观生态学理论为指导，按照"景观格局评价—土地整治功能分区—廊道格局优化—斑块基质优化"的总体思路，基于空间聚类算法及最小阻力模型等GIS方法，选取典型项目提出了生态型土地整治规划方案。通过实施规划可保证在农业设施得到改善的前提下新增人工湿地面积0.0124平方千米，水系廊道连通度和环通度分别提升55.43%和454.95%，实现项目区景观生态安全指数提升35.56%，为丰富土地整治规划方法，探索土地整治生态转型路径提供参考与借鉴。谷晓坤等（2014）以上海市金泽镇土地整治项目为例，评价项目区景观格局与污染风险，提出江南水乡景观重建的土地整治目标，指出要依据不同类型的景观基底及生态功能需求设计景观调整优化模式：基本农田整治强调田块撤并与农田水利建设，提高农田景观生产功能；村庄整治要建设生活基础服务与休闲观光设施，改善村庄景观的生活休闲功能，景观生态型土地整治与传统的农地整治，在模式设计的思路与工程设置方面存在明显差异。唐秀美等（2015）在对土地整治项目区进行景观格局与限制性因素分析的基础上，进行项目区的规划设计，包括空间布局和生态设计两部分。空间布局主要是确定整治项目区土地利用格局，包括确定各类用地的空间位置和数量比例关系以及各种地类和整治工程的位置；生态设计是对项目区内的用地类型和整治工程进行生态化设计，包括对田块、道路、沟渠等提出适合热带台地地区气候和地貌特点的生态化措施。

邵晓梅（2004）将1∶50000的土壤类型图作为基础底图，在GIS软件的支持下，对鲁西北地区的土壤类型格局进行分析，发现研究区的景观生态分析显著，而且区域类型中占主导地位的土壤类型是影响土地生产力大小的主要因素。李伟峰等（2011）将景观生态学原理纳入传统的遥感技术中，能够为城市土地利用的新信息的提取提出新方法与新思路。田劲松等（2011）基于GIS和景观生态学原理对安徽省淮南市潘集区市级投资重点土地整理项目进行分析，发现景观空间格局趋于均匀的同时会降低景观生态的多样性，致使景观生态类型减少，因而导致景观生态安全的降低。肖武等（2017）通过建立土地整治生态景观效应评价体系，利用层次分析法对土地整治前后的景观生态效应进行对比，发现土地整治对景观生态具有一定的提高效应，但是还有很大的改善空间。张红伟等（2018）根据"源—汇"景观理论，建立针对农村居民点整治的景观空间负荷对比指数评价模型，以十堰市房县为研究区对整治适宜性进行评价，评价结果与已开展整治的情况高度吻合，表明构建的农村居民点整治适宜性评价方法具有可行性，可为生态脆弱山区农村居民点整治提供决策依据。

宇振荣等（2019）认为综合景观管理是基于可持续土地管理（SLM）、可持续林业管理（SFM）和水资源综合管理（IWRM）提出的生态保护和修复方法，强调区域整体性、系统性和多功能性，提出应加强综合景观管理，主要包括开展基于"生命共同体"的系统规划设计，加强"生命共同体"景观特征和生态过程研究，提升实施项目的多功能性，加强工程技术集成应用和研发，加强公众参与与合作等。于海洋等（2015）利用 1990 年、1998 年、2011 年和 2013 年的遥感影像及生态位理论对新疆精河县进行分析，发现土地经济生态位对景观格局具有驱动作用，并由此提出精河县的发展方向。马泉来等（2016）以 1991～2013 年的遥感影像为数据源，运用景观生态学原理和 3S 技术，发现 1991～2013 年景观生态服务价值变动剧烈，斑块等景观指数都有所下降，受人类活动和城镇化的影响较为严重。王天山和郑寒（2016）基于 1990 年、2000 年、2009 年和 2014 年四个时期的遥感影像，在 RS 和 GIS 技术的支持下，运用监督分类法发现城市化进程中景观的边界变得越来越规则，同时面积增大，建设和交通用地逐渐集聚，区域成为一个更加紧实的整体，但是景观生物多样性降低，使景观生态安全程度也随之下降。

以上分别从景观生态安全的评价、景观生态安全格局的重构与重建、景观生态安全的演变和演进、景观生态安全动态变化的驱动因子、景观生态安全的空间格局、景观生态设计、景观生态安全和土地利用的关系等方面对区域景观生态安全进行多视角的综述，可以看出随着人们环境意识的提高，人们对景观生态安全的重视程度日益增加。但是上述文献仍然存在一定的不足：研究往往局限于一定的流域和区域，研究尺度较小，虽然有一定的理论指导意义，但其表现不够突出，往往只能作为一种尝试，需要进一步的探讨；多采用遥感影像作为数据源，运用 3S 技术对评价区域进行探索，往往以单元格作为评价单元，未将流域和行政界线的划分应用到评价单元上，从而无法评价单元之间的区域差异。

1.3.2 土地利用生态安全研究

土地生态系统是生态系统的重要组成部分（王耕和周腾禹，2019），土地利用生态安全评价是构建土地生态安全格局的基石。土地资源生态安全既是人类赖以生存的物质基础，又是区域经济社会可持续发展的先决条件（张清军等，2011）。随着人口急剧增长以及工业化、城市化的快速发展，由人类活动引起的各类生态安全问题日益显现。土地作为人类生存发展最基本的生产资源，其生态安全关系着人类未来的可持续发展，所以对土地生态安全进行研究具有重要的现实意义。近年来，我国土地利用的强度不断增加，对土地的利用程度已经达到，甚至超过区域土地的生态承载能力，导致区域内的生态环境逐渐恶化，土地生态安全成为一大严峻的挑战，其研究势在必行（高桂芹等，2005；曲衍波，2008）。只有保证土地生态系统安全，土地才可以长期保持足够的有效生产能力满足经济社会发展需求，从而维持土地固有的生态功能和可持续利用性能，维持自然、环境、经济、社会复合体长期协调发展。

1.3.2.1　土地利用生态安全内涵及研究内容

土地生态安全，最早由卡尔曼诺夫和费里耶夫提出，他们根据农业生产专门化和集约化的要求，提出对土壤、气候和其他自然条件进行全面的比较评价的方法，并根据上述各因素制定了评价体系（曲衍波，2008）。进入 20 世纪 90 年代以后，更多的专家学者把土壤学、土地评价、可持续发展等观念引入土地利用，提出建立包含自然资源、生态环境、社会经济、政治文化等多系统的复合土地生态安全状态（Foley et al.，2005；Ademola，2006；Lazzat et al.，2014）。

国内对生态安全问题的关注始于 20 世纪 90 年代后期，主要是人为因素引发的自然灾害频频发生后人们对生态问题反思的结果。刘友兆等（2004）认为土地资源生态安全是指人类赖以生存和发展的土地资源所处的生态环境，处于一种不受或少受威胁与破坏的健康、平衡状态。刘黎明（2006）则认为土地资源生态安全是指一定时空范围内，土地生态系统能够保持其结构与功能不受威胁或少受威胁的健康、平衡的状态，并能够为人类社会经济与农业可持续发展提供稳定、均衡、充裕的自然资源，从而维持自然、社会、经济复合体长期协调发展。土地资源只有在这种生态安全的状态下，才能维持土地资源与人类的协调发展，实现自然、经济和社会可持续发展，可见土地生态安全包括两个方面的含义，即土地生态系统本身的安全性和土地生态系统是否能保证人类生产和生活的安全（付伟章等，2006；郭春华和史晓颖，2007；董飞和宋戈，2010）。

在土地生态安全问题的研究中，大多数学者认为土地生态安全有两层基本含义：①土地生态系统自身的安全，也就是说土地生态系统内的自然生态子系统的安全，即在外界作用下自然生态子系统处于不受或少受损害和威胁的状态且具有保持其功能健康、结构完整以及自我维持与调节的能力；②土地生态系统对人类的安全，表现在土地生态系统所提供的服务能够满足人类生存与发展的需要，能够使经济生态子系统产生经济效益、社会生态子系统和谐进步，同时具备良好的调控体系和社会可接受性。土地生态安全以自然要素的安全为基础与限制条件，以经济要素为动力条件，以社会要素为保证和持续条件。

土地利用生态安全是区域实现可持续发展、构建和谐社会的基础，土地生态安全评价对区域生态、经济、社会的长期协调发展起着至关重要的作用（袁林等，2010）。土地利用生态安全评价是揭示区域生态安全状况及空间变异的有效手段，对区域的生态情况起着监测和预警的作用。根据土地生态安全评价研究的侧重点，吴未和谢嗣频（2010）拟将研究对象分为两类：①以自然地理景观为主要研究对象，如地理区、生态区；②以受人类活动影响显著地区为主要研究对象，如行政区、经济区。

目前，土地生态安全评价研究主要集中在评价指标体系和评价方法两个方面，这也是进行土地生态安全评价研究的难点。

1.3.2.2 土地利用生态安全评价指标体系

不同学者从不同角度对土地生态安全评价指标体系进行了探索。很多学者都基于"压力—状态—响应"（PSR）模型来构建土地资源生态安全的评价指标体系，这是目前应用较广泛的土地利用生态安全评价指标体系。PSR 模型是由加拿大研究人员最早提出、世界经合组织（OECD）和联合国环境规划署发展的，它的基本思路是人类活动对自然资源和生态环境施加"压力"，改变了生态环境的"状态"和自然资源的质量与数量，人类社会则通过经济政策和宏观调控对自然反馈的"状态"变化做出"响应"，以减缓人类活动对生态环境造成的压力，维持系统的可持续性（左伟等，2002）。PSR 模型的突出特点在于它从人地关系的相互作用和影响出发，具有非常清晰的因果关系，故备受研究者的青睐。部分学者基于"压力—状态—响应"（PSR）框架模型，从土地生态压力、土地生态环境状态、土地生态环境响应三方面进行指标筛选，构建了土地资源生态安全评价指标体系（范胜龙等，2016；郭斌等，2010；刘凌冰等，2014；王雪等，2014；马红莉等，2014；孟展等，2014）。此外，曾乐春和李小玲（2011）以广州市为例从土地资源、生态环境和人文社会因素三个方面构建了适合高度城市化大都市区土地资源生态安全的评价指标体系；范瑞锭、陈松林、戴菲等（2010）从自然因素、经济因素和社会因素出发，在 PSR 模型框架下，应用景观生态、生态足迹、GIS、物元分析模型和支持向量机等多种方法，构建土地利用生态安全评价指标体系对福建省土地利用生态安全进行评价。马瑛（2007）基于 PSR 模型，分别从生态环境质量状态、资源与社会人文压力和社会人文响应三个方面构建了北方农牧交错区土地利用生态安全评价的指标体系，在选取评价标准方面，综合参考了相关行业标准、科研标准和国际国内平均标准，使研究结果与国家及其他地区具有横纵向可比性。

César 等（2014）应用 PSR 框架模型，对沿海湿地土地利用脆弱性进行研究分析，认为应调整不同产业部门的经济政策，以促进区域土地的合理利用及修复。随后，各有关研究机构对 PSR 模型进行了补充延伸。于海洋等（2017）选用"压力—状态—响应—自然—社会—经济"（PSR-NSE）评价指标体系，利用熵权法对指标重要性进行排序，建立了博州土地生态安全突变评价模型。郑华伟等（2015）为弥补已有耕地生态安全诊断中指标体系及评价方法的不足，构建基于 PSR 模型的评价指标体系并进行实证研究。张凤太等（2016）进一步构建了基于"驱动力—压力—状态—影响—响应"（DPSIR）概念框架的土地生态安全评价指标体系，结果发现该评价模型和指标体系适用性较强，评价结果较为客观，为土地生态安全评价提供了方法参考。之后，DPSIR 模型的应用逐渐扩展（王文萱和李明孝，2020；吕广斌等，2019；黄烈佳和杨鹏，2019）。

此外，"自然—经济—社会评价"指标体系也是较为常用的土地生态安全评价指标体系。这个指标体系既包括社会、经济、人口等外在干扰要素，又包括生态系统、环境水平、自然资源等内在要素，同时还反映了外在作用因素与内在要素之间的系统循环、协调程度。该指标体系在一定程度上与国家发展战略和规划紧密相关，既能表现出区域土地生态安全的影响因素和问题所在，又能从侧面反映土地生态安全的发展趋势，内外要素结合，具有一定的战略规划和区域动态预测作用。郭凤芝（2004）从土地资源数量、土地资源质量安全、土地资源承载力、土地资源安全保障指数四方面提出建立土地资源安全评价体系的设想和基本框架。王楠君等（2006）从土地资源经济安全、耕地安全、土地生态系统和制度保障四个方面构建城市化进程中土地资源安全评价指标体系。曲衍波等（2006）从经济社会安全、城镇环境安全、辖区农村环境安全和城乡资源利用四个层面对小城镇土地生态安全进行评价。另外，部分学者从土地自然生态安全系统、土地经济生态安全系统、土地社会生态安全系统三个角度选取指标，构建区域土地资源生态安全评价指标体系（李玉平等，2007；冯文斌等，2013，王鹏等，2015；高明美等，2015；王晶等，2018）。何春燕等（2014）从地形条件状况、土地利用状况、土地质量安全状况和土地承载安全状况四个方面选取指标，建立了土地生态安全评价指标体系。这些研究为区域土地资源生态安全评价指标体系的构建提供了一些思路和尝试。喻锋等（2006）从自然生态环境、人文社会压力和环境污染压力三个方面，在像元水平上对皇甫川流域的生态安全进行了综合评价，并重点分析了流域土地利用变化和生态安全两者之间的关系，从而为科学地组织人类有序活动、调整优化土地利用格局以及确保流域生态安全提供了理论基础。

目前，土地生态安全评价指标体系研究仍处于起步阶段，尚无标准的指标体系，还有待于进一步研究和完善。维持土地生态系统的安全状态，从而确保社会经济的可持续发展，是进行土地生态安全评价的终极目标。

1.3.2.3 土地利用生态安全评价方法的研究

目前，土地生态安全评价方法研究还处在实践和探索阶段，国内外的学者们借鉴其他领域的研究方法，相继提出了一些定量与定性的评价方法。罗贞礼（2002）利用系统聚类分析方法，以湖南省 14 个地州市为样本，从社会经济和土地生态环境压力、土地生态环境质量、土地生态环境保护和整治能力等多方面选取了 24 个指标，对土地利用生态安全评价指标做了聚类分析。王强和杨京平（2003）通过介绍我国草地概况和国内外生态安全研究的进展，提出了我国草地生态系统生态安全的评价体系。刘勇等（2004）在对区域土地资源生态安全概念、内容和目标研究的基础上，探讨了区域土地生态安全评价方法，建立了土地资源生态安全评价的代表性指标体系。田克明等（2005）在分析我国农用地生态状况的基础上，建立了农用地生态安全评价的指标体系，并基于我国的国情提出了一种切实可行的农用地生态安全评价方法。综合众多学者的研究，发现土地生态安全评价研究较常用的方法有综合指数评价方法、生态承载力分析法与景观生态学方法等。土地生态安全评价方法众多且相互间差异大，但都应用相应的数理方法，通过模型求解生态安全得分，将抽象的土地生态安全定量化，为土地生态安全阈值划分和安全状况判断提供了重要的数据基础（熊建华，2018a）。

（1）综合指数评价方法是目前应用较多的一种方法，优点在于其关注土地生态安全的整体性、综合性，将复杂的生态系统结构简单化，缺点是难以反映系统的实质特征。首先，筛选因子构建多指标的评价指标体系，指标体系建立以后，应用层次分析法（AHP）、专家打分法（Delphi）等方法确定指标权重。其次，确定评价指标的标准值即判定安全阈值，设定评价等级准则，通过加权系数法得到区域土地利用生态安全的综合指数及安全等级（侯景艳，2007）。范瑞锭等（2010）先运用 AHP 法确定指标权重继而用综合指数法对区域土地利用生态安全做出评价，为沿海一带红壤丘陵区土地利用生态安全的评价提供了一些参考。冯异星等（2009）采用遥感和 GIS 等相结合的手段，通过测算土地利用程度综合指数以及生态安全评价指数来实现流域尺度生态安全定量综合评价，对新疆天山北坡玛纳斯河流域土地资源利用的生态安全进行了评价，并进一步分析了土地利用程度变化与流域生态安全的关系，为确保流域生态安全提供了理论借鉴。潘竟虎等（2012）基于 GIS 对干旱内陆河流域的典型区域进行土地利用规划前后生态环境影响评价的对比分析，通过构建 LUPEA 的生态安全综合指数及评价方法，深入研究了生态安全评价法和多源空间数据分析在 LUPEA 中的应用，为县级层面上 LUPEA 的实践研究奠定了一定的理论基础。李洁等（2018）以兰州市为例，从影响土地生态安全的因素出发，运用综合评价法，构建土地生态安全综合评价指标体系，并对兰州市整体及各县区的土地生态安全状况进行定量评估。

由于土地资源生态安全的评级指标具有相对性和发展性，不同时期或者不同国家和地区，其评价标准也会不同，这给土地资源生态安全评价指标安全阈值的确定带来了困难（谢花林，2008）。由于基于权重确定的土地生态安全评价指标的主观性较大可能导致研究成果的不确定性，王枫等（2009）构建了不使用权重的区域土地生态安全突变评价模型，模型简捷、实用、科学。此外，灰色关联度法、物元模型、熵值法、系统聚类法、层次分析法和 GIS 技术相结合法、Q 型系统聚类和主成分分析法等方法近年来也应用较广（张凤太等，2016；郭利刚等，2020；刘宝涛等，2019；向文等，2018）。

（2）土地承载力分析法中目前常用的是传统的土地资源承载力分析方法和近年来兴起的生态足迹法（Huang，2007）。其特点在于直观、综合性操作强，但是过于关注人类社会经济对自然环境的影响而忽视其他因素对生态系统的作用。传统的土地资源承载力分析方法是将区域土地资源所能持续供养的人口数量，即土地资源人口承载量与现实人口数量相比较，如果承载量大于现实人口数量则判定土地利用处于安全状态，反之则不安全。而近年来兴起的生态足迹分析法是把一定区域内的人口消耗的所有资源和能源及这些人口生产的所有废弃物的量都相应地转化为一定的生物生产土地面积，比较土地生态系统所能提供的生态足迹，即土地生态承载力和人类对生态足迹的需求，如果土地生态承载力大于人类对生态足迹的需求，则出现生态盈余，判定系统是安全的；如果土地生态承载力小于人类对生态足迹的需求，则出现生态赤字，判定系统是不安全的。黄海等（2013）采用生态足迹方法探讨了土地生态安全评价问题，提出了土地生态压力指数概念及计算方法，并以重庆市合川区为例，计算了 2006~2010 年这一区域的生态足迹、土地生态承载力、生态赤字及土地生态压力指数。吕添贵等（2014）利用生态足迹分析理论与方法，对宁波市镇海区 1997~2011 年的土地生态安全状况进行了评价，结果发现研究期内镇海区的人均生态足迹高于人均生态承载力，出现了巨大的生态赤字，港口地区的土地生态系统处于比较不安全的状态。生态足迹的方法从一个新的角度阐释了人类及其发展与资源环境的关系，定量化程度较高，可用较少的因素定量测算生态承载力状况，但其不考虑生态承载力复杂因素间的作用，同时单纯以人类对自然资源的占用和利用角度分析系统的承载力水平，难免有些缺憾（王根绪等，2003）。

（3）景观生态学方法强调空间格局与生态过程以及生态功能之间的联系，景观结构、功能和变化是景观生态学关注的三个基本特征。景观生态学中的景观生态指数可以定量化描述这三方面特征。景观结构、功能、变化与土地资源利用的关系相当密切，土地资源的退化也必然会导致区域景观结构和功能的失调或退化。斑块—廊道—基质是景观的基本结构，土地利用单元也可以分为斑块、廊道和基质，其结构、功能、稳定性及抗干扰能力等直接影响土地利用生态安全状态（曲衍波，2008；曹爱霞，2008）。结合"3S"技术，运用景观生态学的研究理念，对区域土地生态安全进行评价已经成为主流发展趋势。李闰等（2012）以GIS 和 RS 技术为平台，从景观生态学角度提出景观生态指数来反映 LUCC 变化带来的生态效应，并构建生态安全评价指数（ESA）研究霍林河流域景观生态安全的时空变化特征。闫玉玉等（2016）以浙江省青田县为例，基于景观安全格局理论和方法构建具有不同安全水平的综合安全格局，探讨土地利用管理中的生态用地保护途径，提出相应的政策建议，以期为中国土地管理中的生态用地保护提供借鉴并以此展开生态用地保护研究。于婧等（2020）从土地生态系统的景观特征、生境质量的抗干扰能力和社会经济效益三个方面构建土地生态质量综合评价研究模型，以湖北仙桃为例，探究三者的空间演变关系，并在此基础上对其土地生态质量进行综合评价。学者们普遍认为，基于景观生态模型法的区域生态安全评价是一种值得探索的方法，适合于宏观空间尺度上对生态安全的研究。

综上所述，目前中国土地生态安全评价的研究正处于实践和探索阶段，整体上由单要素、静态研究向综合、动态研究发展，从数理评价模型向空间评价模型转变，呈现出以空间尺度为主流、时间尺度为支流、区域生态安全评价为核心、辅以流域安全评价的研究格局。研究区域早期多为西北干旱地区、农牧交错带、城市区域、流域以及其他敏感地区（储佩佩等，2014），现正向县级、乡级等中观微观尺度转变。总体来看，土地利用生态安全评价体系研究还不够完善，评价指标以及安全阈值的确定是研究的难点，构建的指标多是面向整个区域，有些指标不能体现在像元水平上，评价结果不能较好地为土地生态安全格局服务（谢花林，2008）；研究多侧重于单个研究区时间序列的动态研究，缺乏典型区域和类似区域空间上和纵向上的对比研究，研究层面和视野有待开阔；应用研究不足，之后应注重将评价结果与土地生态安全格局构建和监测预警研究有机衔接，深入土地生态安全的应用研究（谢花林，2008；储佩佩等，2014）。

1.3.3　土地利用生态风险评价

生态风险评价是指研究区域在受一个或多个胁迫因素影响后，对不利于生态后果出现的可能性进行评估的一种方法（Hunsaker et al.，1990），重点评估人类活动所引起的生态系统的不利改变及效应。随着社会经济的发展、人类活动的加剧，以及评价理论和方法研究的深入，生态风险评价逐渐成为发现和解决环境问题的决策基础。众多研究表明，土地利用变化同生态风险之间有着密切的相关性（安佑志等，2011；傅丽华等，2011）。

区域生态风险评价是在区域尺度上描述和评估环境污染、人为活动或自然灾害对生态系统及其组分产生不利作用的可能性和大小的过程（Fu and Xu，2001）。作为生态风险评价的重要分支，区域生态风险评价的主要标志是在暴露和危害过程中考虑景观空间结构，它尤为重视空间要素配置对生态风险过程的影响（殷贺等，2009）。区域生态风险评价具有时间动态性、空间异质性及评价过程的复杂性等特征（邓飞等，2011），是当前生态学与风险数学交叉领域的前沿课题和研究难点（石浩朋等，2013）。在关于区域生态风险评价的研究中，国内外学者在多种空间尺度上，针对不同类型和数量的风险源、风险受体展开了广泛深入的理论与实践探索关于生态风险评价的基础理论和技术方法，已经有学者进行了大量有益的探讨（Victor，2002；Purucker et al.，2007；李谢辉和李景宜，2008；彭皓玥，2015；李素珍等，2019）。随着研究的深入，目前国内区域生态风险评价已逐步转向区域综合生态风险评价，评价范围也扩展至省级行政区域等（陈辉等，2006；刘迪等，2020）。土地利用是人与自然交互作用的核心环节，土地利用/覆被变化（LUCC）与环境和生态问题密切联系，对景观格局、区域生态功能等产生深远影响（Lambin and Geist，2001；李锐等，2002；赵米金和徐涛，2005），其变化过程对于维护区域生态安全发挥决定性作用。在城市化进程中，人类的开发活动主要在景观层面进行（邬建国，2000；温晓金等，2013），城市发展以用地为依托，不同土地利用方式和强度下的生态影响呈现出区域性和累积性特征，直观地反映出区域生态系统变化（谢花林，2008；赵岩洁，2013），这种变化首先表现为具有高度空间异质性的景观要素的结构、相互作用以及功能的变化和演替（李景刚等，2008）。范贺娟等（2020）认为探究景观格局的时空演变特征对生态风险研究具有重要意义，探讨了天山大小莫合流域野果林区滑坡景观格局的时空变化特征及格局演化的驱动因素，从而对景观生态风险进行预测。流域是生态压力和风险最大的区域之一（张学斌等，2014），当前我国学者在景观尺度上基于LUCC展开的区域生态风险的评价主要集中在流域和小城镇（王娟等，2008；曾勇，2010），而对快速城市化进程中的大城市，特别是沿海大城市的土地利用生态风险的评价相对较少。因此，从区域生态系统的景观结构与组成出发，研究土地利用/覆被变化下的区域生态风险具有重要的理论与实践意义。此外，已开展的相关研究多集中在描述生态风险空间特征，缺乏对土地利用动态与生态风险变化两者响应关系的深入研究。

随着生态风险评价的兴起，生态风险研究逐渐被引入土地领域，学者们也做了大量研究，重点包括风险视角选取、风险归因分析、综合风险指数设计、评价模型设计开发、不确定性处理、风险计算及空间制图、风险决策模拟等方面（吴次芳，2004）。土地利用生态风险是指由人类对土地利用不合理造成的土地生态系统的破坏和功能的退化。从土地生态系统的角度，基于土地利用变化、土壤污染、土地承载力等综合因素分析区域土地生态风险并进行动态评价的研究，目前仍处于起步和探索阶段。当前，国内主要针对城镇和流域尺度，以及矿区和湿地等特殊地类，开展土地利用生态风险评价，常用的评价方法有如下几种：

（1）相对风险模型（Relative Risk Model，RRM）。风险源多种多样、风险暴露途径复杂、胁迫因子难以量化都是土地利用生态风险评价面临的难题，而相对风险模型为解决这一难题提供了新思路。该模型由 Landis 和 Wiegers 于 1997 年提出，采用分级系统对评价单元内的各种风险源及生境进行评定，通过分析风险源、生境和生态受体的相互作用关系，给出区域风险评价综合方法，从而实现区域风险的定量化（Landis et al.，1997；Suter et al.，2003）。如刘晓等（2012）以三峡库区重庆开县消落区为研究对象，运用相对风险模型对研究区土地利用过程中所产生的生态风险源、生态受体进行甄选，构建概念模型，并对消落区的暴露和危害进行详细的计算分析，最后利用风险表征模型对所获得的相对风险密度、生境丰度、暴露系数、响应系数等数值进行综合计算分析，确定研究区域的生态风险等级。张晓媛等（2013）以 2007 年、2010 年两期遥感影像、社会经济统计数据和环境监测数据为基础数据源，采用 PSR 模型构建风险源、风险受体和风险响应评价指标体系，利用综合模糊评价法建立评价模型，对三峡库区屏障带重庆段的土地利用生态风险进行了综合评估。为有效管控社会经济发展中产生的生态环境风险，张天华等（2018）采用适合高寒流域的相对风险模型的风险评估方法，识别了研究区风险源，选择风险受体，计算了各研究单元的风险等级。在应用上，程文仕等（2018）以甘肃省华池县为例，运用相对风险模型（RRM 模型）对 15 个乡镇的生态风险空间差异进行评价，确定土地整治投入优先序，研究表明运用相对风险模型（RRM 模型）评价生态风险更符合土地整治工程建设实际，在此基础上确定的土地整治优先序符合西部生态环境脆弱区的实际情况，对于确定土地整治资金投入顺序是一种较好的方法。

（2）"3S"集成技术法。比如，臧淑英等（2005）利用"3S"集成技术，根据大庆市土地利用结构的变化特征，分析了研究区土地利用生态风险的空间分布特征和形成机理。龚文峰等（2012）运用 RS 和 GIS 技术，以城市化流域——松花江干流哈尔滨段为研究区域，引入生态风险指数，建立生态风险评价模型，以揭示城市化背景下土地利用生态风险的时空分布特征、变化规律及形成机理，最大限度地降低城市化过程中土地利用生态风险水平。马彩虹（2013）以 GIS 为分析手段，分析了黄土台源区土地资源开发利用的特征及土地利用生态风险分布情况，根据分析后的结果为研究区域土地资源开发利用提出了合理性的建议；韦仕川等（2008）基于 RS 和 GIS 技术，以东营市为例，研究了黄河三角洲土地利用变化及结构特征，确定了土地利用生态风险变化系数，并据此分析出研究区土地利用生态风险分布特征。生态风险评价是目前环境科学领域的研究重点，而水土流失问题是造成生态风险的主要因素。常青等（2013）提出了基于 GIS 的矿业城市土地损毁生态风险定量评价与空间防范的思路和方法，并以吉林省辽源市为案例区开展了实证研究，结果表明，基于空间技术进行生态风险定量评价，能更好地识别矿区土地利用中的关键区域，为进一步减少甚至避免矿业资源开发中的土地损耗与生态破坏提供了空间途径，为矿业城市土地利用、土地复垦及综合整治规划提供了科学依据。舒昶等（2014）基于遥感和地理信息系统技术选择干旱、洪涝、水土流失和污染为生态风险源，对湖北省河流、城市、草地、森林等生态系统展开系统评价和实时监测，通过计算综合风险概率及生态综合损失度得到该区域的生态风险值。李耀明等（2017）以生态风险评估理论研究为基础，对生态风险按照生态危险性、生态重要性和生态易损性三部分进行分析，同时结合RS 数据和 GIS 手段，综合分析北京生态风险等级分布。

我国的"3S"技术起步相对较晚，但经过 40 多年的发展，我国的地理信息行业已经初具规模，可其面临着和国外同样的缺陷，同时国内的应用研究还很少将社会、经济指标融入地理信息中，研究大多只是单纯分析土地资源地类结构的变化，无法定量分析土地利用生态风险的演化规律。

（3）景观指数法。王娟等（2008）将景观生态学原理与分析方法运用到区域生态风险评价中，以云南澜沧江流域为例，在土地利用变化基础上，以景观格局指数为评价指标，揭示其景观生态风险时空变化特征。许妍等（2011）从土地利用变化和景观结构角度构建景观生态风险评价模型，定量评估了太湖地区景观生态风险时空动态变化特征。谢花林（2008，2011）以典型农牧交错带区域和红壤丘陵区为案例区，基于景观结构中的景观干扰度指数和脆弱度指数构建土地利用风险指数，并借助空间统计学中的空间自相关和半方差分析方法，进行土地利用生态风险的空间分布和梯度变化特征分析。

（4）土地利用生态风险指数法。土地利用生态风险指数法即通过各土地利用类型的面积比例和各地类的土地利用生态风险强度参数构建土地利用生态风险指数（ERI），并采用网格采样方法进行空间分析。安佑志等（2011）通过对生态风险指数进行半变异函数分析和克里格插值编制生态风险等级图对上海市土地利用生态风险进行分析。叶长盛等（2013）以 5km×5km 的单元网格进行系统采样，借助空间自相关和半方差分析方法，探讨了珠江三角洲土地利用生态风险的空间分布及变化特征。赵岩洁等（2013）以 500m×500m 格网为评价单元，借助 GIS 分析平台，对土地利用生态风险指数进行空间插值生成生态风险分级图，分析了三峡库区小流域土地利用生态风险的时空变化特征。李鑫等（2014）利用三个不同时段的 TM 遥感影像，结合社会经济等相关统计数据，建立了土地利用生态风险评价模型，基于 TM 像元定量评估了安徽省升金湖国家自然保护区湿地土地利用生态风险的时空演变规律，研究发现，受人类经济活动的影响，保护区土地利用生态风险不断上升，生态风险面积不断扩大。钟莉娜和王军（2019）基于研究区内各景观类型的面积比例和景观损失度指数计算得到生态风险指数，分析农用地整理对区域景观动态和生态风险的影响，发现农用地整理通过改变景观格局来影响生态风险。

（5）其他探索性方法。傅丽华等（2011）选取景观及土地利用变化类型、土地利用分级程度、土地利用变化率、不同景观的生态服务价值为主要评价指标，建立生态风险评价模型，对长株潭城市群核心区的土地利用进行了生态风险评价。刘勇等（2012）探讨了土地生态风险评价的理论基础，构建了包含土地质量风险、土地结构风险和土地承载力风险的土地生态风险综合评价模型，并提议将土地生态风险压力因子分为物理因子、化学因子和生物因子。常青等（2012）构建了矿区生态风险源、风险受体及作用对象与过程的因果链模型，结合矿区生态环境问题产生过程的独特性，将土地挖损、占用及塌陷等土地破坏作为矿区的直接生态风险源；基于土地破坏类型提出了适宜矿区的区域生态风险评价流程、指标体系与计算方法；专门在定量化多风险源与多风险受体交互作用上做出探讨，构建生态系统单元暴露指数和土地破坏累积作用指数来评价矿区土地破坏与生态系统单元间的暴露与危害作用关系，为矿区生态风险评价的实证研究提供了理论基础与方法框架。刘迪等（2020）采用"概率—损失"二维风险模型解构陕西省区域生态风险，基于地貌分区视角识别多源风险类型的同时，以景观格局与生态系统服务价值为关联要素合成潜在生态损失。王辉和宋长春（2019）基于对人类活动影响湿地直接途径和间接途径的区分以及部分风险指标的选择，完成三江平原湿地区域生态风险评价研究工作。这些研究都为土地生态风险评价提供了新思路。

1.3.4　关键性生态用地的识别研究

关键性生态空间也称为关键性生态用地，关键性生态空间识别是在识别当下空间结构、格局及问题的基础上，对未来的空间进行优化布局，实现空间的均衡、可持续性发展。学者们普遍认为关键性生态用地的识别是以保护生态系统服务功能、维护关键生态过程、保障区域生态安全格局为目的的。如俞孔坚等（2009）基于景观生态学原理，认为关键性生态空间是指不同时空尺度下，维护关键生态过程的生态系统及其空间部位；邓红兵等（2009）认为关键性生态用地是提供生态系统服务、协调人类与土地的关系、改良地区生态环境质量的土地；周锐等（2015）、欧阳志云等（2015）认为关键性生态用地主要是以保持生态系统服务功能、维护关键生态过程和保障区域生态安全的土地。根据以上的总结和对关键性生态用地的理解，笔者认为关键性生态用地是保障区域水资源保护安全、生物多样性保护安全、地质灾害防护安全、水土保持安全，维护区域景观格局完整性和连续性所需的基础性用地空间。它承担着维护生命安全和健康的关键使命，并为社会提供持续不断的生态空间服务，是区域土地生态系统能持续提供自然空间服务的基本保障，是生态空间的核心所在。目前，国内有关区域关键性生态用地空间识别的研究尚处于起步阶段，主要采用以下研究方法。

一是基于区域关键生态过程的景观安全格局分析法。张林波等（2008）通过构建城市最小生态用地空间分析模型，确定了深圳市最小生态用地需求面积及其空间范围，具体方法如下：以维护自然景观格局的连续性为标准，选取深圳市珍稀濒危物种分布区的大型植被斑块和七个中型饮用水水源地水库作为研究的种子斑块，以某生态景观单元与种子斑块的距离为评价指标值，对景观的空间属性进行赋值，从而判定景观单元空间结构。俞孔坚等（2009）运用景观安全格局理论，以北京市东三乡为例，先分别确定雨洪管理和生物保护需求的生态用地空间格局，再将基于不同生态过程的生态用地进行空间叠加，得到研究区综合的生态用地。闫玉玉等（2016）、文博（2017）等基于景观安全格局理论和方法构建具有不同安全水平的综合安全格局，探讨土地利用管理中的生态用地保护并提出相关建议。张晟源（2015）、宫雪（2016）等就延吉市建成区的生态用地进行了景观格局分析和空间结构评价。田丰昊（2016）对延龙图地区的城市生态用地进行了空间结构和空间重要性评价，还运用 CA 模型进行了空间格局优化。赵小娜（2017）先对延龙图地区的生态用地进行空间格局特征分析；接着采用最小累积阻力模型，建立最小累积阻力表面，借助 GIS 空间分析方法逐一识别研究区生态用地景观安全格局的五个组分，进而构建研究区生态用地景观安全格局，以此为途径对研究区生态用地保护进行研究；最后将景观安全格局与用地类型图进行叠加，针对景观安全格局五个组分分别探讨生态用地保护措施，并提出相应的建议。

二是基于 GIS 技术的生态用地重要性指数评价法。刘昕等（2010）基于生态系统服务功能理论，从生态环境、生态敏感性、气候、土壤和地貌五个方面建立江西省生态用地保护重要性评价指标体系，在 GIS 技术的支持下，研究其生态保护重要性和生态用地的空间分布，并根据生态用地保护重要性将其划分为禁止开发生态用地、限制开发生态用地和可适当开发生态用地三类。谢花林（2011）基于 GIS 技术，从水资源安全、生物多样性保护、灾害规避与防护和自然游憩四个方面，构建了空间尺度上的生态用地重要性综合指数和区域关键性生态用地空间结构识别方法，并进行了京津冀地区的实例研究。该识别方法将有利于指导我国土地的生态管理，开展生态保育和生态建设，维护区域生态系统健康与安全。周锐等（2015）用同样的方法，从水资源安全、地质灾害规避、生物多样性保护三个方面，辨识了河南省平顶山新区生态用地的空间分布，确定了其最小生态用地面积，并应用最小累积阻力模型构建了研究区生态用地的安全格局。结合上述两位的研究，李益敏等（2017）运用层次分析法和 GIS 技术，从水土保持、地质灾害规避与防护、生物多样性保护和水资源安全四个方面，构建流域重要生态用地识别指标及方法，并识别出流域重要生态用地的空间分布，对云南星云湖进行了研究。该研究的识别结果较好地反映了重要生态用地流域的生态安全。以星云湖流域为高原湖泊流域的典型展开研究，为高原湖泊生态保护指明了方向。李明玉等（2016）采用加权指数求和法，从生态服务功能、景观生态空间格局以及生态敏感性三方面建立生态重要性空间识别指标体系，结合 GIS 空间分析功能对延龙图地区生态用地的生态重要性进行空间识别，为土地利用规划分区和生态用地分级保护提供了参考与借鉴。考虑到目前对生态用地的研究主要集中在概念与类型的界定、生态用地数量与布局优化等方面，而对生态用地重要性识别的研究以及生态保护性的界定研究较少，王志涛等（2016）以地处农牧交错带的河北省沽源县为研究区构建基于水源涵养、地质灾害防护以及土壤保持三方面的生态用地重要性识别指标体系，识别出对该县生态稳定具有重要作用的生态用地，并根据各单一生态过程的识别结果进行生态用地类型的划分，以期为沽源县生态用地的保护与生态建设提供数据支持与科学依据。袁家根（2016）运用遥感准确地定义和选取训练样本，进行土地利用解释，根据安康市具体生态环境特征，选取水源涵养、土壤保持、生物多样性保护和生态防护四个指标，构建生态重要性评价指标体系，将生态用地的识别结果作为安康市生态保护的最大空间，将安康市生态系统服务功能极重要区作为安康市生态保护的最小空间，分析并尝试提出最小生态保护力度和最大生态保护力度下的生态空间开发与管理调控策略。孔令桥等（2019）以长江流域为对象，选择生态系统服务指标（水源涵养、洪水调蓄、水质净化、水土保持和生物多样性维护）和生态敏感性指标（水土流失、石漠化和土地沙化），提出一种流域的生态空间规划方法，探讨面向流域生态空间规划的方法与管理对策。谢花林等（2018）以自然生态环境脆弱的鄱阳湖生态经济区为研究区，结合国内外学者的相关实践经验和研究成果，基于 RS 和 GIS 等相关空间信息技术，通过生态系统服务功能重要性评价和生态系统敏感性评价方法，因地制宜地选取评价指标，以栅格为单元辨识了鄱阳湖生态经济区关键性生态空间。

三是国土空间规划背景下的生态空间划定方法。目前，学术界对"三生"空间中生态空间识别作了大量研究，并取得了系列成果。高吉喜等（2020）认为自然生态空间格局构建的最终目的是对国土空间开发行为进行管控，理顺保护与发展的关系，最终达到保护重要生态空间及促进区域可持续发展的目的，构建自然生态空间格局对于优化国土空间开发格局，指导生态保护与建设具有重要意义。李广东等（2016）从土地功能、生态系统服务和景观功能综合的视角构建城市生态—生产—生活空间功能分类体系，并以生态系统服务价值评估为基础系统整合空间功能价值量核算函数群，通过纵横对比的方法确定空间功能主导类型。张雪飞等（2019）以《生态保护红线划定技术指南》为基础，对福建省开展基于资源环境承载能力评价和国土空间开发适宜性评价要求的陆上全域生态保护等级和保护优先序评价，探讨和实践省级空间规划中生态空间和生态保护红线的划分方法。柯新利等（2020）将未来土地利用变化纳入"三区"划定过程中，提出一种基于土地利用情景模拟，结合指标体系评价与决策树特征挖掘的"三区"划定方法。丁乙宸等（2020）指出应在充分尊重既有法定规划成果的基础上，因地制宜地构建国土空间开发适宜性评价指标体系，先结合生态保护重要性评价划定生态空间。不同空间尺度下生态空间的范围、承载功能均不相同，生态空间范围界定也存在争议。其一，国土空间中除自然生态空间外，农业生产用地也具有重要的生态功能；其二，城市生态要素空间兼具显著的生态功能与生活功能，甚至部分空间的生活功能可能更强（江曼琦和刘勇，2020）。

此外，胡海龙（2011）尝试构建了多智能体与蚁群算法耦合模型，用以解决城市生态用地选址问题，为城市区域关键性生态用地的空间识别提供了新的思路和方法借鉴。周锐等（2016）基于生态系统服务的生态足迹模型确定维持黑河中游社会经济系统正常运行的最小生态用地数量，结合生态重要性与土地生态适宜性识别进行生态用地优化。但是此项研究选取生态系统服务价值、生境质量、人类生态需求作为生态用地重要性识别的三个依据，存在一定局限。今后应该结合区域的实际情况，进一步优化识别指标，比如将景观连接度、水资源安全等因素纳入研究中。

1.3.5　土地利用生态安全格局研究

土地利用生态安全格局是指能够满足和保障区域土地资源生态安全的土地利用格局（张虹波和刘黎明，2006；马克明等，2004）。土地生态安全格局的问题从本质上说是利用景观生态学原理解决土地合理利用的问题，随着景观生态学原理渗透到土地合理利用的问题中，格局优化成了土地利用规划的核心内容。在自然资源统一管理后，可以认为国土生态安全格局是针对国土空间中的生态环境问题，在应对气候变化和人类活动干扰的基础上，能够维持生态系统结构和过程的完整性、实现对生态环境问题有效控制和持续改善的区域性国土空间格局（傅伯杰，2019）。

1.3.5.1　面向生态的土地利用格局的研究进展

目前在以土地资源可持续利用为导向的区域土地利用结构的优化研究中，生态因素成为重要的约束条件和优化目标，生态安全的理念也得到体现。

在面向生态的土地利用结构优化方面，国外学者进行了一定研究。Makowski（2000）以欧盟农用土地资源面临的主要污染问题为导向，以氮流失量最小为规划目标，建立了欧盟农用土地利用结构优化模型。Herrmann（1999）应用系统工程方法，从土壤肥力、地下水质量、地表水、群落生境和景观五方面选取指标作为生态约束条件，进行乡村土地利用结构优化设计。

结合土地资源可持续利用研究，我国学者也开始了面向生态的土地利用结构优化方法的探讨。徐学选（2001）应用线性规划模型，以土壤侵蚀量为生态约束条件，探讨了黄土丘陵区生态建设中农林牧土地结构优化模式。林彰平（2002）针对生态脆弱的东北农牧交错带的主要生态问题，提出了生态安全条件下土地利用模式优化的概念框架，并采用灰色线性规划模型，以生态效益最佳为目标，探讨了以生态安全为目标的优化技术规程、沙区分步优化判定层次标准、沙区土地利用分类和生态安全评价等，对沙区土地高效利用提供了技术支持和优化范例。刘艳芳等（2002）对基于最佳森林覆盖率的生态优化方法进行了探讨。他们对生态标准的量化引入了"绿当量"的概念，在考虑耕地与草地的生态服务价值的基础上，引入森林和耕地、草地之间的基于"绿量相当"的面积换算关系，定量测算出该类用地的生态绿当量；针对不同的区域，根据区域降水量、土壤饱和蓄水能力以及土壤自然含水量来计算区域最佳森林覆盖率，并将此作为该地区生态优化的目标，这对于土地利用优化中关于生态标准的量化探讨有着重要的启示意义，但对土地利用结构生态标准的衡量只取了森林覆盖率这一个指标，还不够全面，有待进一步完善。王观湧等（2015）引入反映生态效益的指标生态绿当量和土壤有机碳储量，评价研究区土地利用结构在不同发展阶段的生态效益，借助TOPSIS 模型对历年土地利用结构进行生态合理度评价，并在此基础上以经济发展和生态效益并重为目标，构建多目标优化模型，获得注重生态用地保护、生态效益和生态合理度得到提升的土地利用结构优化方案。宁珊等（2019）指出通过土地利用结构优化能够实现区域生态效益的最大化，采用单位面积当量因子法估算了玛纳斯河流域 1990~2015 年各项生态系统服务的价值及其变化；借助灰色线性规划模型（GLP）进行土地结构优化，探讨了最大化生态效益目标下土地结构优化前后研究区生态服务价值的变动。在国土空间规划背景下，土地利用结构优化对实现中国土地资源高效利用具有十分重要的推动作用。唐丽静等（2019）以山东省沂源县为例，以生态优先、生态经济协调发展为原则，借鉴生态足迹理论，依据国民经济核算规则，测算国民经济发展目标生态足迹需求，结合土地利用状况及"多规"土地利用计划，以生态平衡为底限优化"多规合一"背景下的土地利用结构。

综上所述，早期我国的土地利用结构优化研究多关注土地利用数量结构的生态优化（如林地覆盖率、坡耕地比例等），忽视了土地利用空间格局对诸多生态过程的影响，如地表水的径流、侵蚀，物种的多样性，以及干扰的传播或边缘效应等。

1.3.5.2　土地生态安全格局构建方法的进展

结构和功能、格局与过程之间的联系与反馈是景观生态学的基本命题（Turner，1989；Lenz and Stery，1995；Vuilleumier et al.，2002）。景观生态学的一个基本假设是空间格局对过程（物流、能流和信息流）具有重要影响，而过程也会创造、改变和维持空间格局（Wu and Hobbs，2002；Wu et al.，2004）。景观生态学中的最优景观格局原理和生态安全格局原理为土地利用结构优化提供了重要的途径（Yu，1996；Seppelt and Voinov，2002；张虹波和刘黎明，2006）。

但是传统的来自于景观格局优化的土地生态安全格局构建方法，如线性规划、灰色系统规划、层次分析法、系统动力学模型等，缺乏定量的空间处理功能，难以刻画景观要素空间上水平方向的相互作用（张惠远等，2000；秦向东等，2007）。为了体现景观生态学对格局优化的要求，人们开始求助于空间直观模型。国外比较成功的案例有 Seppelt 等（2002，2003）对农业土地利用格局优化的研究，其中的优化模型建立了不同管理措施下的养分平衡，将不同土地利用方式和施肥措施下的最大农业产出值作为判别标准，建立一个空间显性的动态生态系统模拟模型进行数量模拟，利用基于随机过程的蒙特—卡罗方法来模拟检测优化结果的可信度。从城市土地生态安全格局来看，构建山水型城市高、中、低三种水平生态安全格局，可有效协调该类城市空间扩展与生态要素限制之间的矛盾。储金龙等（2016）以安庆市为例，运用高分辨率遥感影像识别生物多样性保护、水资源安全、地质灾害规避三类生态用地，采用 GIS 空间分析技术并基于多因子综合评价，将生态用地划分为极重要、较重要、一般重要三个级别；将极重要生态用地与相关法规、标准及政策所规定的禁建区作为生态保护的"源"，利用最小累积阻力模型，获得安庆市综合生态安全格局；最后，在生态安全格局基础上，提出建设用地开发策略。雷金睿等（2020）以海南岛为研究区，基于 PSR模型构建海南岛湿地景观生态安全评价体系，在遥感和 GIS 技术的支持下分析了1990~2018 年海南岛湿地景观生态安全状况及其空间分布特征。杨彦昆等（2020）以三峡库区重庆段为例，通过生态重要性和敏感性综合识别源地，构建连通度指数修正阻力面，利用最小累积阻力模型提取生态廊道，从而构建三峡库区重庆段生态安全格局，提出生态安全格局构建旨在识别研究区的重要生态区域并保持它们之间的连通，是实现区域协调发展的重要途径，生态阻力面的科学构建和修正则是生态安全格局建立的技术难点。

土地生态安全格局的构建方法经历了由定性分析评估到定量计算、由静态优化到动态模拟、由固定条件下的孤立寻优到可变条件下的趋势分析、由数量配置为主到预测空间变化的过程，定量、可变、动态的空间模拟将是土地生态安全格局相关研究的主要方式。土地利用格局变化与生态过程改变互为因果，了解局部演变的时空规律及其演变驱动机制是结合生态过程进行土地利用格局分析和优化的前提与基础。但现阶段对土地利用格局、过程和功能相互作用的研究还不够成熟，还不足以对土地生态安全格局设计进行理论指导。

将土地利用格局变化与生态过程改变结合起来看，一方面土地生态安全格局对动态的空间模拟提出越来越高的要求，另一方面空间模拟迟迟得不到景观尺度上定量化规律的有力支持，使传统"自上而下"的优化思路难以依靠模型实现自动化。要在目前景观生态学的基础研究水平上解决这个矛盾，似乎只有采纳复杂性科学所倡导的复杂性研究方法——"自下而上"的构模方法，针对特定的生态过程，将生态过程纳入格局分析中。

在这方面，元胞自动机（CA）具有天然优势。基于元胞自动机的空间直观模型不关心景观尺度上定量化的规律，而是直接在较低的一个尺度上，从景观组成单元入手，模拟它们的状态和局部相互作用，即能在总体上表现土地利用格局的演变过程。这也是基于元胞自动机的空间直观模型在模拟土地利用空间格局与过程相互作用的研究中被广泛应用的主要原因（邬建国，2000b）。目前，国外已有一些学者基于 CA 进行了土地利用规划的研究。例如：Strange 等（2002）发展了一种基于元胞自动机（CA）的进化优化算法，它能有效解决造林规划的空间决策问题。Mathey 等（2007）通过设计一种基于 CA 的进化算法整合了时间和空间目标，探索了一种协同演化的元胞自动机模型，用于空间显现自然动态过程的森林规划。Stevens 等（2007）探讨了基于 GIS 和 CA 的城市规划决策模型。

近年来国内也有部分学者开始尝试运用 CA 探讨土地利用格局的优化问题。Chen（2008）在综合使用"自上而下"的灰色线性规划（GLP）方法和"自下而上"的元胞自动机（CA）方法的基础上，建立了土地利用格局优化模拟模型，对中国北方农牧交错带生态安全条件下的土地利用格局优化进行了模拟研究。刘小平等（2007）提出了基于"生态位"的元胞自动机的新模型，并探讨了如何通过"生态位"元胞自动机和 GIS 的结合进行城市土地可持续利用规划。该模型可方便地探索不同土地利用政策下的城市土地利用发展前景，能够为城市规划提供有用的决策支持。杨小雄等（2007）探讨了在政策及相关规划约束、邻域耦合、适应性约束、继承性约束及土地利用规划指标约束下的反映土地利用规划布局的元胞自动机模型，并以广西壮族自治区东兴市为例进行了模型的仿真研究。赵冠伟等（2009）利用 CA 理论进行了城市边缘区多地类变化模拟的尝试；杨娟（2010）提出了基于多类支持向量机的元胞自动机模型（MSVM-CA），使元胞自动机不仅能模拟从非城市用地到城市用地的转变，还可以应用于模拟多种土地利用类型之间的演变。苏凯等（2019）对东北森林带 2000～2015 年的景观格局变化进行生态系统结构、生态系统转换方向、景观指数变化分析，运用 MCE-CA-Markov 模型模拟 2020 年东北森林带景观格局变化趋势。成超男等（2020）以山西省晋中主城区为例，从生物多样性保护、自然灾害预警和人为活动干扰三方面出发，判定其城市环境的生态敏感度，采用 CA-Markov 模型分析和模拟土地类型的演变趋势，合理划分城市生态分区，为优化晋中主城区的生态空间布局和保障其生态安全提供了参考。

值得注意的是，目前一些研究探索在进行土地利用动态模拟时将 CA 模型与 MAS 相结合，以弥补 CA 模型未考虑人类决策行为影响土地利用变化的缺憾。如 Ligtenberg（2001）结合 MAS 和 CA 模型，建立了多智能体共同进行空间决策的土地利用情景模拟模型；Valbuena 等（2010）基于多智能体系统在区域尺度上进行了土地利用变化与规划的模拟研究；Ligtenberg（2010）进一步论述了基于多智能体模型进行空间规划的验证问题。国内学者则主要将 CA 模型与 MAS 相结合应用于城市土地扩张模拟。如刘小平等（2006）提出了结合 MAS 与 CA 的微观规划模型，模拟了广州市海珠区 1995～2010 年的城市土地扩张，并讨论了在不同规划情景下城市土地资源的利用效率及合理性。杨青生等（2007）运用 MAS 与 CA 相结合的方法来模拟城市土地扩张过程。聂云峰等（2009）通过集成

MAS、GIS 和 CA，建立了城市发展模型，以 Repast 和 ArcGIS 为基础设计了城市土地利用动态模拟系统，并以广州市番禺区为例进行了仿真实验。Zhao 等（2012）建立了 CA-MAS 耦合模型，将土地利用变化模拟结果应用于交通用地的需求模拟与分析中。全泉等（2011）利用 CA 模型和 MAS 模型相结合的方法，在 GIS 技术手段的支持下开展了上海城市扩展动态模型研究。杨俊等（2016）基于 BDI 决策和 MAS-CA 模型对大连金石滩 2020 年和 2030 年的城镇区域面积进行模拟，Kappa 系数达到 0.635，研究结果表明 BDI 决策补充了 MAS-CA 模型决策的不足，使模型整体框架进一步完善，模拟结果具体准确，精度达到 89.1%；滨海地区的生态环境容易被破坏，政府应该采取措施寻找土地利用与生态环境保护的完美平衡点。马欢等（2017）利用 GIS 空间分析和重心迁移模型分析沙漠化景观时空变化趋势，并以 2010 年沙漠化分类数据为基期年数据，利用 Logistic 元胞自动机模型，引入多智能体系统 MAS 模型修正转移规则，预测 2015 年沙漠化分类情况及其空间分布格局，结果精度较好。

综上所述，传统的土地生态安全格局设计大多停留在指标相互作用关系的静态设计上，且难以定量地考虑格局的空间优化。以空间显性模型为核心的格局模式，真正触及了土地利用格局的形成机制，并体现了景观生态学强调水平方向生态学过程的特征。因此，通过模拟格局演化进行设计的客观性和自动性程度较高，而且模拟演化过程本身就验证了生态安全方案的效果和可实现性。

1.3.6 土地利用生态安全预警研究

生态安全问题作为人类可持续发展的一个新命题在 21 世纪受到人们的普遍关注。随着城市化和工业化的快速发展，人们利用土地的粗放化、非规模化等不合理现象日渐突出，土地的生态功能受到严重破坏，土地利用的生态安全问题成为土地可持续利用的"瓶颈"，使土地利用生态安全的预警研究被提上日程。生态安全预警可以追溯到 20 世纪 70 年代，伴随着土地生态安全问题的产生，土地生态安全预警也随之产生，国内外学者对土地生态安全的预警开展了大量研究。总的来说，国外学者的研究多聚焦于监测预警方面，而国内的研究则主要集中在土地生态安全预警理论的探索、预警指标体系的选取、预警方法的探索和预警信息系统的建设等方面。

1.3.6.1 土地生态安全预警指标体系的构建

马世五等（2017）基于 PSR（压力—状态—响应）的模型框架构建空间评价指标体系，运用空间统计方法和熵值法对三峡地区的土地生态安全预警进行研究。结果发现，随着年份的增加，土地生态安全预警指数逐步增长，并且非结构因素（随机因素）对土地生态安全的影响程度不断加大。余敦等（2012）通过PSR模型构建土地生态安全预警指标体系并运用物元模型对鄱阳湖2001~2008年的土地生态安全警情进行评价，发现运用物元模型具有计算简便，意义明确，评价精度高等优点。张秋霞等（2016）通过PSR和生态—环境—经济—社会（E-E-E-S）模型框架构建土地生态安全评价指标体系，并以障碍度模型分析新郑市耕地生态安全障碍因子，发现地均化肥施用强度、耕地复种指数、人均粮食产量等是其耕地生态安全的主要障碍因子和改善重点。张祥义等（2013）采用PSR模型构建河北省的土地生态安全评价体系，并运用熵值法和综合指数法对河北省各市区的土地生态安全进行评价分析，在此基础上对各市区现有土地生态安全状况的改善提出相应的政策建议。冯文斌等（2013）选取18个指标构建土地生态安全评价指标体系，运用层次分析法对各指标进行加权计算记忆处理，得到江苏省的土地生态安全综合指数，发现江苏省的土地生态安全等级和水平达到了良好级。

1.3.6.2　土地生态安全预警方法的探索

在土地生态安全预警评价方面，学者们运用了许多不同的方法，如灰色预测、能值分析、BP神经网络、可拓分析以及情景分析等。其中，人工神经网络分析方法的原理是大量简单的基本单元——神经元相互连接构成神经网络，通过模拟人的大脑神经处理信息的方式，构建信息并行处理和非线性转换的复杂网络系统。该方法对解决非线性问题有着独特的先进性，它可以避开复杂的参数估计过程，同时又可以灵活、方便地对多成因的复杂未知系统进行高精度建模，因此在评价类的研究中得到广泛应用，如曾浩等（2011）选取21个指标构建土地生态安全指标体系，运用BP神经网络分析法对武汉市的土地生态安全进行评价，发现武汉市的土地生态安全指数有提高的趋势。主成分分析法是将多个具有相关性的要素转化成几个不相关的综合指标的分析与统计方法，综合指标有可能包含众多相互重复的信息，主成分分析法在信息最少丢失原则下，对原来的指标进行降维处理，把一些不相关的指标省去，将原来较多的指标转换成能反映研究现象的较少的综合指标，这样能够简化复杂的研究，在保证研究精确度的前提下提高研究效率。王鹏（2015）等通过主成分分析法对衡阳市的土地生态安全进行评价，在SPSS软件的支持下选取八个指标，结果发现，产业结构是影响衡阳市土地生态安全的主要因素。孙奇奇（2012）等通过主成分分析法，运用SPSS技术分别从社会、经济和自然因素中选取21个指标对哈尔滨市2001~2008年的土地生态安全进行评价，结果发现哈尔滨市的土地生态安全度有上升的趋势，但仍然存在不足。

压力—状态—响应（PSR）模型的优点在于使用了"原因—效应—响应"这一思维逻辑，体现了人类与环境之间的相互作用关系。人类通过各种活动从自然环境中获取其生存与发展所必需的资源，同时又向环境排放废弃物，从而改变了自然资源储量与环境质量，而自然和环境状态的变化又反过来影响人类的社会经济活动和福利，社会则通过环境政策和经济政策的颁布以及宣传，来影响人类的意识和行为进而对自然和环境状态的变化做出反应，如此循环往复，构成了人类与环境之间的"压力—状态—响应"关系。陈美婷等（2015）通过 PSR 模型构建土地生态安全评价体系，利用熵权法和径向基函数（RBF）模型对广东省2000~2016 年的土地生态安全进行评价，发现广东省近年来的土地生态安全预警度有降低趋势。韩晨霞等（2010）将 PSR 模型与 EXCEL 程序相结合构建 FE（生态安全状态评价预警）模型，对石家庄市 1999~2020 年的生态安全进行定量评估以及动态预测，发现石家庄的生态安全预警状态由中警逐渐过渡到轻警，生态安全综合指数逐步提高。陈勇等（2016）通过 PSR 模型构建生态安全评价体系，运用模糊综合评价指标法对地下铁矿山土地生态安全进行评估，发现山东省的土地生态安全状况虽然有不断改善的趋势，但是仍然不容乐观，并据此提出了相关的政策与建议。然而，在指标选取上，已有的 PSR 概念模型不能把握系统的结构和决策过程，人类活动对环境的影响只能通过环境状态指标间接地反映出来，对生态安全本质与安全机理的探讨也不足。基于此，欧洲环境署对 PSR 模型进行修正提出了"驱动力（Driving Force）—压力（Pressure）—状态（State）—影响（Impact）—响应（Response）"（DPSIR）概念模型从系统角度看待人和环境的相互关系，具有系统性、综合性等特点，能够监测各指标之间的连续反馈机制，有利于反映土地生态安全的系统过程。黄海等（2016）通过"驱动力—压力—状态—影响—响应"（DPSIR）概念框架模型构建土地生态安全指标体系，利用 TOPSIS 模型对山东省 2006~2013 年的土地生态安全状况进行评测。朱翔等（2012）通过 DPSIR 模型分别从驱动力、压力、状态、影响和响应五个方面构建土地生态安全预警评价模型，对 2001~2010 年湖南省的土地生态安全进行评价，发现湖南省的安全系统和状态系统呈现逐渐上升的趋势，而压力状况则呈现下降的趋势。

灰色预测 [GM（1，1）] 是指对系统行为特征值的发展变化进行预测，对既含有已知信息又含有不确定信息的系统进行预测，也就是对在一定范围内变化的、与时间序列有关的灰色过程进行预测。其优点在于尽管灰色过程中所显示的现象是随机的、杂乱无章的，但其本质是有序的、有界的，因此可以通过对原始数据进行生成处理来寻找系统变动的规律，生成有较强规律性的数据序列，然后建立相应的微分方程模型，从而预测事物未来的发展趋势。李玲等（2014）通过灰色预测模型［GM（1，1）］分析河南省未来的土地生态安全态势，发现土地生态服务系统遭到一定的破坏，需要对其进行安全规划管理。上述综述表明，可用于生态安全预警的方法较多，如何结合区域特征和研究目标选择合适的研究方法非常关键。严超等（2015）通过压力—状态—响应评价框架，以及GM（1，1）模型对池州市2001～2010年的土地演变趋势进行考量，发现池州市土地的生态趋势在转好，影响土地生态安全的主要因素有人口密度、自然增长率等，这些均是今后调控的重点。

　　土地生态安全是一个随着时间动态演进的过程，伴随着人们对生态环境的重视，土地利用生态安全的预警可能会从中警逐步过渡到重警。当然，人们对土地粗放式使用行为的继续同样也会使土地生态安全状况逐年恶化，所以对土地生态安全的研究应当在一个时间的尺度上进行。荣联伟等（2015）基于PSR模型构建土地生态安全评价体系，通过GM（1，1）模型对黄土高原山区晋城市2001～2010年的土地生态安全状况进行动态评测，发现晋城市的土地生态安全值有上升的趋势，而土地生态安全的"敏感度"有下降的趋势。刘庆等（2010）通过选取自然、经济和社会方面的指标构建土地生态安全评价体系，对1999～2007年长株潭城市群的土地生态安全进行动态评价，发现该地域的土地生态安全综合指数呈现下降的趋势。许月卿等（2015）从土地自然基础状况、土地利用状况、土地污染、退化状况等六个方面构建土地生态安全评价体系，运用综合指数法对生态脆弱区张家口市2000年和2010年的土地生态安全状况进行动态监测，结果发现由于退耕还林和其他生态工程建设，土地的生态安全综合指数逐步上升。熊勇和赵翠薇（2014）通过SPSS软件和GM（1，1）模型对贵阳市1992～2011年的土地资源生态安全进行动态分析，发现贵阳市土地生态环境的良性循环潜力大，但是生态脆弱性依然存在。城市生态系统是一个人口高度集中的复合生态系统，它的生态安全性更加脆弱，柯小玲等（2020）采用系统动力学理论与方法进行城市生态安全预警研究，应用PSR概念模型建立城市生态安全预警指标体系，基于系统动力学构建城市生态系统安全仿真模型，以武汉市为样本，通过系统流图、方程及仿真揭示该市2004～2020年的生态安全演化趋势，进而进行生态安全预警分析。

　　上述学者的研究表明，土地生态安全在空间上存在差异，即存在空间的异质性，因此及时对土地利用的生态安全进行预警显得尤为重要。张利等（2015）在遥感数据和GIS技术的支持下，以栅格为评价单元，利用分类树法对滨海快速城镇化地区的生态安全预警状态进行分类，发现该地区处于不安全预警、亚安全预警、快速退化预警状态的土地占土地利用总面积的比重较大。吴冠岑等（2010）

基于权变理论、层次分析法和预警指标的动态发展趋势构建土地生态安全预警的惩罚型变权模型，对淮安市 1996~2005 年的土地生态安全进行评测，发现淮安市的土地生态安全处于轻警区间并有逐步提高的趋势。黎德川等（2009）基于灰色关联预测模型，以及预警的原理和过程，通过明确警义、寻找警源、分析警情、预报警度和排除警患五个步骤对乐安市的土地生态安全进行评测并提出相关的政策与建议。庄伟等（2014）通过 PSR 模型、GM（1, 1）模型等一系列预测模型对 2004~2014 年长生桥镇的土地生态安全进行预警评价，发现该地区的生态安全指数有上升的趋势。郜红娟等（2013）通过能值分析法，对贵州省 2000~2010 年耕地利用的投入产出进行分析，发现贵州省的耕地利用生态安全指数有所下降，且生态安全预警状况由轻警恶化到中警。谭敏（2010）等运用 ArcGIS 空间分析方法、因子加权以及数理统计方法，采用地形地貌、水文和地质灾害等预警因子构建土地生态安全预警评价体系，发现房山区土地生态安全预警由低到高的面积呈现逐步下降的趋势。王耕等（2008）将状态和隐患结合起来，以淮河流域为例，采用预警指数测算方法对区域土地利用生态安全未来的演变趋势进行相应的判断和状态预警。胡和兵（2011）采用人工神经网络分析模型和生态足迹分析方法对池州市进行生态安全敏感地区预警评价，发现 1996~2004 年池州市对土地的利用超过了该地区的生态足迹，预警状态为不安全状态。张强等（2010）通过可拓综合分析方法以及"状态—胁迫—免疫"模型对陕西省 1997~2007 年的生态安全进行预警评估，发现这些年陕西省的生态环境从"不安全"逐步过渡到"安全"，生态安全综合指数增高。高宇等（2015）通过多元线性回归模型，针对榆林市 2012~2021 年的生态安全构建四种情景模型，发现榆林市的安全指数向不安全级别靠近，生态安全问题的全面改善是一个较为漫长的过程。马志昂等（2014）基于 BP 人工神经网络分析方法构建土地生态安全评价模型，并以 15 个指标构建土地生态安全评价指标体系对安徽省 1998~2012 年的土地生态安全综合指数进行评价，研究发现安徽省的土地生态预警指标从 1998~2002 年的"非常不安全"逐步过渡到 2008~2012 年的"较不安全"，土地生态安全综合指数逐年增高。

1.3.6.3　生态安全预警机制建设

土地利用的生态安全预警研究表明我国各地区的生态安全预警状态普遍不高，存在改善的空间，许多学者认为应当建立相应的生态安全预警机制，使土地利用的生态安全状态有自发提高的动力。马晓钰和叶小勇（2012）将人口承载力预警模型和最少人口规划界限相结合，针对新疆"脆弱生态环境—人口"安全问题构建预警机制，对人口减少、环境破坏和经济停滞做到提前预警。王瑾等

（2012）对生态安全预警进行简要的分析，提出将生态预警机制作为政府考核机制，积极呼吁学术界重视生态安全预警，并在预防生态危机和减少人员财产损失等方面提出相应的政策建议。王军等（2007）基于农业生态学原理、环境库兹涅茨曲线与生态安全耦合性研究针对河南省农业状况日益变差等问题建立了生态安全预警机制。定量化、可视化、自动化评价和预测土地生态安全状况并进行实时预警具有重要意义。张成等（2020）基于 PSR 模型构建了土地生态安全评价指标体系，采用投影寻踪模型对土地生态安全状况进行评价，采用主成分相关分析法诊断土地生态安全的主要影响因子，采用空间差异系数模型分析土地生态安全的时空格局，采用马尔科夫预测模型对土地生态安全水平进行预测，通过划分土地生态安全预警等级建立预警机制，并利用 MATLAB 的图形用户界面（GUI）开发了土地生态安全预警系统。城市化导致区域土地利用格局发生巨大变化，并威胁到区域生态安全，Xie 等（2020）以 2010 年为基准年，使用 Markov 预测了被调查区域在 2015 年和 2030 年的新建筑用地需求。在此基础上，他又建立逻辑 CA 模型，预测了与建设用地扩张和耕地征地补偿平衡有关的土地利用分布，将现有的区域关键生态空间与预测的土地利用变化分布相叠加，得出潜在的生态安全警情，明确了土地利用生态安全预警机制可以有效预警土地利用带来的生态威胁，帮助决策者提前防范风险。

尽管国内外学者对土地利用生态安全预警进行了大量的理论与实践研究，但仍存在一定缺陷及不足。首先，目前的土地生态安全预警研究仅以县（区）和流域为研究单元，忽视了对县（区）内部的空间异质性和更大空间的研究。其次，土地生态安全预警指标体系的数据选取过多地依赖于统计年鉴提供的资料，缺乏实际调研数据，导致对土地生态系统自然属性的研究还远远不够。最后，研究忽视了对土地生态安全预警系统在空间上的聚集规律和关联模式等空间演变特征和过程的考察。

1.4　研究目的与研究内容

1.4.1　研究目的

（1）通过系统地探讨区域土地利用生态安全预警与调控的理论体系和主要分析方法，为开展区域土地利用生态安全预警与调控提供理论和技术支持。

（2）通过对案例区的实证研究，分析区域土地利用变化特征及其驱动因素，探讨区域生态景观结构和动态特征的演变规律，准确识别区域生态重要性空间和关键性生态空间，掌握区域土地利用生态风险空间特征，在此基础上构建土地利用生态安全预警机制，为政府对区域土地利用的生态化管控提供决策参考。

（3）为区域土地利用生态安全预警机制的设计和调控对策的科学制定提供理论依据，促进区域人类—社会—经济—生态环境的协调发展。

1.4.2 研究内容

本书选择江西省兴国县为研究对象，借助景观生态学理论，利用遥感、地理信息系统手段和空间统计学等方法，对兴国县土地利用景观格局的变化进行分析，揭示兴国县生态景观结构和动态特征的演变规律。在此基础上，进一步深化探究兴国县最重要的生态用地——林地的破碎化模式及其演变趋势，并基于生境质量和保护成本识别林地优先保护区。

引入景观干扰度指数和景观脆弱度指数构建生态风险指数，通过土地利用格局与生态环境之间的关系建立景观格局指数与土地利用生态风险之间的定量化表达，借助探索性空间数据分析和地统计学的方法，探究兴国县土地利用生态风险的时空变化特征。

运用 RS 和 GIS 手段，通过生态系统服务功能重要性评价和生态系统敏感性评价方法，因地制宜地选取评价指标，以栅格为单元辨识兴国县的关键性生态空间和生态重要性空间，运用土地利用格局演化元胞自动机（CA）模型模拟兴国县在底线安全情景、满意安全情景和理想安全情景下的土地利用安全格局。

最后探讨土地利用生态安全调控对策，提出范式实施的相关举措，为土地利用安全格局调控的顺利实施提供保障。

1.5 研究思路和技术路线

本书在充分结合土地科学、地理学和生态学理论最新成果和发展动态的基础上，力求站在土地利用/土地覆被变化（LUCC）研究理论和实践的前沿，探讨区域土地利用生态安全的问题。本书依据上述思路并采取景观格局分析方法、空间统计学方法、生态经济价值核算法、生态安全评价法、模型模拟法、多元 Logistic 回归方法和情景分析法进行研究，技术路线如图 1-1 所示。

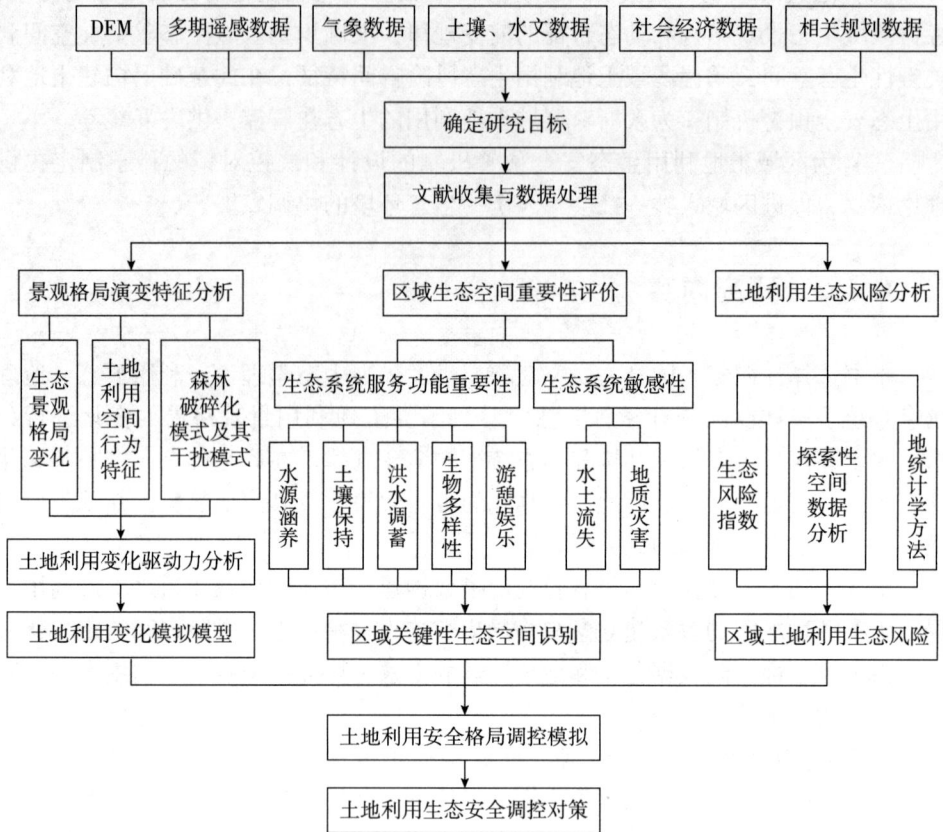

图 1-1 本书的技术路线

第 2 章

土地利用生态安全调控的理论基础

2.1　土地系统控制论

2.1.1　控制论

控制论是研究人们如何对事物内在运行机制进行揭示，并通过干预使事物按照人们预定的标准或最佳的方式运行的理论。它的诞生以美国数学家诺伯特·维纳于 20 世纪 40 年代发表的专著《控制论——关于在动物和机器中控制和通讯的科学》为标志（罗微等，1998）。控制论到目前为止已经经历了三个主要的发展时期：以单因素控制为研究对象的经典控制理论时期、以多因素控制为研究对象的现代控制理论时期，以及以大系统为研究重点的大系统控制理论时期。由此，控制的方法也从反馈控制、最优控制发展到大系统多级递阶控制，并逐步应用于经济、社会、生态、环境和管理等领域。现代控制论在实践中与技术科学、基础科学、社会科学和思维科学相结合，形成了以理论控制论为中心，包括工程控制论、生物控制论、社会控制论和智能控制论四大分支的庞大学科体系。

控制论的一个基本特征就是在变化的过程中考察系统，这样一来就从根本上改变了研究系统的方法。控制论认为，任何事物的发展都存在着多种多样的可能性，因而具有一定的可能性空间。至于事物具体会发展成为可能性空间中的哪一种状态，则取决于外部条件。人们可以通过改变和创造条件，使事物在可能性空间内沿着确定的方向（或状态）发展。因此，控制的概念不仅与人类的选择有关，而且与事物发展变化的可能性空间有关，理想的控制结果是事物发展变化的可能性与人类选择目标的统一。

人类对系统（事物）的控制并非总是能达到理想状况，所采取的控制手段并不一定能达到预期的目标，控制过程也是不断认识系统（事物）的过程。对系统（事物）发展变化机制的揭示，有助于有的放矢地进行控制。所以，在运用控制论的基本原理和方法对区域土地利用系统进行调控时，必须具备三个必要条件：

（1）被控对象具有多种发展变化的可能性空间。被控对象的可能性空间是被控对象在发展变化中面临的各种可能性的集合，被控对象变化的不确定程度取决于可能性空间的大小：可能性空间越大，不确定性就越大；可能性空间越小，不确定性则越小。

（2）目标状态在各种可能性中是可选择的。控制归根结底是一个在事物可能性空间中进行有方向的选择过程，是实现事物有目的变化的活动。因此目标状态在各种可能性中应是可选择的。

（3）具备一定的控制能力。若使被控制对象向既定目标改变，达到控制的目的，就必须创造一定的条件，缩小可能性空间。控制能力就是指创造一定的条件缩小可能性空间的能力。

控制论的出发点是世界上任何事物的发展都存在着多种多样的可能性，因而都有一定可能性空间。至于事物具体发展成为可能性空间的哪一种状态，则取决于外部条件。当人们利用并创造条件，把事物的可能状态转化成现实状态的过程，就是对该事物实施控制的过程（N.维纳，1962；杜栋，2006）。

土地资源功能的多样性，决定了人类的土地利用行为存在多种可能性；土地资源利用方式在一定程度上的不可逆转性，则要求人类在确定土地用途时要因地制宜地慎重考虑。要在综合考虑土地资源适宜性的基础上，坚持社会发展、经济进步和环境建设统筹兼顾、协调发展的思路，对区域土地资源进行总体上的科学安排和合理利用，确保有限的土地资源永续利用。所以，控制论也是进行土地利用生态管制的理论依据之一。

2.1.2 土地资源系统的控制论特征

土地资源系统在资源构成上主要是自然系统，但土地资源的利用还受经济系统和社会系统的影响，因此控制土地资源要分析自然系统、社会系统、经济系统中与其相关的因素。自然系统是土地资源的自然属性，其特点决定土地资源的利用潜力，也在一定程度上决定着土地资源的利用水平，主要包括气候、地质、水温、土壤和植被等要素；经济系统则决定土地资源的开发利用强度，包括经济管理系统、经济执行系统、经济成果系统等；社会系统决定土地资源的所有权关

系，影响土地资源的利用程度和土地资源的可持续利用，其人口状况、社会制度
和政策法规等都对土地资源利用有影响（罗微等，1998）。

土地资源系统在系统性质上含有线性平衡态系统、近平衡态系统和非线性平
衡态系统；在实体上包含自然系统、经济系统和社会系统，其研究和利用原理涉
及多个学科，如需要农学、地理学、生态学、工程学、经济学、社会学等学科相
互协作，才能完成对土地资源的控制。同时，由于对土地资源的控制只能在一定
程度上实现，所以对土地资源系统的控制是局部的，受历史条件和科技水平等因
素的限制，并会随着社会经济的发展而发展（罗微等，1998）。

对土地资源系统的控制也包括许多人为因素，但人为因素要通过自然因素而
起作用，因此遵循自然规律是首要的。但事实上，人类常出于改造和利用土地资
源的目的，违反自然界控制过程规律，为获得暂时的利益，损害更大的利益，如
用“绿水青山换金山银山”，大量破坏植被造成气候失调、水土流失、旱涝灾害
等，损害后代可持续利用土地资源的能力，因此人类对土地资源的控制应有理智
和限度（罗微等，1998）。

2.1.3　土地资源系统控制论

首先，土地资源系统是一个整体，并会在不同的结构状态下表现出不同的功
能。如农田在土壤养分充足、水分适当时将使农作物产量提高，同时养分比例的
变化将使农作物产量出现差异。土地资源系统的组织化程度很高，同时系统结构
的有序性和整体性也很强（罗微等，1998）。土地资源系统追求的是土地资源利
用的综合效益最优，即社会效益、经济效益和生态效益的多目标优化，其组成的
各子系统结构不同、性质各异，但土地资源系统的功能是多方面、综合和整体
的，通过系统的自我调节、自我控制等积极作用，可达到土地资源系统整体优化
的目的（张光宇，1999）。

其次，土地资源系统是一个可观测系统。某个系统如果在初始时刻的状态为
$X(t_0)$，在有限的时域 $[t_0, t_1]$ 内可以用系统的输出量 $Y(t)$ 来决定该系统的
状态，则称为可观测系统，反之称为不可观测系统。土地资源系统中的一些子系
统如土壤水分的运动、温度的变化在一般情形下是可观测系统，因为在有限时间
内可从它们的输出量推知系统的初始状态，乃至任何时刻的状态。但是如果可观
测系统在某种外加作用下内部发生或受到某种扰动，并且系统的输出量不能反映
这种扰动的规律，那么就成为不可观测系统，如植物系统中产生未知病虫害等。
土地资源系统中既有可观测系统，也有不可观测系统，而系统的可观测性是对之
进行控制的必要条件，因此对土地资源系统的控制只能是局部控制（罗微等，

1998）。

再次，土地资源系统是一个可控制系统。如果某个系统在初始时刻 t_0 的状态是 $X(t_0)$，在有限时域 $[t_0, t_1]$ 内用改变系统输入量 $A(t)$ 的方法，可以使系统过渡到所预期的状态 $X(t_1)$，则称该系统为可控制系统；反之，若系统内存在不受输入量影响的状态，该系统就称为不可控制系统。因此，人工系统都是可控制的，但大部分自然系统只能局部控制或暂时不可控制。对自然系统可通过人为改变其组织结构而达到可控制，如土地资源系统在一般情况下可通过人为施肥、灌溉来提高作物产量，此时其为可控制系统，但当土地资源系统组织程度下降，如水土流失、荒漠化时，系统便成为不可控制系统（罗微等，1998）。

最后，土地资源系统具有稳定性。控制论认为一切系统均处在不断运动中，但是系统或子系统在各个运动阶段上会有相对静止的状态——稳定性。如生态系统中生物的生长和物种等均在不断变化，但在一定的阶段上，生物的发育状况及物种数量等是相对稳定的。系统的相对稳定性由于系统内部发生故障或者受到外部环境的干扰而破坏，可使自身处于失控状态。因此需要研究系统的失控边界及系统从失控返回受控的能力和条件，系统一旦处于失控状态，功能遭受破坏，就会使系统产生质变。系统一般通过负反馈调节达到稳定的状态（罗微等，1998）。

2.1.4 土地资源系统的控制论模型

土地资源系统控制论模型包括反馈控制模型，即通过反馈调节，将系统已经施行的调节作用的效果作为决定和修改下一步调节作用的依据，以达到重新组织子集而适应外界环境变化的目的（见图2-1）。

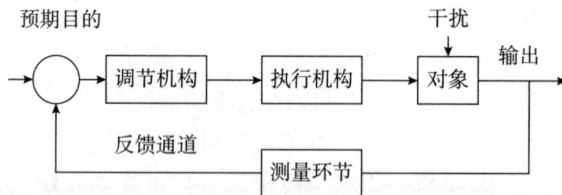

图2-1 反馈控制示意图

资料来源：罗微等（1998）。

控制过程为鉴定结构（测量环节）接受被控土地输出的信息，供调节机构决定发出指令，让执行机构去驱动对象，把已调节过的信息输出，经鉴定机构检验，沿反馈通道与预期目的相比较，再决定下一次调节指令。如先要通过对象的充分调配和分析取得数据，对现象进行描述，进而提出假说（模型），进行模型试验，用来和原系统中的各种记载和分析进行对比，予以衡量。若发现有不一致的现象，则提出新的模型，并进而重新检验调查分析记载资料，如果模型试验结果和预期效果相吻合，可以用于实践，否则要进行模型修正后继续试验（罗微等，1998）。

以生态系统的控制模型为例，经济发展和生态系统资源的消存关系可以表示如下：

$$d \varphi_i(t) = (\beta_i - \alpha_i) \varphi_i(t) dt \tag{2-1}$$

或

$$\varphi_i(t) = \varphi_i(t_0) e^{(\beta_i - \alpha_i)(t_i - t_0)} \tag{2-2}$$

其中，某生物资源的消耗系数为 α_i，生长系数为 β_i，存量为 $\varphi_i(t)$。

从式（2-1）和式（2-2）中可见 $\beta_i > \alpha_i$，即生长大于消耗，i 种生物资源将按指数规律增长，生态系统会保持平衡和兴旺；反之 $\alpha_i > \beta_i$，即消耗大于生长，i 种生物资源股将按指数规律减少，生态系统将逐渐衰竭。所以 β_i 和 α_i 就成为控制生态系统良性循环的参变量，保证 i 种生物资源满足经济发展需要的情况下应该让它们的差值 $(\beta_i - \alpha_i)$ 略大于 0。因此控制生态系统的原则是：在经济发展的同时合理开发利用资源，维护自然资源的良性循环，以有利于人类和生态系统的可持续发展（罗微等，1998）。

对土地资源系统的控制也主要通过反馈控制完成。如对土壤水分运动，目前广泛利用能量观点和数学方法进行定量研究，并通过水分运行势能的变化自动控制水分供给。在土壤养分供应方面，可以进行配方施肥，这需要掌握土壤肥力因素的基本参数和各影响因素间的相关性，以及它们对作物产量的影响，将相关参数封装在计算机软件中。在应用中，可针对某一地区某时养分的变化状况，对计算机软件进行更新，及时提出并修正施肥方案，也可在摸清土体内部变化规律取得有效参数的基础上，采取 3S 技术，根据作物长势变化，实现反馈控制，即精准农业（罗微等，1998）。

为了使反馈信息可以及时传递并具备时效性，应在土地资源利用信息系统中建立反馈信息的通道，将反馈信息与信息系统中的原始数据和各项指标进行比较，并将比较后的信息及时而准确地传递给决策和执行机构。我国土地管理部门长时间处于条块化分割的状态，要实现及时的反馈控制就必须继续推动管理体制改革（罗微等，1998）。

2.2　土地利用行为理论

2.2.1　土地利用个体行为理论

从新古典经济学的角度看，土地用途的转移是土地经营者追求效用最大化的结果，即通过土地的最优利用达到最大获利。其实质是不同用途对同一土地竞标的结果。竞标遵循最优利用原则，即"土地资源趋向于向那些出价最高的经营者手中转移，趋向于向那些收益最大的用途转移"，其胜负的决定因素是收益或效用的大小。这种从经济学上解释土地经营者个体行为的理论被称作土地利用的基本竞争模型（李秀彬，2002）。它具有深远的历史，可追溯到19世纪初杜能和李嘉图关于地租的经典著作。

2.2.1.1　地租

传统地租理论将地租定义为使用土地的代价，是土地作为生产要素之一投入生产过程所得到的报酬。在完全竞争的假设条件下，得到土地租用权的是出价最高的土地使用者。而为了付得起比其他竞租者更高的地租，租用者必然要为这块土地安排收益更高的用途或者生产要素之间更优的投入组合。假设土地竞租者之间没有任何差别，那么这种土地使用者之间的竞标过程也可以理解为各种用途之间对土地的竞标过程。竞标的胜负以各种用途在该土地上所能产生的地租大小为准。同一用途在不同土地上产出地租能力的大小，决定于土地之外其他生产要素的投入产出函数。杜能的随市场距离缩短而增大的区位地租，源于运费的减少；李嘉图的随肥沃度提高而增大的肥沃度地租，源于因生产力差别造成的单位产品成本的节约。

2.2.1.2　竞租曲线

如果把地租成本也考虑在内，当土地使用者租用不同的土地获利相同时（经济获利为零），便达到了均衡状态。这时，运费的减少量或单位产品成本的节约额恰好与地租冲抵。达到均衡状态的地租在不同土地之间的变化曲线被称为竞租曲线或集约边际线。各种用途的竞租曲线其斜率是不同的。单就区位地租而言，竞租曲线的斜率主要受三个因素的影响，即运输成本、集约度以及固定投入的高低（李秀彬，2002）。

竞租曲线斜率大的用途，在靠近市场的区位比其他用途的地租产出能力更强；相反，竞租曲线斜率小的用途，在远离市场的区位比其他用途的地租产出能力更强。根据最优利用原则，地租产出能力最高的用途通常首先占据对这种用途来讲利用能力最大的土地；地租产出能力较低的用途往往被排挤到对这种用途来讲利用能力较低的土地上，在那里，它们才有足够能力与地租产出能力更低的用途竞争（李秀彬，2002）。

2.2.1.3 土地利用空间均衡与转移边际点

当占用不同土地的各种用途获利相同时，各种用途之间在空间上便达到了均衡状态。杜能的农地同心圆圈层模式、Burgess 的市地同心圆圈层模式、Hoyt 的市地扇形模式、Harris 和 Ullman 的市地多核心模式，均可理解为均衡状态下的土地利用空间模式。在空间均衡状态下，两种用途竞租曲线的交点被称为转移边际点。在转移边际点左边，土地转为地租产出能力更高的用途更为有利；在转移边际点之外继续这种用途，直到其粗放或者无租边际，均可获利（李秀彬，2002）。

2.2.1.4 均衡与变化

土地利用空间均衡和转移边际的概念较好地解释了完全市场条件下土地利用的空间分布。从这一理论出发，土地利用变化的解释就应建立在对打破均衡的条件的分析上。均衡的打破表现在某一用途的无租边际点和不同用途间的转移边际点发生空间位移，导致土地利用变化（见图 2-2）。一般来讲，均衡的打破有以下几种可能的形式：①竞租曲线的斜率发生变化。一方面，技术的进步使原来不能利用的土地投入使用或者生产成本降低，进而使市场上土地的有效供给增加。这时无租边际右移，竞租曲线斜率趋缓。另一方面，技术的进步也有可能使土地利用集约化程度提高，从而使竞租曲线斜率趋陡。②竞租曲线平移。反映供给和需求关系的价格涨落是这种变化的主要原因。上涨使竞租曲线上移，反之下移。

上述土地利用的空间均衡和转移边际分析，是只就土地单一要素市场来解释土地利用变化过程。正如巴洛维所言，"土地要素不与其他生产要素发生联系就没有什么经济价值"。因此，关于土地利用变化深层次原因的解释，依赖于对劳动力市场、产品市场、资本市场与土地市场间关系的综合研究，即经济学上所称的一般均衡分析（李秀彬，2002）。

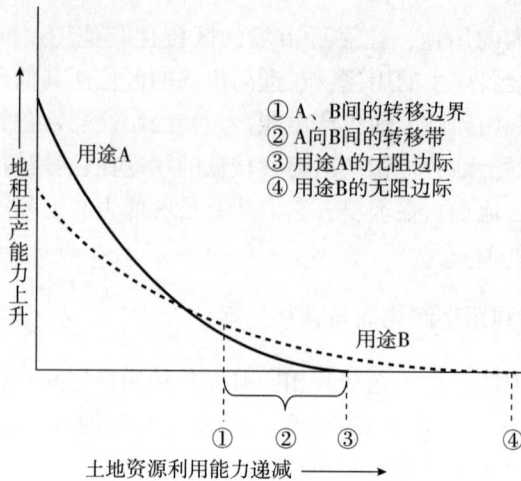

图 2-2　竞租曲线与转移边际

资料来源：李秀彬（2002）。

2.2.2　土地利用社会群体行为理论

2.2.2.1　经济学解释土地利用变化的难点

经济因素往往是土地利用变化的首要驱动因素。然而只从经济学角度出发，不可能全面刻画土地利用变化的机制。归纳起来，从经济学角度解释土地利用变化的难点主要有以下几个方面：①土地市场很难实现完全竞争。土地利用能力的差异性和位置的固定性使土地作为资源的替代性甚弱。此外，某些用途由于给土地附着了大量的人造资本，造成转移成本过高，使土地利用变化成为不可逆的过程。②土地利用的外部性。土地作为生态环境和特殊资源载体的属性和人类活动空间的属性，使土地利用对周边或其他地区的自然和社会经济造成影响。正如Platt（1996）所言，"即使是一块未利用的空地，对其周边的土地利用也有正面的或负面的功能"。③土地作为公共物品的属性。许多类土地属于公共物品，如道路等基础设施；许多土地密集型产业在某种程度上具有公共事业的性质，如农业。更为重要的是，地权关乎全体国民的生存，国家通过宪法、法律对不同层次上的地权进行限制（李秀彬，2002）。

2.2.2.2　制约土地利用的三重框架

上述分析表明，市场失灵的情况可能在土地问题上更为突出，需要从法律、法规及政策等体制因素出发解释社会群体行为对土地利用变化的影响。巴洛维提出应在自然条件的可能性、经济的可行性以及体制的可容性三重框架下解释人类的土地利用活动。实际上，土地利用并不只是被动地适应法律、法规及政策等体制因素，两者的关系是互动的。Platt（1996）设计了一个刻画这种互动关系的概念模式，为土地利用变化的社会群体行为分析奠定了理论基础。

2.2.2.3　"土地利用—环境效应—体制响应"反馈环

人们利用土地的活动，任何时候都发生在自然系统、经济系统及体制系统的三重框架内。自然系统指的是以植被和土壤为核心的地表自然环境；经济系统可以理解为土地利用系统；而体制系统则由相互作用的私人和公共部门共同组成。对每一框架都可以单独地研究。但在实际上，这三重框架（见图 2-3）却是相互关联、共同起作用的（李秀彬，2002）。

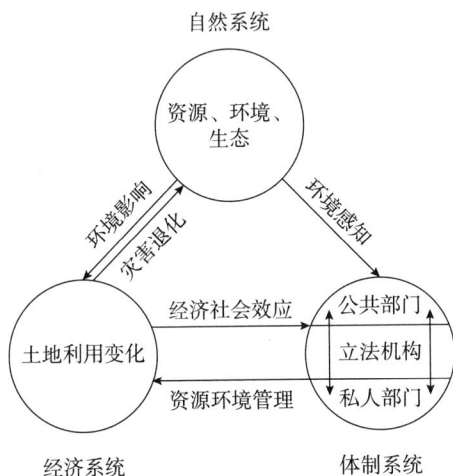

图 2-3　"土地利用—环境效应—体制响应"反馈环

资料来源：李秀彬（2002）。

任何形式的土地利用活动都或多或少地对地表自然环境施加影响。后者也同时反作用于前者，这种反作用有时候以极端的形式出现，比如自然灾害，使土地利用系统受到直接的打击。地表自然环境的变化往往表现为自然资源的衰竭和环境的退化，当这一问题足够严重以致引起公众的关注时，体制系统就可能通过法律、法规及政策等资源和环境管理手段调整土地利用系统。除了环境变化,土地利用系统还通过自身的经济表现和社会效应为各个层次的决策者提供信息,指示其自身在经济上的可行性和社会上的可容性(李秀彬,2002)。

从立法的角度看,个人与公众的土地利用目标常常出现差异,甚至发生冲突。土地的直接经营者往往以土地利用的经济效益为首要目标,并且只关注土地利用立地的、直接的环境和资源效应;公共土地管理部门往往更加注重土地利用系统在区域层次上的社会、经济及资源环境效应,这些效应对土地的直接经营者来讲,属于外部性效应。当然,各级公共土地管理部门依其所处的层次不同,或者主管的行业和环境部门不同,目标也不尽相同。"土地利用—环境效应—体制响应"反馈环的作用机制随社会制度、经济发展阶段以及不同时期社会价值取向的不同而变化,是一个非常复杂的过程(李秀彬,2002)。

2.2.2.4 信号强弱与社会群体土地管理行为

要解释社会群体行为对土地利用变化的作用机制,需要关注上述反馈环中体制系统的两个输入信号。从社会群体的角度出发,两种信号作用于各级立法机构和政府,进而形成土地管理的法律、法规及政策。各级立法机构和政府面对这些信号是否采取行动,往往取决于信号的强弱。信号的强弱除了与资源环境问题和经济社会效应本身有关外,更与社会各方面对这些问题的重视程度有关。在这些信号与各级立法机构和政府之间,公众、社会舆论、学术界往往起到重要的作用,它们不只影响信号的强弱,而且影响信息的准确性和对问题的解释,进而影响决策(李秀彬,2002)。

政府的土地管理政策,往往受强信号的驱动。1998年夏季长江流域的大洪水和2000年春季北方地区的沙尘暴就是这种环境强信号。西部脆弱生态区的耕地扩张和植被破坏,在灾害发生后成为政府、学术界和公众关注的焦点,"退耕还林还草"成为政府在土地管理上的主要政策取向。20世纪90年代中期人们围绕中国的食物安全展开热烈讨论,普遍认为中国的食物安全受到威胁,1997年以后政府对耕地保护采取了更加严厉的政策和措施。如果说在前一个例子中自然灾害这种环境强信号起到了主要的作用,那么在后一个例子中,学术界、公众及大众传媒所起的作用可能更大。当然,学术界和传媒对洪水和沙尘暴的原因解释也是促使政府调整西部地区土地管理政策的重要因素(李秀彬,2002)。

值得注意的是,在环境强信号驱动下的决策往往以应急措施为主。尤其是在公众舆论的压力下,行动的快慢而不是如何行动成为衡量政府效率的首要标准。这种决策机制往往造成处理问题时综合分析的欠缺,常常出现这样的情况:短期目标得到重视而长期目标受到忽视;下游的问题得到重视而上游的问题受到忽视；生态的问题得到重视而资源的问题受到忽视（李秀彬，2002）。

2.3　景观生态安全格局理论

McHarg 在其《依自然设计》（*Design With Nature*）一书中，系统地提出了尊重自然过程进行景观改变的设计思想，在世界范围内得到广泛应用。各种景观类型在景观中代表着不同的生态过程和功能，就一个景观来讲，维护生态过程和改善生态功能，首先要分析景观的过程和机制，甄别各种景观单元在整体生态功能中的作用和地位，其次在景观改变中对于维持生态过程特别重要的景观单元予以保护或加强，这是因为土地是非常有限的，在景观改变中，如要维护特定景观所具有的过程和功能，不可能也没有必要使用大量的土地维护、加强或控制某种过程。如何用尽可能少的土地来最有效地维护、加强或控制景观特定的过程，成为在景观改变中一个关键性的问题（俞孔坚，2001）。1995 年，Forman 在他的 Land Mosaic 一书中，主要针对景观格局的整体优化，系统地总结和归纳了景观格局的优化方法。其方法的核心是将生态学的原则和原理与不同的土地规划任务相结合，以发现土地利用中所存在的生态问题和寻求解决这些问题的生态学途径。该方法主要围绕如下几个核心展开（傅伯杰，2000；黎晓亚，2004）：

（1）背景分析。在此过程中，景观的生态规划主要关注景观在区域中的生态作用（如"源"或"汇"的作用），以及区域中的景观空间配置。区域中自然过程和人文过程的特点及其对景观可能的影响也是区域背景分析应关注的主要方面。另外，历史时期、自然和人为扰动的特点，如频率、强度及地点等，也是重要的内容。

（2）总体布局。以集中与分散相结合的原则为基础，Forman 提出了一个具有高度不可替代性的景观总体布局模式。在该模式中，Forman 指出，景观规划中优先被保护和建设的格局应该是几个大型的自然植被斑块作为物种生存和水源涵养所必需的自然栖息环境，有足够宽和一定数目的廊道用以保护水系和满足物种空间运动的需要，而在开发区或建成区里有一些小的自然斑块和廊道，用以保证景观的异质性。这一优先格局在生态功能上具有不可替代性，是所有景观规划的一个基础格局（Forman，1995）。

（3）关键地段识别。在总体布局的基础上，应对那些具有关键生态作用或生态价值的景观地段给予特别重视，如具有较高物种多样件的生境类型或单元、生态网络中的关键节点和裂点、对人为干扰很敏感而对景观稳定性又影响较大的单元，以及那些对于景观健康发展具有战略意义的地段等。

（4）生态属性规划。依据现时景观利用的特点和存在的问题，以规划的总体目标和总体布局为基础，进一步明确景观生态优化和社会发展的具体要求，如维持那些重要物种数量的动态平衡、为需要多生境的大空间物种提供栖息条件、防止外来物种的扩散、保护肥沃土地以免被过度利用或被建筑、交通所占用等，这是格局优化法的一个重要步骤，根据这些目标或要求，调整现有景观利用的方式和格局，决定着景观未来的格局和功能。

（5）空间属性规划。将前述的生态和社会需求落实到景观规划设计的方案中，即通过景观格局空间配置的调整实现上述目标，是景观规划设计的核心内容和最终目的。为此，需根据景观和区域生态学的基本原理和研究成果，以及基于此所形成的景观规划的生态学原则，针对前述生态和社会目标，调整景观单元的空间属性。这些空间属性主要包括这样几个方面：①斑块及其边缘属性，如斑块的大小、形态，斑块边缘的宽度、长度及复杂度，等等；②廊道及其网络属性，如裂点（Gap）的位置、大小和数量，"暂息地"的集聚程度，廊道的连通性，控制水文过程的多级网络结构，河流廊道的最小缓冲带，道路廊道的位置和缓冲带等。通过对这些空间属性的确定，形成景观生态规划在特定时期的最后方案。之后，随着景观利用的生态和社会需求的进一步改变，仍需对该方案进行不断的调整和补充。

为进一步将景观生态学应用于景观规划，我国学者俞孔坚以 Forman 所倡导的景观生态规划方法为理论基础，1995 年在其哈佛大学设计学院的博士毕业论文中提出了"景观安全格局理论"（傅伯杰，2000）。该理论从围棋中得到启示，认为景观中各个点、线、面在景观过程中所起的作用是不同的，因此存在着某些关键点（或称战略点）以及某些特定格局能对景观过程起到潜在的决定性影响，从而构成了控制景观的安全格局。不同的安全格局（例如农业生产安全格局、景观质量安全格局、生态安全格局等）之间通过博弈，可以以最小的代价实现多赢的结果。景观安全格局理论认为，不论景观是均相还是异相，景观中各组分的生态过程并非同等重要，其中一些战略性的组分及其相互之间的空间联系构成安全格局，对景观过程和功能有着至关重要的作用和影响。在一个景观中，一些景观安全格局组分可以凭经验直接判断，如一个盆地的水口、廊道的断裂处或瓶颈、河流交汇处的分水岭，而一些并不能凭经验判断，但可从以下三个方面进行考虑：①是否有利于控制全局和局部的景观；②是否有利于孤立景观元素之间建立空间联系；③一旦改变，是否对全局或局部景观在物质和能量的效率和经济性，以及景观资源保护和利用方面产生重大影响。

俞孔坚所提出的景观安全格局理论从景观生态学所研究的景观格局入手，以地理信息系统为技术手段，建立景观要素或物种扩展的阻力面，并根据生态过程或扩展趋势确定不同层次的安全格局。通过这些不同层次、不同要素的景观安全格局组合，就能对景观空间结构进行有效控制（黄国平，1999）。因此，该理论在生物保护、景观规划、区域管理等方面都有着重大的理论和实践意义。

2.3.1　景观安全格局组分

不论景观是均质的还是异质的，景观中的各点对某种生态的重要性都不是一样的。其中有一些局部、点和空间关系对控制景观水平生态过程起着关键性的作用，这些景观局部、点及空间联系构成景观生态安全格局，它们是现有的或是潜在的生态基础设施（Ecological Infrastructure）（俞孔坚，1999）。

在景观安全格局理论中，生态安全的景观格局应包含如下组分（Yu，1995）：

（1）源地（Source），指作为物种扩散源的现有自然栖息地。

（2）缓冲区（Buffer Zones），指源地或生态廊道周围较易被目标物种利用的景观空间。

（3）源间联结（Inter-source Linkage），指源地之间可被目标物种迁移所利用的联系通道。

（4）辐射道（Radiating Routes），指目标物种出种源地向周围扩散的可能方向，这些路径共同构成目标物种利用景观的潜在生态网络。

（5）战略点（Strategic Point），指景观中对于物种的迁移或扩散过程具有关键作用的地段。

在一个明显的异质性景观中，景观安全格局组分是可以凭经验判别出的，如一个盆地的水口、廊道的断裂处或瓶颈、河流交汇处的分水岭（Harris，1984；Forman，1986，1995；Merriam，1984）。但是在许多情况下，景观安全格局组分并不能直接凭经验识别出。在这种情况下，对景观战略性组分的识别必须通过对生态过程动态和趋势的模拟来实现。

景观安全格局组分对控制生态过程的战略意义体现在以下三个方面（俞孔坚，1999）：

（1）主动优势（Initiative）。景观安全格局组分一旦被某种生态过程占领就有先入为主的优势，有利于过程对全局或局部的景观控制。

（2）空间联系优势（Co-ordination）。景观安全格局组分一旦被某种生态过程占领，有利于在孤立的景观元素之间建立空间联系。

（3）高效优势（Efficiency）。景观安全格局组分一旦被某种生态过程占领，就使生态过程在控制全局或局部景观时在物质、能量上达到高效和经济。从某种意义上讲，高效优势是景观安全格局的总体特征，它也包含在主动优势和空间联系优势中（Yu，1995）。

2.3.2　景观生态安全格局识别步骤

2.3.2.1　源的确定

在大多数情况下，景观生态规划的保护对象是多个物种和群体，它们具有广泛的代表性，能充分反映保护地的多种生境特点。调查区系成分，可以确定作为主要保护对象的物种及其相应的栖息地（源）。

2.3.2.2　建立阻力面

物种对景观的利用被看作是对空间竞争性控制和覆盖的过程。这种控制和覆盖必须通过克服阻力来实现。所以，阻力面反映了物种空间运动的趋势。如前所述，有多种模型可以用于阻力面（趋势面）的建立。本书以最小累积阻力模型（Minimun Cumulative Resistance，MCR）（Yu，1995；Knaapen，1992）来建立阻力面。该模型考虑三个方面的因素，即源、距离和景观基面特征。基本公式如下：

$$MCR = fmin \sum_{j=n}^{i=m} (D_{ij} \times R_i) \qquad (2-3)$$

式（2-3）根据 Knaapen 等的模型和地理信息系统中常用的费用距离（Cost-distance）修改而来。其中，f 是一个未知的正函数，反映空间中任一点的最小阻力与其到所有源的距离和景观基面特征的相关关系；D_{ij} 是物种从源 j 到空间某一点所穿越的某景观的基面 i 的空间距离；R_i 是景观 i 对某物种运动的阻力。尽管函数 f 通常是未知的，但（$D_{ij} \times R_i$）之积累值可以被认为是物种从源到空间某一点的某一路径的相对易达性衡量指标。从所有源到该点阻力的最大值被用来衡量该点的易达性。因此，阻力面反映了物种运动的潜在可能性及趋势。

2.3.2.3　根据阻力面来判别安全格局

阻力面是反映物种运动的时空连续体，类似地形表面。阻力面可以用等阻力线表示为一种阻力图。用理论地理学家 Warntz 的术语，这一阻力表面在源处下陷（Dip），在最不易达到的地区呈峰（Peak）突起，而两陷之间有低阻力的谷线（Course）相联，两峰之间有高阻力的脊线（Ridge）相联（Warntz，1957，1966）。每一谷线和脊线上都各有一鞍，它们是谷线或脊线上的极值（最大值或最小值）。

根据阻力面进行空间分析可以判别缓冲区、源间联结、辐射道和战略点。

（1）缓冲区的判别。

这里的缓冲区可被理解为自然栖息地恢复或扩展的潜在地带，它的范围和边界通过耗费表面中耗费值突变处的耗费等值线确定，而不是传统的规划做法中围绕核心区的一个简单等距离区域。

到目前为止，对缓冲区的划分国际上还没有形成一个科学的方法，景观安全格局理论则为解决此问题提供了一条新的途径。

可以用发展阈限（Development Thresholds）的概念确定不同等级的安全格局。发展阈限（Development Threshold）这一概念由 Malisz 提出，最早用于城市居民区规划。一般的城市开发往往受到某些环境因素制约，为了克服这些制约所花费的成本被称为"阈值成本"（Threshold Cost），或者称为阈值。由于一系列环境制约因素的存在，所以存在着一些关键的阈限（Critical Thresholds），克服这些关键阈限要花费异常高的额外成本，因此，意味着在某一开发水平上的阈限。后来 Kolowski 提出了定级环境阈限（Ultimate Environmental Thresholds，UETs）的概念，是发展阈限功能的延伸，用于探讨环境和生态系统的再生能力及其对发展的限制。这两个概念可以应用于景观安全格局的判读，将发展阈限视作事件或事物水平扩张中所遇到的某些环境阻力。在这些环境阻力所构成的阻力面中，存在着一些阻力面，它需要事件或事物额外付出异常高的代价才能克服这个阻力继续扩散，这些阻力面可理解为关键性的阈限。在 MCR 阻力面的基础上，可以作两种曲线：一种曲线是从某一源到最远离源的某一点作一条垂直于等阻力线的剖面曲线，得到的是最小累积阻力（MCR）与离源距离的关系曲线，在一些地方MCR 增长很快，在这些地方事件或事物为了向外扩散，将要额外付出更多的代价，这就可以视作某一等级的发展阈值，这样一系列发展阈值的存在，构成了不同等级的安全格局。另一条曲线是 MCR 值与面积的关系曲线，在某些点上，随着 MCR 等值增加，所增加的面积相对减少，所以当越过某一等级的发展阈值时，所增加面积的可用性和保护意义呈下降趋势，因此这些阈值也同样可以作为安全格局等级划分的依据。对应于空间格局，缓冲区的有效边界就可以根据这些发展阈值来确定，这可以实现缓冲区划分的高效性（俞孔坚，1999）。此外，在设立安全格局等级时，还可以考虑不同等级安全水平所控制的不同大小的景观范围对于事件或事物的意义。

（2）源间联结。

源间联结实际上是阻力面上相邻两源之间的阻力低谷。根据安全层次的不同，源间联结可以有一条或多条，它们是生态流之间的高效通道和联系途径。对每个源地而言，与其他源地联系的廊道应至少有一个，两条通道将会增加源地安全性，而三条以上的廊道虽然能增加源地的安全性，但其战略意义则远不如第一及第二条。

（3）辐射道。

辐射道是以某源为中心向外辐射的低阻力谷线，它们形同树枝状河流成为物种向外扩散的低阻力通道。这里，事件或事物运动被当作是能动的对景观的控制过程来认识，而不是被动的保护对象，这对保护对象未来的发展和进化是必要的（Soulé，1980；Erwin，1991）。

（4）战略点。

战略点的识别途径有多种，其中阻力面上直接反映出来的是以相邻源为中心的等阻力线的相切点，对控制生态流有至关重要的意义。将各种存在的和潜在的景观结构组分叠加组合，就形成某一安全水平上的生态保护安全格局，不同的安全水平要求有各自相应的安全格局。每一层次的安全格局都是根据生态过程的动态和趋势的某些阈值来确定的，而这些阈值可以通过分析阻力面的空间特性来求得。

2.4　人地关系协调理论

人地关系（Man-Land Relationship）是地理学研究领域中一个古老的命题。人地系统是在地球的表层，人类的生产和生活等活动与地理环境相互作用所形成的巨大的、开放的系统（方创琳，2004）。人地关系是指人类社会和人类活动与地理环境之间的关系（尚海龙和潘玉君，2015）。早在1979年，我国著名人文地理学家吴传钧院士就提出人地关系问题是地理学领域重要的研究问题，而后又在《论地理学的研究核心——人地关系地域系统》一文中强调"任何区域开发、区域规划和区域管理都必须以改善区域人地相互作用结构、开发人地相互作用潜力和加快人地相互作用在人地关系地域系统中的良性循环为目标，为有效进行区域开发与区域管理提供理论依据"（吴传钧，1991；刘盛佳，1998）。陆大道院士也曾多次撰文提出，人地关系地域系统问题是地球表层系统研究领域中最为核心的问题（陆大道和郭来喜，1998；陆大道，2004，2008）。作为地理学的理论概念，这里的"人"指社会的人，是一定生产方式下从事各种生产活动和社会活动的人，是指有意识地同自然进行物质交换而组成社会的人；"地"是指与人类活动紧密联系的，有机与无机自然界诸要素有规律结合的地理环境，也指在人的作用下已经改变了的地理环境，即社会地理环境（方创琳，2004）。人地关系是一个由自然、经济和社会系统组成的复杂系统，人与地是人地关系理论的两个重要方面，"人"是指人类本身及其经济社会活动，"地"是指人类生存的地理环境和自然资源（郭伟峰和王武科，2009）。人通过对自然资源的开发和利用改变了自身所处的地理环境，而这种外在的地理环境的状态变化又将反作用于人的活动，影响下一阶段人的决策和活动。因此，人地关系是一个动态的、不断变化的概念，人与地始终在相互影响、相互作用的关系中发展演化，人地关系因不同时代的生产力发展水平以及社会经济发展规模的不同而不同（任启平，2005）。

实际上，人地关系从人类诞生之时起就已经存在了（郑度，2002；魏华杰，2012）。但人们真正开始研究这个问题，是在近代人地矛盾慢慢变得比较明显的阶段，尤其是在西方工业革命以后，全世界人口数量、经济规模和生产技术水平都在快速上升的时期，人地关系研究持续增多。人类活动和地理环境的演化存在着相互作用的动态关系，地理环境是人类活动的基础支撑，而人类活动是地理环境演变的直接动力，人类活动不断地改造生态环境与利用自然资源，同时地理环境也不断地与人类活动系统进行物质流、能量流和信息流的转换。因此，人类的生产和生活活动会收到来自地理环境的反馈，即人类的活动（例如砍伐森林、围湖垦殖，填湖建房，修建水利工程及城市生产、生活活动）会在很多地区不同程度地改变地理环境，而且人类活动对地理环境的这种影响会随着时间的推移不断加深，而地理环境会对这种影响做出反馈，对人类的生产和生活活动形成反馈。地理环境对这些影响的调整力度是存在上限的，如果人类的生产和生活等活动是在地理环境承受的范围之内，那么地理环境会通过自身的净化等能力维持社会发展的继续进行，从而实现人地和谐共处；相反，如果人类的生产和生活活动超过了地理环境承受的范围，地理环境将无法通过自身的力量恢复到原来的状态，会给人类生产和生活带来巨大的负面影响（赵艳和杜耘，1998）。可见，维持人地和谐共处对于实现区域可持续发展是十分重要的（毛汉英，1991；杨青山和刘继斌，2005；孙峰华等，2012）。

具体来说，根据区域开发强度与资源环境水平耦合的关系，可以构建人类活动强度与地理环境恶化程度的互动演化曲线（赵晓波，2013）。具体情况如图 2-4所示。

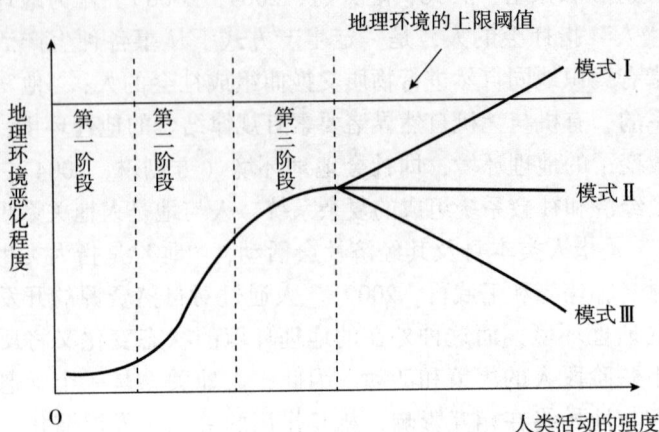

图 2-4　人类活动的强度和地理环境关系的演化

资料来源：赵晓波（2013）。

如图 2-4 所示，第一阶段，由于人类的人口规模与经济发展的规模相对较小，生产技术水平相对较低，人类的生产和生活活动对周围的地理环境无法产生很大的影响。在这个阶段，即使人类在生产和生活活动中对土地资源和其他的资源造成了一些损害，也会因为远远没有达到土地等资源及周边生态环境的承载力上限，不会产生本质上的伤害。可以说，这个阶段人类活动与地理环境相互作用的程度较弱。

第二阶段，人类的人口规模与经济发展的规模都实现了较大程度的提高，生产技术也有了比较明显的改善，人类活动与地理环境相互作用的程度显著增强。不过，这个阶段人地关系即使出现矛盾，也基本上是粮食生产方面的矛盾，即粮食生产可能会因为人口增长速度较快而出现供不应求的情况。这个阶段人类的生产和生活活动还没有超过地理环境承载力，即对土地等资源及其周边生态环境的负面影响还没有超过其承载力上限，自然环境还可以进行自我修复，不会出现无法挽回的损失。

第三阶段，随着生产技术水平不断提高，资源开发利用的广度和深度不断加大，各地区工业化和城镇化实现快速发展，人类的人口规模和经济发展的规模实现前所未有的快速提升，不仅资源的需求量不断增加，需求的缺口越来越大，人类的生产和生活活动对环境的影响也越来越大，加剧了人类活动与地理环境的矛盾与冲突。此时，地理环境对人类活动的约束与反馈作用较强，面临着三种演变模式。

模式Ⅰ：不可持续的发展路径。这种模式继续沿用了原先的经济发展模式，即在社会和经济发展过程中不注意改变传统的"粗放型"的发展模式，始终没有把"外延式"发展的理念改为"内涵式"发展的理念，随着经济发展规模越来越大，对各种资源的需求会越来越多，水土资源、矿产资源以及能源等消耗继续快速增长。这样不仅会导致资源供不应求甚至出现资源枯竭的情况，还会造成严重的资源浪费和生态环境的破坏（魏后凯和张燕，2011）。因此这种模式显然是不可持续的发展模式。就土地资源利用而言，在城市发展进程中，"粗放型"的城市发展模式容易导致城市土地难以实现高效利用，具体表现为土地资源的经济产出效益较低，利用强度不高，甚至会出现一方面土地资源十分紧缺，另一方面又有土地资源被大量闲置的情况（黄蛟，2010）。在农业发展过程中，"粗放型"的农业用地模式也会给农用地利用效率带来负面影响，具体表现是单位面积的农产品产量不高，或者是因为过量施用化肥农药等，农用地生产能力下降，周边环境也受到污染（王婷婷等，2013）。

模式Ⅱ：折中的发展路径。在这种发展模式下，始终存在着发展与生态环境保护的冲突。人们既要发展又要保护生态环境，但此时又不能完全放缓发展的速度，因此注重发展与资源保护同步进行，试图兼顾经济产值增加和环境保护。需要注意的是，这种模式下资源环境恶化程度没有得到改善，地域系统仍然面临着严重的资源环境压力，仍需要分阶段地实施资源环境保护战略，促进人地关系的协调，尽量避免人类生产和生活活动超过地理环境承受能力的上限（黄震方和黄睿，2015；王伟和孙雷，2016）。

模式Ⅲ：可持续的发展路径。在这种发展模式下，人们接受"内涵式"发展的理念，积极采取有效的应对措施，逐渐将粗放型的经济发展方式向集约型的经济发展方式转变。这样，人类活动强度对资源环境的影响程度并不会随着经济发展规模的增加而迅速加重，甚至会有不断减轻的趋势，使地理环境的恶化水平逐渐降低到地理环境承载力范围内，实现人类活动强度与资源环境恶化水平的脱钩，从而促进两者良性互动。综上所述，积极有效的措施能减弱人类活动对地理环境的影响，也会实现人类社会的长期可持续发展（王玉明，2011）。

就土地资源利用而言，要实现土地资源可持续利用，就要运用人地关系理论，不仅要做到经济效益最大化，还需要尽量减少人类活动对地理环境的不利影响，避免超过地理环境自我恢复的上限阈值。也就是说，在土地利用过程中，不仅要实现单位土地资源的经济产值不断增加，还要兼顾环境保护，使单位土地面积的污染物排放量不超过土地利用的最大环境容量。

2.5 生态环境预警理论

人类赖以生存的生态环境是一个不断变化、演替的体系,而变化或演化,既有正向(进化),又有逆向(退化);变化或演化的原因既有自然过程的作用,也有人类活动的影响和干扰,但更多的是人为过程与自然过程相互综合的作用。只不过生态环境自身的演化或变化是漫长的、缓慢的(只有在灾变、突变的特殊情况下才较显著,如破坏性大的洪水、干旱、台风、地震等);而人类活动引起的生态、环境变化往往相对激烈,能在较短的时间内就引起生态系统或环境质量较大(或质)的变化(陈国阶和何锦峰,1999)。伴随着社会经济的发展,城市化和工业化的进程日益加快,在给人类创造财富的同时也带来了一系列生态环境问题。土地利用变化带来的生态系统演替和环境质量的变化直接影响人类社会的健康、安全和可持续发展。要保证社会—生态—经济系统的可持续发展就要抑制生态环境的恶化,这就要求在制定和实施有关土地利用的经济发展规划前,对规划可能给生态环境带来的影响进行分析和预测,保证发展规划的可持续性,由此生态环境预警理论被引入土地生态安全中(陶聪等,2009)。预警是以可持续发展为目的、以科学方法技术为保证的工程体系,它的实现需要一套完备的理论方法的支撑。

生态环境预警是对区域资源开发利用的生态后果、区域生态环境质量的变化以及生态环境与社会经济协调发展的状况的评价、预测和警报,即以区域可持续发展为目标,建立在区域生态环境监测、观测和统计分析的基础上,从时间和空间尺度对生态环境的变化做出预测,并从自然、社会和经济三方面选取有关要素作为评价生态环境质量的指标因素,用承载力、稳定性、生产力、缓冲力和调控力分析区域持续发展的能力,就区域生态环境对经济发展的协调性和适应性进行评价,对超负荷的区域和区域内的重大生态环境问题做出报警,以便采取必要的措施,调整社会经济政策,改善生态环境结构(见图2-5)(傅伯杰,1993)。

承载力是对区域生命支撑能力的识别,指在可以预见的期间内,利用本地的自然资源、能源、智力及技术等条件,在保证符合其社会文化准则的物质生活水平条件下,以及区域生态环境不被破坏的前提下,区域能持续供养的人口数量。区域的承载力主要指区域的资源承载力,它与资源潜在的生产力、生态环境质量和技术经济条件密切相关。资源的数量、质量和开发前景是承载力研究的核心和

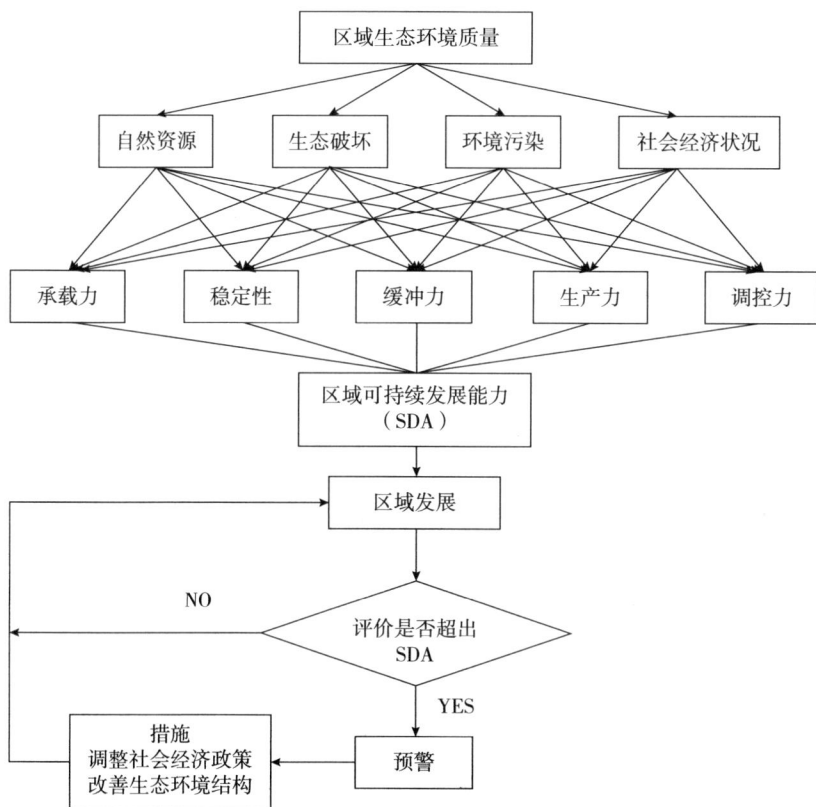

图 2-5 区域生态环境预警的原理

资料来源：傅伯杰（1993）。

基础，生态环境质量是区域承载力的制约因素，技术经济条件和水平产生区域承载力的增量部分。通常用区域人口承载量的多少来反映区域承载力的高低。计算承载力一般用以食物为标志的承载力方法、农业生态区法和系统动力学方法（傅伯杰，1993）。

稳定性是对区域动态活动的识别。区域可以看作一个开放系统，这样，区域的稳定性也就是在环境因素发生短期变化时生产力的稳定性程度，它说明了系统生产力和承载力的可靠性和恒定性。稳定性主要用生产力的波动性来反映，生产力是区域内自然和社会经济环境因素综合作用的结果。所以，稳定性对区域系统来说是非常重要的，因为人类的生存与发展在很大程度上依赖于区域的生物产品的产出。波动对任何系统都是正常的，关键在于系统对波动的反映和反响如何，如气候变化、旱涝灾害、虫害等都会影响系统的生产力，而生产力不受这些环境因素的变化而变化，或环境因素的变化对系统的影响在系统弹性限度内，即短期内可恢复到系统的原来状态，正表现了系统的稳定性。所以，环境因素的变化引起系统易变的程度恰恰是稳定性的实质。系统的易变性可反映在系统的生产力上，因而，可用生产力的变异系数来表达区域的稳定性。稳定性来自生产力，同生产力一样，稳定性也具有多维性。一定的区域系统对一些生产力量度可能相对稳定，而对其他量度则可能不稳定。例如，就区域的粮食生产来说，只要产量稳定，从生物量的角度就可以认为是稳定的，但面对经常波动的价格，则可以认为销售是不稳定的（傅伯杰，1993）。

缓冲力是对区域环境容量的识别，指在人类健康与自然生态不致受害的前提下，区域环境所能容纳污染物的最大负荷量。不同环境中的气象、气候、水文、地貌、土壤等因素存在一定的区域差异，不同的区域环境对人为排放的各种污染物质也具有不同的运载能力和同化能力，故允许排放到环境中的污染物质的数量不同，环境容量也因地而异。按环境介质类型不同，可将环境容量分为大气环境容量、水环境容量和土壤环境容量三类。决定环境容量的主要因素是：环境空间的大小、污染物在环境中的稳定性、输移条件、环境的功能特征及区域环境的背景状况。可用一简单公式表示如下：

$$Q（容量） = （Co-B）v+q \qquad (2-4)$$

其中，Co 为环境功能所决定的环境标准；B 为污染物的环境背景含量；v 为环境空间的容积；q 为污染物的环境净化量。

生产力是对区域投入产出的识别，指区域输出的期望值。狭义的生产力指的是在太阳辐射、温度、水分、土壤、养分以及其他自然条件的共同作用下，一个地区所能产生的最大第一性生产力。广义的生产力指在自然系统、经济系统和社会系统的共同支持下，一个区域自身或通过与其他区域之间交换的产出能力。区域生产力通常是以作物的产量和经济效益来表达，可分为以下几种：①单位面积生产率；②单位劳动日生产率；③单位能量投入的生产率；④单位资金投入的生产率（傅伯杰，1993）。

调控力是对区域决策管理的识别，是判别区域经济系统和社会系统的主要标志，衡量区域社会经济系统对自然系统波动的调节和控制能力，以及对自身波动的调节能力。调控力可通过区域的人口结构与素质、基本生活和文化水平、经济发展速度及稳定性等指标来表示。调控力强的区域，管理水平高，区域内自然、社会和经济亚系统之间有较强的关联性和适应性（傅伯杰，1993）。

上述五个特征共同表征区域持续发展的能力，它们相互作用、相互依赖、相互关联。区域是一个复杂的综合系统，对区域持续发展的能力及承载力、稳定性、缓冲力、生产力和调控力的认识应该基于"生态—社会—经济"复合系统理论进行，由此构成区域生态环境综合辨识与总体评价的出发点。揭示区域生态环境的质量和重大生态环境问题，并进行预警的定量思考，最终必然归结到数值指标体系的制定，以此作为判别准则和结构框架，形成生态环境预警系统（傅伯杰，1993）。

2.6 土地生态安全理论

土地生态安全的概念由生态安全演变而来，生态安全有广义和狭义两种理解。前者以国际应用系统分析研究所（1989）给出的定义为代表：生态安全是指在人的生活、健康、安乐、基本权利、生活保障来源、必要资源、社会秩序和人类适应环境变化的能力等方面不受威胁的状态，包括自然生态安全、经济生态安全和社会生态安全，组成一个复合人工生态安全系统。狭义的生态安全是指自然和人工自然复合生态系统的安全，是对生态系统完整性和健康的整体水平的反映。土地生态安全则是土地生态系统对人类在生产、生活和健康等方面不受生态破坏与环境污染等影响的保障程度，以实现追求经济利益最大化、生态效益最佳化和社会稳定化的目的（梁留科等，2005）。

随着生态文明建设的深入以及可持续发展理念的广泛接受，经济社会转型发展，土地资源利用转型，"五位一体"建设和"三生"空间构建逐步推进，它们对土地生态系统提出了更多更高的新要求。新时代，土地生态安全的内涵是相互联系的密切整体（见图 2-6），主要包括三个方面：一是土地系统能够维持自身结构和功能的完整性，并尽可能少遭受破坏和污染，这是土地生态安全的前提和基础；二是土地生态系统能够为经济社会转型发展提供稳定的生态系统服务，满足经济社会的可持续发展，这是土地生态安全功能的具体体现；三是土地生态系统和资源、经济、社会等其他子系统和谐共存，促进整个生态系统健康协调可持续发展，这也是土地生态安全的意义所在（熊建华，2018b）。

土地生态安全理论包括五部分内容，具体为土地生态安全概念内涵、土地生态安全评价、土地生态安全预警、土地生态安全调控、土地生态安全重构与空间布局优化，它们相辅相成，共同构成完整的土地生态安全研究逻辑体系，即"评价—预警—调控—重构"一体化应用于土地生态安全研究，形成基本理论框架（见图 2-7）（熊建华，2018）。

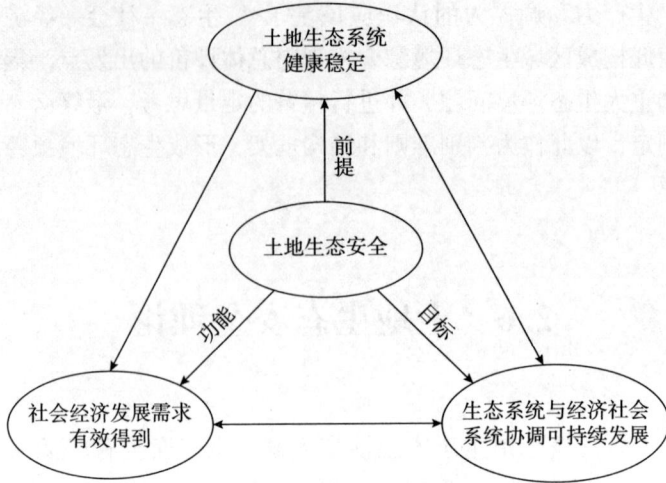

图 2-6 土地生态安全的逻辑关系

资料来源：熊建华（2018）。

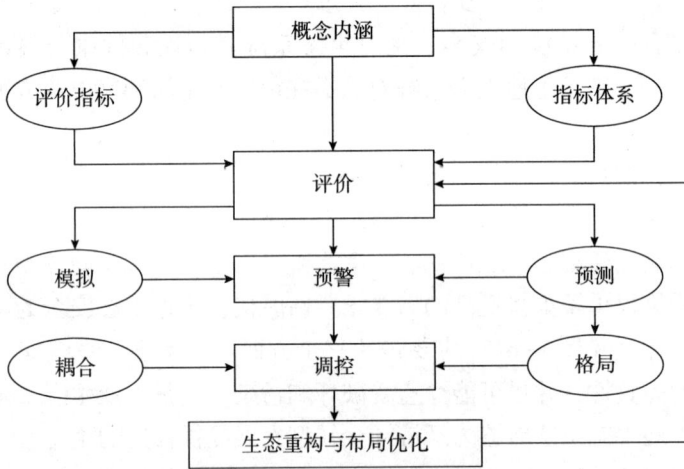

图 2-7 土地生态安全理论框架

资料来源：熊建华（2018）。

2.6.1 土地生态安全评价

土地生态安全评价是土地生态安全研究的基础，指对土地生态系统健康状况及其能够为社会经济发展持续提供生态系统服务能力的判断。土地生态安全评价源于土地评价和生态安全等相关研究内容的结合与拓展，是目前土地生态安全研究的焦点所在。土地生态安全评价的基本步骤主要包括：①选取土地生态安全评价指标；②构建土地生态安全评价指标体系；③运用数学方法求出指标权重；④通过数学模型求得土地生态安全综合得分值；⑤设置土地生态安全阀值，结合得分值判断土地生态安全状态（熊建华，2018）。

当前主要是从资源、经济、社会、环境等宏观层面选取多个指标构建评价指标模型参与土地生态安全评价（刘庆等，2010；严超等，2015；张小虎等，2009），仍属于综合性的评价。从参与评价的指标来看，它们多属于经济社会发展指标，指标倾向性明显，对土地生态系统自然因素的考虑不足。土地生态系统是一个综合性的复杂系统，单一的系统状况评估很难准确反映整个系统的状况。从评价的方法来看，主要借助数学模型和数理统计方法进行评价，虽然减少了主观因素对评价结果的影响，但对于若干难以衡量的指标和人文影响因素难以操作。从评价结果来看，对于土地生态安全的评价主要停留在安全等级的主观判断上，未能明确界定和判断各个安全等级下土地生态系统的特征，导致评价结果的应用价值难以凸显（熊建华，2018）。

由于区域环境和资源禀赋存在差异，土地利用的方式不同，所以城市土地生态系统和乡村土地生态系统之间、平原地区和丘陵地区之间、内陆地区和沿海地区之间、农业用地和建设用地之间的土地生态安全状况存在明显差异，如何选取既科学合理又有地域代表性的评价指标，确定适宜的生态安全阀值，准确、客观和全面评价不同地域、不同土地利用单元的土地生态安全状况是土地生态安全评价要解决的核心问题（熊建华，2018）。

2.6.2　土地生态安全预警

土地生态安全预警是指通过对土地生态安全状况变化情况的预测和评估，掌握土地生态安全状况的变化趋势，识别土地生态安全风险，为土地生态安全状况治理和风险防范及时提供警报。土地生态安全预警的基本步骤是：①界定警情，即确定土地生态安全警情等级，包括警情等级的阀值、范围和表征特征，为土地生态安全警情等级判断提供依据；②识别警情，通过土地生态安全评价，结合划分的警情等级，判断土地生态安全所处的警情状况；③寻找警源，即找出土地生态安全影响因素或风险因子；④预测警情，根据经济、社会、资源、环境等状况的变化，对各指标的变化情况进行分析和总结，通过模型模拟土地生态安全在未来一定时限内的变化情况和趋势，并对警情状况进行判断；⑤排除警情，即根据土地生态安全评估和预测结果采取相应对策，缓解或者解除土地生态安全警情

（熊建华，2018）。

土地生态安全预警是土地生态安全研究的重要手段，建立在土地生态安全评价的基础上。土地生态安全评价主要是对过往某一时段土地生态安全状况的评价，难以反映未来的土地生态安全状况。由于土地生态系统是一个动态变化的复杂系统，所以对土地生态安全状况的治理和管控等都需要借助于对未来土地生态安全状况变化趋势的判断。土地生态安全预警可以借助情景分析法或数学模型对土地生态系统各个子系统和各项指标的变化情况进行分析、模拟和预测，在综合各种预测和模拟分析的基础上，得到土地生态安全动态变化趋势，能够较好地把握土地生态安全状况发展趋势（熊建华，2018）。

2.6.3 土地生态安全与经济发展耦合

耦合是指多个系统或者系统内部各要素之间相互影响、相互作用的关系（易平和方世明，2014；张青峰，2011）。随着经济社会的转型发展，以消耗资源和牺牲环境为代价的粗放发展模式开始向资源节约集约和环境保护相结合的方向发展。社会经济发展对生态系统造成了严重破坏，而生态系统状况也对经济发展形成了一定的牵制作用。探讨生态系统与经济发展之间的相互关系、相互影响程度和作用机理，需要开展生态系统与经济发展的耦合协调研究。土地生态系统作为生态系统的载体和重要组成部分，土地生态系统安全状况与经济发展的耦合协调程度直接决定整个生态系统与经济发展的耦合协调关系（熊建华，2018）。

土地生态系统安全状况与经济发展的耦合协调度研究是土地生态安全研究的必要内容，其主要探讨土地生态系统安全状况与经济发展情况之间是否协调以及协调的程度，为厘清土地生态系统安全与经济发展相互作用、相互影响的关系和土地生态安全调控提供依据。土地生态安全与经济发展的耦合协调研究主要包括以下几个步骤：①划分土地生态安全与经济发展耦合协调的等级；②选取土地生态安全与经济发展耦合协调度评价指标，构建耦合协调评价指标体系；③测算土地生态安全与经济发展耦合协调得分值；④判断土地生态安全与经济发展耦合协调等级；⑤等级分析和得出结论。此外，开展土地生态安全与经济发展协调度研究还可以对协调度的优化模式进行探讨，旨在促进土地生态安全与经济发展相协调，实现区域可持续发展和生态文明建设（熊建华，2018）。

2.6.4 土地生态安全调控

土地生态安全状况受自然环境、资源利用、经济发展、社会发展和生态环境保护等多方面因素影响，但各种因素对土地生态安全的影响呈现出不同时段、不同程度和不同方式的差异。全面掌握和分析各种因素对土地生态安全状况的影响，是维护土地生态安全的前提和关键。传统的土地生态安全研究主要是通过对土地生态安全状况的评价，从各评价指标对土地生态安全得分值的贡献程度的角度判断土地生态安全影响因素和影响程度，从而提出相应的调控对策。开展的评价主要是对过往时段的评价，未能反映未来土地生态安全状况的发展趋势。由于土地生态系统是一个动态变化的复杂系统，土地生态安全影响因素也存在不确定性，这就使依据过去的土地生态安全状况而采取的土地生态安全调控举措的合理性和有效性大打折扣（熊建华，2018）。

土地生态安全调控是土地生态安全研究的目标。土地生态安全的维护和改善依赖于有效的土地生态安全调控手段。土地生态安全调控既要基于过往时段的土地生态安全状况又要考虑未来土地生态安全状况的变化趋势，由此可见，土地生态安全调控应该是土地生态安全评价与土地生态安全预警的结合体。土地生态安全调控的基本思路是在土地生态安全评价的基础上，对未来土地生态安全的变化趋势进行模拟和预测，通过对土地生态系统各组成部分变化情况以及土地生态安全模拟值和发展趋势的分析，判别出土地生态安全影响因素和影响程度，并据此确定土地生态安全调控的模式和方向，或因地制宜制定调控对策（熊建华，2018）。

2.6.5　土地生态安全重构与空间优化布局

党的十八大报告提出要遵循人口资源环境相均衡、经济社会生态效益相统一的原则，优化国土空间开发格局，构建科学合理的生态安全格局，推进"三生"空间的形成。党的十九大报告也提到，统一行使所有国土空间用途管制和生态保护修复职责，构建国土空间开发保护制度。党的十九届四中全会指出，加快建立健全国土空间规划和用途统筹协调管控制度，统筹划定落实生态保护红线、永久基本农田、城镇开发边界等空间管控边界以及各类海域保护线，完善主体功能区制度。

土地生态安全研究的落脚点在于土地生态安全重构与国土空间优化布局。土地生态安全研究的目的在于实现土地生态安全，而土地生态安全的实现依赖于时间尺度上的监控、预测和空间尺度上的布局调整与优化，土地生态安全评价、预警、耦合和调控为土地生态安全提供了时间尺度的把控，但侧重在宏观和理论层面，未涉及土地生态安全分区和土地利用结构调整以及土地生态空间重构等微观操作层面的内容，这也是土地生态安全研究难以满足应用和实践的症结所在（熊建华，2018）。

土地生态安全重构与空间布局优化，即在土地生态安全评价和预警的基础上，对区域土地生态安全进行分区，通过对各区域土地利用类型和利用结构的调整，实现土地生态安全分区管制；根据各区域经济社会发展实际状况，结合土地生态安全与经济发展、资源利用等的耦合协调研究，对区域经济发展模式、资源利用方式进行科学调控，重构区域土地生态安全状况，促进土地生态安全与社会经济发展相协调（熊建华，2018）。

第 3 章

土地利用生态安全调控的研究方法

3.1 景观格局分析法

3.1.1 景观格局变化分析

3.1.1.1 景观格局动态度分析

景观动态度是研究区一定时间范围内某种景观类型的数量变化情况，采用单一景观类型动态度（K）表示，其表达式为：

$$K = \frac{U_b - U_a}{U_a} \times \frac{1}{T} \times 100\% \qquad (3-1)$$

其中，K 为研究时段内某一景观类型动态度；U_a、U_b 为研究初期和研究末期某一景观类型的面积；T 为研究时段，当 T 的时段设定为年时，K 的值就是该地区某一景观类型的年平均变化率。

3.1.1.2 景观类型转移概率矩阵

在景观类型转移矩阵的基础上，建立景观类型转移概率矩阵描述景观类型的变化剧烈程度，公式为：

$$D_{ij} = \sum_{ij}^{n} \left[\frac{dS_{i-j}}{S_i} \right] \times 100\% \qquad (3-2)$$

其中，S_i 为研究初期第 i 类景观类型总面积；dS_{i-j} 为研究时段内第 i 类景观类型转化为第 j 类景观类型的面积总和；n 为研究区发生变化的景观类型数量；D_{ij}

为研究时段内第 i 类景观类型转化为第 j 类景观类型的转移概率。

3.1.1.3 景观类型转入/转出贡献率

转移矩阵的方法描述了不同景观类型自身变化的情况，为了充分体现出景观格局中不同类型景观的地位和作用信息，对比分析各景观类型转入和转出的空间格局和数量特征，本书采用景观类型转入/转出贡献率。

（1）景观类型转入贡献率。

景观类型转入贡献率的公式为：

$$L_{ii} = \sum_{j=1}^{n} S_{ji}/S_t \tag{3-3}$$

其中，L_{ii} 为除第 i 类外的其他景观类型向第 i 类景观类型转入面积占景观面积总转移发生量的比例；S_{ji} 为第 j 种景观类型向第 i 种景观类型转移的面积；S_t 为景观类型转移的总面积；n 为景观类型的数量（下同）。L_{ii} 可以用于比较不同景观类型在景观动态变化转入过程中面积增量分配的差异。

（2）景观类型转出贡献率。

景观类型转出贡献率的公式为：

$$L_{oj} = \sum_{j=1}^{n} S_{ij}/S_t \tag{3-4}$$

其中，L_{oj} 为第 i 类景观向除第 i 类外的其他景观类型转移的面积占景观面积总转移发生量的比例；S_{ij} 为第 i 种景观类型向第 j 种景观类型转移的面积。L_{oj} 可用于比较不同景观类型在景观动态变化转出过程中面积减量分配的差异。

3.1.2 景观格局指数计算

应用景观格局分析软件 FRAGSTATS3.3，对区域土地利用景观空间格局特征参数进行分析，并计算相关的景观指标，计算方法参照了 FRAGSTATS 3.3 的操作手册。因 FRAGSTATS 可以计算 60 多种景观指标，且许多指标之间具有高度的相关性，所以本书在景观类型级别上分析景观指标时，重点选用斑块数量（NP）、斑块密度（PD）、最大斑块指数（LPI）、边缘密度（ED）、周长—面积分形维数（PAFRAC）、散布与并列指数（IJI）、斑块结合度指数（COHESION）、分离度（SPLIT）、聚集度（AI）9 个指标；在景观级别上分析景观指标时，选取斑块数量（NP）、斑块密度（PD）、最大斑块指数（LPI）、边缘密度（ED）、周长—面积分形维数（PAFRAC）、蔓延度指数（CONTAG）、分离度（SPLIT）、香农多样性指数（SHDI）、香农均度指数（SHEI）、聚集度（AI）10 个指标，各指标的具体计算公式及生态学含义如下（邬建国，2000b）。

（1）斑块数量。

斑块数量（NP）反映景观的空间格局，经常被用来描述整个景观的异质性，其值的大小与景观的破碎度也有很好的正相关性，一般规律是 NP 大，破碎度高；NP 小，破碎度低。NP 在类型级别上等于景观中某一斑块类型的斑块总个数；在景观级别上等于景观中所有的斑块总数。公式为：

$$NP = N \tag{3-5}$$

其中，NP 为斑块数量，N 为某一斑块类型的斑块总个数或景观中所有的斑块总数。

（2）斑块密度。

斑块密度（PD）反映了景观破碎程度，PD 值越大，则破碎化程度越高。公式为：

$$PD = \frac{n_{ij}}{A} \tag{3-6}$$

其中，n_{ij} 为斑块数目，A 为斑块面积之和。

（3）最大斑块指数。

最大斑块指数（LPI）反映了最大斑块对整个景观类型或者景观的影响程度。取值范围：$0 < LPI \leqslant 100$，是优势度的一个简单测度。其值的大小决定着景观中优势种、内部种的丰度等生态特征；其值的变化可以改变干扰的强度和频率，反映人类活动的方向和强弱。公式为：

$$LPI = \frac{\max\ (a_1,\ \cdots,\ a_n)}{A} \tag{3-7}$$

其中，a_{ij} 是斑块 ij 的面积，A 是景观总面积。当每种景观类型中都只有一个斑块时，最大斑块指数取最大值 100%。每种景观类型的最大斑块面积越小，它的值越趋近于 0。

（4）边缘密度。

边缘密度（ED）表示单位面积的斑块边界数量，反映景观中异质性斑块之间物质、能量和物种交换的潜力及相互影响的强度，可直接表征景观整体的复杂程度。公式为：

$$ED = \frac{\sum_{k=1}^{m} e_{ik}}{A} \tag{3-8}$$

其中，e_{ik} 为斑块边界数，A 为景观面积。

（5）周长—面积分形维数。

分形维数反映了在一定尺度上的斑块边界的复杂程度，同时也反映了人类活动干扰的强弱。受人类活动干扰小的自然景观的分形维数值越高，而受人类活动影响大的人为景观的分形维数值越低。公式为：

$$\ln(P/4) = k\ln(A) + c, \quad FD = 2k \tag{3-9}$$

其中，P 为斑块周长；A 为斑块面积；k 为回归方程的斜率，FD 为包含多个斑块的某一景观的"平均"分形维数，也是统计意义上的景观分形维数。FD 值的理论范围为 [1.0, 2.0]，FD = 1.0 时表示形状最简单的正方形斑块；FD = 2.0 时表示等面积下周长最复杂的斑块。

（6）散布与并列指数。

散布与并列指数（IJI）是描述景观空间格局重要的指标之一。IJI 对那些受到某种自然条件严重制约的生态系统的分布特征反映显著。IJI 取值小时表明斑块类型 i 仅与少数几种其他类型相邻接；IJI = 100 表明各斑块间比邻的边长是均等的，即各斑块间的比邻概率是均等的。公式为：

$$IJI = \frac{-\sum\limits_{k=1}^{m}\left[\left(\dfrac{e_{ik}}{\sum\limits_{k=1}^{m}e_{ik}}\right)\ln\left(\dfrac{e_{ik}}{\sum\limits_{k=1}^{m}e_{ik}}\right)\right]}{\ln(m-1)} \times (100) \tag{3-10}$$

其中，IJI 为散布与并列指数，e_{ik} 为斑块边界数，m 为景观类型的总数。

（7）斑块结合度指数。

斑块结合度指数（COHESION）的表达公式为：

$$COHESION = \left[1 - \frac{\sum\limits_{j=1}^{m}P_{ij}}{\sum\limits_{j=1}^{m}P_{ij}\sqrt{a_{ij}}}\right]\left[1 - \frac{1}{\sqrt{A}}\right]^{-1} \times (100) \tag{3-11}$$

其中，P_{ij} 为斑块 ij 的周长，a_{ij} 为斑块 ij 的面积，A 为景观的总面积。

（8）分离度。

分离度（SPLIT）描述斑块在空间分布上的分散程度，值越大表明该类型元素分布越分散。公式为：

$$SPLIT = \frac{A^2}{\sum\limits_{j=1}^{m}a_{ij}^{\,2}} \tag{3-12}$$

其中，a_{ij} 为斑块 ij 的面积，A 为景观的总面积。

（9）聚集度。

聚集度（AI）的表达公式为：

$$AI = \left[\frac{g_{ii}}{\max \to g_{ii}}\right] \times (100) \tag{3-13}$$

其中，g_{ii} 为基于斑块类型 i 的像元之间的相似邻接数，max-gii 为基于斑块类型的像元之间最大相似邻接数。

（10）蔓延度指数。

蔓延度指数（CONTAG）反映景观中不同斑块类型的聚集程度。一般来说，高蔓延值说明景观中的某种优势斑块类型形成了良好的连接性；反之则表明景观是具有多种要素的密集格局，景观的破碎化程度较高。公式为：

$$CONTAG = 1 + \frac{\sum_{i=1}^{m}\sum_{k=1}^{m}\left[(P_i)(\frac{g_{ik}}{\sum_{k=1}^{m}g_{ik}})\right]\left[\ln(p_i)(\frac{g_{ik}}{\sum_{k=1}^{m}g_{ik}})\right]}{2\ln(m)} \tag{3-14}$$

其中，P_i 为斑块面积百分比，g_{ik} 为与斑块相邻的网格单元数。

（11）香农多样性指数。

香农多样性指数（SHDI）能反映景观异质性，对景观中各斑块类型的非均衡分布状况特别敏感，即强调稀有斑块类型对信息的贡献，这也是其与其他多样性指数的不同之处。在比较和分析不同景观或同一景观不同时期的多样性与异质性变化时，SHDI 也是一个敏感指标。公式为：

$$SHDI = -\sum_{i=1}^{m}\left[P\ln_i(P_i)\right] \tag{3-15}$$

其中，m 是景观中斑块类型的总数；P_i 是斑块类型在景观中出现的概率，通常以该类型占有的栅格数量或像元数占栅格总数的比例来估算。

（12）香农均度指数。

香农均度指数（SHEI）描述景观镶嵌体中不同景观类型在其数目或面积方面的均匀程度。SHEI 值较小时优势度一般较高，反映出景观受到一种或少数几种优势斑块类型所支配；SHEI 趋近于 1 时优势度低，说明景观中没有明显的优势类型且各斑块类型在景观中均匀分布。

$$SHEI = -\sum_{i=1}^{m}\left[P\ln_i(P_i)\right]/\ln(m) \tag{3-16}$$

其中，m 是景观中斑块类型的总数；P_i 是斑块类型在景观中出现的概率，通常以该类型占有的栅格数量或像元数占栅格总数的比例来估算。

3.1.3　景观生态风险指数构建

景观的空间格局是若干生态过程与非生态过程长期作用的产物，景观的空间结构影响着干扰的扩散和能量的转移，尤其是景观中某些具战略性的结构退化或破坏将对整个区域的生态环境产生致命的影响（王根绪和程国栋，1999）。目前表征景观格局的指数有多样性指数、镶嵌度指数、距离指数及景观破碎度指数等（傅伯杰，1995）。本书在基本判别指标的基础上，构建了干扰度指数和景观脆弱度指数，并通过景观格局与生态环境之间的经验关系，建立景观格局指数与区域生态风险之间的定量化表达，借助空间统计学空间化变量的方法，研究区域土地利用生态风险的空间特征。

3.1.3.1 景观干扰度指数

不同的景观类型在维护生物多样性、保护物种、完善整体结构和功能、促进景观结构自然演替等方面的作用是有差别的；同时，不同的景观类型对外界干扰的抵抗能力也是不同的。以景观格局分析为基础，构建一个景观干扰度指数 E_i，通过各个指数简单叠加来反映不同景观所代表的生态系统受到干扰（主要是人类开发活动）的程度。景观干扰度指数 E_i 的表达式为：

$$E_i = aC_i + bS_i + cDO_i \qquad (3-17)$$

其中，各参数的生态学含义为：

（1）景观破碎度 C_i。景观破碎化是由自然或人为干扰所导致的景观由单一、均质和连续的整体趋向于复杂、异质和不连续的斑块镶嵌体的过程，其是生物多样性丧失的重要原因之一（陈利顶，1996），与自然资源保护密切相关，公式为：$C_i = n_i / A_i$。其中，C_i 为景观 i 的破碎度，n_i 为景观 i 的斑块数，A_i 为景观类型 i 的总面积。

（2）景观分离度 S_i。其指某一景观类型中不同斑块数个体分布的分离度，公式为：$S_i = D_i / P_i$。其中 S_i 为景观类型 i 的分离度，D_i 为景观类型 i 的距离指数，P_i 为景观类型 i 的面积指数。

（3）景观优势度 DO_i。其是衡量斑块在景观中的重要地位的一种指标，其大小直接反映了斑块对景观格局形成和变化影响的大小。景观优势度由斑块的频度、密度和比例决定。其公式为：$DO_i = (Q_i + M_i)/4 + L_i/2$。其中，$Q_i = $ 斑块 i 出现的样方数/总样方数；$M_i = $ 斑块 i 的数目/斑块的总数目；$L_i = $ 斑块 i 的面积/样方的总面积。

（4）根据以上公式计算出 C_i、S_i、DO_i 等指标后，由于量纲不同，需进行归一化处理。a、b、c 为各指标的权重，且 $a+b+c=1$。三者在不同程度上反映出干扰对景观所代表的生态环境的影响，根据分析权衡，认为破碎度指数最为重要，其次为分离度和优势度。对以上三个指数分别赋以 0.5、0.3、0.2 的权值。

3.1.3.2 景观脆弱度指数

不同的景观类型在维护生物多样性、保护物种、完善整体结构和功能、促进景观结构自然演替等方面的作用是有差别的，对外界干扰的抵抗能力也不同，这种差异性与自然演替过程所处的阶段有关（许学工，2001）。由于人类活动是该区生态系统的主要干扰因素，所以土地利用程度不仅反映了土地利用中土地本身的自然属性，而且反映了人为因素与自然因素的综合效应。本书选取六种景观类型（居民点及工矿地、林地、草地、耕地、水域、未利用地）所代表的生态系统，以未利用土地最为脆弱，其次是水域，而居民点及工矿用地最稳定。分别对六种景观类型赋以脆弱度指数：未利用地＝6、水域＝5、耕地＝4、草地＝3、林地＝2、居民点及工矿地＝1，然后进行归一化处理（许学工，2001），得到各自的脆弱度指数 F_i。

3.1.3.3　景观生态风险指数

利用上述所建立的景观干扰度指数和景观脆弱度指数，构建景观生态风险指数，用于描述一个样地综合生态损失的大小，以便通过采样方法将景观的空间格局转化为空间化的生态风险变量。景观生态风险指数（ERI）的计算公式如下：

$$ERI = \sum_{i=1}^{N} \frac{S_{ki}}{S_k} \sqrt{E_i \times F_i} \tag{3-18}$$

其中，ERI 为景观生态风险指数；N 为景观类型的数量；E_i 为景观类型 i 的干扰度指数；F_i 为景观类型 i 的脆弱度指数；S_{ki} 为第 k 个风险小区 i 类景观组分的面积；S_k 为第 k 个风险小区的总面积。

3.2　空间统计学方法

从地理学角度来看，很多数据都与空间位置有关，根据地理学第一定律，几乎所有空间数据都具有空间依赖或空间自相关特征，即一个区域单元上的某种地理现象或某一属性值是与邻近区域单元上的同一现象或属性值相关的（Tobler，1970）。随着地理学的发展，人们通常利用有关人类空间行为的理论模型来分析城市与区域面临的种种问题。为了达到这一目的，理论模型往往需要从抽象的转化为可运算的。这意味着需要用规范的数学设定来表述变量关系，需要给出各个变量的含义以确保数据可获得与可计算，同时也需要进行估计、假设检验和预测，这基本上是以统计学方法和计量经济学方法为基础的（Anselin，1988a）。可见，地理科学是抽象的理论，统计学或计量经济学是将其解释问题的过程具体化的工具。空间统计分析，其核心就是认识与地理位置相关的数据间的空间依赖、空间关联或空间自相关，通过空间位置建立数据间的统计关系（王志海等，2008）。

空间统计学是在法国统计学家 Matheron（1963）大量理论研究的基础上形成的一个统计学的分支，也称为地理统计学，它是以区域化变量理论为基础，以变异函数为基本工具研究分布在空间中呈现一定的随机性与结构性的自然科学现象。

关于空间统计学与空间计量经济学的差异，Anselin（1988a）主要提到两点：①空间统计学针对的是数据，而空间计量经济学针对的是模型；②空间计量经济学往往是从一个特定的理论或模型出发，并重点研究出现空间效应时模型的估计、设定和检验问题，一般用于处理区域或城市经济问题，而空间统计学则更关注地理学或生物学的现象本身，与区域科学领域无直接联系。而空间统计学与经典统计学的区别主要有以下几方面：①研究的变量。经典统计学研究的是随机变量，而空间统计学研究的是区域化的变量。②重复实验性。经典统计学可以重复试验，空间统计学则不能进行重复试验，主要原因是区域之间的数据是不可能重复的。③数据的相关性。经典统计学每次抽样都是相互独立的，而空间统计学使用的数据则具有一定相关性。④分布特征差异。经典统计学以频率分布图来研究样本分布特征，空间统计不仅要考虑数据本身的特征，还要考虑区域化变量的空间分布特征。因此，经典统计学方法是抽象的，同时忽视了数据的空间特征，而空间统计学则考虑了数据的空间属性，用途较广，地理学、生物学以及人口学等学科都会用到该方法，其研究方法属于一般性研究（徐建华、王志海等，2008）。

3.2.1　空间权重矩阵

在进行空间统计学分析时，首要而且最核心的步骤是建立一个能够有效表达空间交互作用的权重矩阵。权重矩阵表征了空间截面单元某些地理或经济属性值之间的相互依赖程度，是连接理论分析上的空间计量经济模型与真实世界中的空间效应的纽带。能否构建并选择恰当的空间权重矩阵直接关系到模型的最终估计结果和解释力（陈彦光，2009）。

根据地理学第一定律，任何事物之间都存在关联，但是空间相近的事物具有更大的关联性，这是权重矩阵设置的基本依据。空间权重矩阵的基本形式为：

$$W = \begin{bmatrix} w_{11} & w_{12} & \cdots & w_{1j} \\ w_{21} & w_{22} & \cdots & w_{2j} \\ \vdots & \vdots & \vdots & \vdots \\ w_{i1} & w_{i2} & \cdots & w_{ij} \end{bmatrix} \tag{3-19}$$

其中，w_{ij} 表示区域 i 与 j 的邻接关系。

根据矩阵元素设置方法的不同，可以将空间权重矩阵分为以下类型。

（1）基于邻接关系的空间权重矩阵。

基于邻接关系的空间权重矩阵根据空间单元是否具有共同的边界设定矩阵，它假定空间截面之间只要拥有非零长度的共同边界，空间交互作用就会发生，赋值规则为相邻空间截面 i 和 j 有共同的边界，用 1 表示，否则以 0 表示。进一步地，设置邻接矩阵时可以采用 Rook 邻接或者 Queen 邻接两种规则。

Rook 邻接规则仅把有共同边界的空间样本定义为邻接单元，形式为：

$$W = \begin{cases} 1, & \text{当空间单元 i 和 j 拥有共同边界} \\ 0, & \text{当空间单元 i 和 j 无共同边界或 i=j} \end{cases} \tag{3-20}$$

其中，i、j 为空间截面编号；i、j $\in$ [1, n]，n 为空间截面个数。

与此不同，Queen 邻接规则会将与某一空间样本拥有共有边界以及共同顶点的空间样本均定义为其邻接单元。

（2）基于地理距离的空间权重矩阵。

作为邻接矩阵的扩展，当研究者们认为空间效应不仅仅发生在拥有共同边界或共同顶点的空间截面之间，而是在某既定空间截面周围的一定距离范围 D 之内空间效应都存在时，距离超过给定的阈值则区域间的空间作用可以忽略，可用基于地理距离的空间权重矩阵：

$$W = \begin{cases} 1, & \text{当空间单元 i 和 j 的距离在} d_{ij} \leq D \\ 0, & \text{当空间单元 i 和 j 的距离在} d_{ij} \geq D \end{cases} \tag{3-21}$$

（3）基于经济距离的空间权重矩阵。

真实的地理距离矩阵虽然直观、可信，但不足以描述空间单元间复杂的经济、社会关系。区域单元的经济发展水平、居民的文化素质、社会环境甚至风俗习惯等诸多因素都会使空间单元之间产生交互影响，因此讨论经济因素是十分必要的。为此，研究者们根据区域间的资本流动、人口迁移、商品贸易、通信通勤量等社会经济指标，设计出了更符合空间经济关系的经济距离权重矩阵（张可云等，2017）：

$$W = \frac{1}{|\overline{Y}_i - \overline{Y}_j|} \tag{3-22}$$

其中，$\overline{Y}_i$ 和 $\overline{Y}_j$ 是区域 i 和 j 在某个时期内的 GDP。当两个地区的经济发展水平相似时，两者之间的空间效应越大，权重越大。同时也可根据研究的需要，将 GDP 替换成贸易量、进出口总额等指标。

3.2.2 全局空间自相关

全局空间自相关分析方法是空间统计分析方法之一，目的在于探测数据的空间属性。全局空间自相关分析方法主要探索某一属性在区域中的分布特性。本书中用全局空间自相关指标 Moran's I 系数和局部空间自相关指标 LISA 来分析土地利用生态风险指数的空间模式。Moran's I 系数反映空间邻接或空间邻近的区域单元的属性值的相似程度。与统计学上的一般相关系数一样，Moran's I 系数的数值范围为（-1，1）：I<0 表示负相关，I=0 表示不相关，I>0 表示正相关。Moran's I 系数的表达公式如下：

$$I = \frac{1}{\sum\limits_{i=1}^{n}\sum\limits_{j=1}^{n} w_{ij}} \cdot \frac{\sum\limits_{i=1}^{n}\sum\limits_{j=1}^{n} w_{ij}(x_i - \bar{x})(x_i - \bar{x})}{\sum\limits_{i=1}^{n}(x_i - \bar{x})^2/n} i \neq j \tag{3-23}$$

其中，x_i 和 x_j 是变量 x 在相邻配对空间单元（或栅格细胞）的取值；$\bar{x}$ 为 n 个位置的属性值的平均值；W_{ij} 是通用交叉积统计中的二元空间权重矩阵 W 的元素，可以基于邻接标准或距离标准构建，反映空间目标的位置相似性，将单元 i 的值 x_i 减去所有的平均值 $\bar{x}$，然后与单元 j 的值 x_j 减去所有的平均值 $\bar{x}$ 而得到的值（$x_j - \bar{x}$）相乘。

3.2.3 局部空间自相关

当需要进一步考虑是否存在观测值的高值或低值的局部空间聚集，哪个区域单元对于全局空间自相关的贡献更大，以及在多大程度上空间自相关的全局评估掩盖了反常的局部状况或小范围的局部不稳定时，就必须应用局部空间自相关分析。局部空间自相关指标 $LISA_i$ 的计算公式如下：

$$LISA_i = \frac{(x_i - \bar{x})}{\sum\limits_{i}(x_i - \bar{x})^2/n} \sum\limits_{j} W_{ij}(x_j - \bar{x}) i \neq j \tag{3-24}$$

其中，x_i、x_j、$\bar{x}$ 和 W_{ij} 的含义同上。正 $LISA_i$ 值表示该区域单元周围相似值（高值或低值）的空间聚集，负 $LISA_i$ 值表示非相似值的空间聚集。每个区域单元的 LISA 是描述该区域单元周围显著的相似值区域单元之间空间集聚程度的指标；所有区域单元的 LISA 总和与全局的空间联系指标成比例。

同时，可用 Moran's 散点图研究样本空间的局域空间异质性，其横坐标为各单元标准化处理后的属性值，纵坐标为其空间连接矩阵所决定相邻单元的属性值的平均值（也经过标准化处理）。Moran's 散点图的四个象限，分别表达了某一点（区域）和其周围点（区域）四种类型的局域空间联系形式。第一象限表示"高高集聚"，第二象限表示"高低集聚"，第三象限表示"低低集聚"，第四象限表示"低高集聚"。"高高集聚"和"低低集聚"意味着区域存在空间集聚性，出现了高、低值在空间位置上的相互靠近，代表存在着区域化的规律或者机制制约着该属性值的发展和演变。"高低"和"低高"形式的集聚则意味着存在空间异质性，即具有相似属性的区域或个体相互离散，呈现出一定的随机性。对应于散点图的不同象限，可识别出空间分布中存在着哪几种不同的实体。将散点图与显著性水平相结合，也可以得到"显著性水平图"。

3.2.4　地统计学方法

地统计学（Geostatistics）于 20 世纪 50 年代初被采矿工程师 Krige 和著名统计学家 Sichel 应用于南非采矿业中，随着计算机的应用与发展，此项技术被引入地学领域（Goovaerts，1999）。国内侯景儒、王仁铎等于 20 世纪 80 年代初将其发展和应用在我国地质等领域，随后逐渐引入地理学等领域，与此同时，多部国外经典的地统计学专著也被翻译成中文，地统计学在国内的理论及其应用研究开启快速发展的时代（谭万能等，2005）。

地统计学的主要目的是在结构分析的基础上采用克里格法预测估计来解决实际的问题。克里格法与一般的插值方法有所不同。常见的确定性插值方法如泰森多边形法、反距离加权法、趋势面法和多元回归法等，一般直接通过周围观测点的值内插或通过数学模型进行内插，较少考虑变量自身的特点、样点的空间分布情况，且对于误差估计不足。克里格法基于变量的区域结构信息，全面考量采样点间的空间关系与预测区域的地理位置联系，做出无偏最优估计，并且能给出精度估计结果，比其他方法更精确（周俊驰，2017）。

克里格法主要包括简单克里格法、普通克里格法、泛克里格法、对数正态克里格法、指示克里格法、概率克里格法、析取克里格法、协同克里格法等（徐英等，2006）。其中简单克里格法、普通克里格法和泛克里格法都属于线性克里格法，预测值是已知值的线性无偏估计量。此类方法需假定区域变量满足二阶平稳假设、内蕴假设，数据需要符合正态分布。线性克里格法在估计时存在两个缺点，第一是当区域化变量数据的离散度太大时，预测的精度较低；第二是只能估计区域化变量的值，不能估计区域化变量函数的值。协同克里格法属于多元地统计学范畴，它能充分利用多元空间信息，把预测的过程从只考虑单个属性延伸到同时考量两个以上的属性，充分考虑变量之间的统计学相关性和空间相关性，提高了估计的精度，当同一区域采样点之间的多个属性的相关性较强，且属性之间又存在空间相关时，可以使用协同克里格法（周俊驰，2017）。

地统计学所特有的工具为变异函数，不但可以描述区域化变量的结构性变化，还可以描述随机性变化。它常用的理论模型有球状模型、高斯模型和指数模型。半方差分析是地统计学中的一个重要组成部分（Anselin，1998）。半方差分析主要有两种用途：一是描述和识别格局的空间结构；二是用于空间局部最优化插值，即克瑞金插值。景观生态风险指数作为一种典型的区域化变量，它在空间上的异质性规律，可以用半方差来分析，其表达公式如下：

$$\gamma(h) = \frac{1}{2N(h)} \sum_{i=1}^{N(h)} [Z(x_i) - Z(x_i + h)]^2 \tag{3-25}$$

其中，h 为配对抽样的空间分隔距离；N（h）为抽样间距为 h 时的样点对的总数；Z（x_i）和 Z（x_i+h）分别是景观生态风险指数在空间位置 x_i 和 x_i+h 上的观测值 [i=1，2，…，N（h）]。

3.3 生态经济价值核算法

土地作为各种陆地生态系统的总称，其利用结构的变化会引起各类生态系统类型、面积以及空间分布格局的变化（吴次芳，2003）。以经济利益为目的的土地利用结构的调整导致自然生态系统面积在土地利用结构中所占的比重越来越小，而人工系统中工矿、交通和建设用地的面积比重却不断上升。自然环境的恶化制约了经济发展，造成经济生态双重滞后的局面。

生态系统对人类的贡献可以用经济价值来评估，通过货币化生态系统服务的功能和效益，可以给出这种服务在经济上的价格标签。美国生态学家 Costanza（1997）提出了对全球生态系统服务价值的估算方法，他的研究使生态系统服务价值估算的原理及方法在科学意义上更加明确。

对生态系统服务进行经济价值核算，可以定量表示土地利用对生态环境的影响。土地利用规划通过影响土地利用来影响生态环境，所以对包括森林、草地和耕地在内的生态系统的生态功能会产生影响，因此，采用生态经济价值核算的方法计算区域不同土地利用结构下的生态系统服务价值及构成，能够反映出不同土地利用结构导致的区域生态系统提供的服务价值和土地利用结构变化的侧重点，为规划方案中土地利用结构的调整提供建议，是对多指标综合评价法的一个很好的补充与辅助。

生态经济价值核算方法的优点在于简单实用，资料易于获得，其计算结果既能反映环境影响的现状，又能体现环境影响的变化趋势。缺点在于计算结果往往反映的是生态服务价值的理想值，没有考虑人类社会经济活动的改变将会对生态服务功能产生重大影响，计算结果与实际的吻合性尚不理想。要提高生态经济价值核算方法在土地利用规划环境影响评价中的实用性，就应该结合实际将由外界干扰和破坏带来的生态服务价值的损失考虑在内，对方法进行适当的修正，也可以将其和绿色 GDP 的核算体系联合使用（董家华，2006）。

3.3.1　土地利用的生态系统分类

根据生态系统的概念，土地利用类型为基本的生态系统单元。按照 2001 年 8 月原国土资源部地籍管理司颁布的《全国土地分类（试行）》标准，将土地利用生态系统按照土地利用类型进行划分，具体为耕地，林地，园地，草地，城镇及工矿用地，交通用地，水域和未利用地七个类型（见表 3-1）。

表 3-1　土地利用生态系统分类

现行土地分类标准	一级分类	农用地				建设用地			未利用地	
	二级分类	耕地	林地	园地	牧草地	城镇及工矿用地	交通用地	水利设施用地	其他用地	未利用地
生态系统类型		耕地	林地	园地	草地	城镇及工矿、交通用地		水域	未利用地	

3.3.2　各土地利用类型单位面积生态系统服务功能价值

肖玉和谢高地（2003）总结了气体调节、气候调节、水源涵养、土壤形成与保护、废物处理、生物多样性维持、食物生产、原材料生产、休闲娱乐九项生态系统服务功能，并对我国 200 位生态学者进行问卷调查，得到了"中国生态系统服务价值当量因子表"（陈仲新、张新时，2000）（见表 3-2）。

表 3-2　中国陆地生态系统单位面积生态服务价值当量

项目	森林	草地	农田	湿地	水域	难利用地
气体调节	1.31	0.8	0.5	1.8	0	0
气候调节	2.7	0.9	0.89	17.1	0.46	0
水源涵养	3.2	0.8	0.6	15.5	20.4	0.03

续表

项目	森林	草地	农田	湿地	水域	难利用地
土壤形成与保护	3.9	1.95	1.46	1.71	0.01	0.02
废物处理	1.31	1.31	1.64	18.18	18.2	0.01
生物多样性维持	3.26	1.09	0.71	2.5	2.49	0.34
食物生产	0.1	0.3	1	0.3	0.1	0.01
原材料生产	2.6	0.05	0.1	0.07	0.01	0
休闲娱乐	1.28	0.04	0.01	5.55	4.34	0.01
合计	19.66	7.24	6.91	62.71	46.01	0.42

该表定义 $1km^2$ 全国平均产量的农田每年自然粮食产量的经济价值为1，其他生态系统服务价值当量因子是指生态系统产生该生态服务相对于农田食物生产服务的贡献大小。本书采用了该当量因子表，针对研究区的具体情况对单位面积农田每年自然粮食产量的经济价值做了如下修改：以研究区平均粮食产量为基准单产（$kg \cdot hm^{-2}$），粮食单价按所计算年份省的报价（$元 \cdot kg^{-1}$），考虑在没有人力投入的自然生态系统提供的经济价值是现有单位面积农田提供的食物生产服务经济价值的1/7（陈东景，2002），得出研究区农田自然粮食产量的经济价值（$元 \cdot hm^{-2} \cdot a^{-1}$）。

七大类土地在计算生态服务价值时，其当量因子按以下原则操作：耕地对应农田，园地取森林和草地的平均值，未利用地对应难利用地；城镇及工矿、交通用地按照 Costanza 等学者的方法，不估算其生态系统服务功能的经济价值。据此可测算出各土地利用类型单位面积年度生态系统服务功能的经济价值量 C_{V_i}：

$$C_{V_i} = E \times Y \times P/7 \qquad (3-26)$$

其中，E 为当量因子，Y 为粮食单产，P 为粮食价格。

3.3.3 土地利用类型生态服务功能价值的计算模式

具体各年土地利用类型生态系统服务功能的经济价值总量和规划目标年相对于基准年的生态系统服务功能经济价值增量的计算公式如下：

$$V_j = \sum_{i=1}^{n} P_i \times C_{V_i}$$

$$\Delta V_j = V_j - V_0 \qquad (3-27)$$

其中，V_j 为研究区第 j 年生态系统服务功能经济价值的年度总量；P_i 为研究区第 j 年第 i 类土地的面积；C_{Vi} 为研究区第 i 类土地单位面积年度生态系统服务功能的经济价值量；V_0 为研究区基准年生态系统服务功能经济价值的年度总量；ΔV_j 为第 j 年相对基准年的生态系统服务功能经济价值增减量。

3.4　生态安全评价法

3.4.1　土地利用变化的生态安全评价流程

土地利用变化的生态安全评价主要是从区域的生态环境安全出发，构建空间上操作性强的土地利用生态安全评价指标体系，对多期土地利用方式进行评价，比较土地利用的生态安全变化状况，从而提出相应的对策和措施。具体的流程如图 3-1 所示。

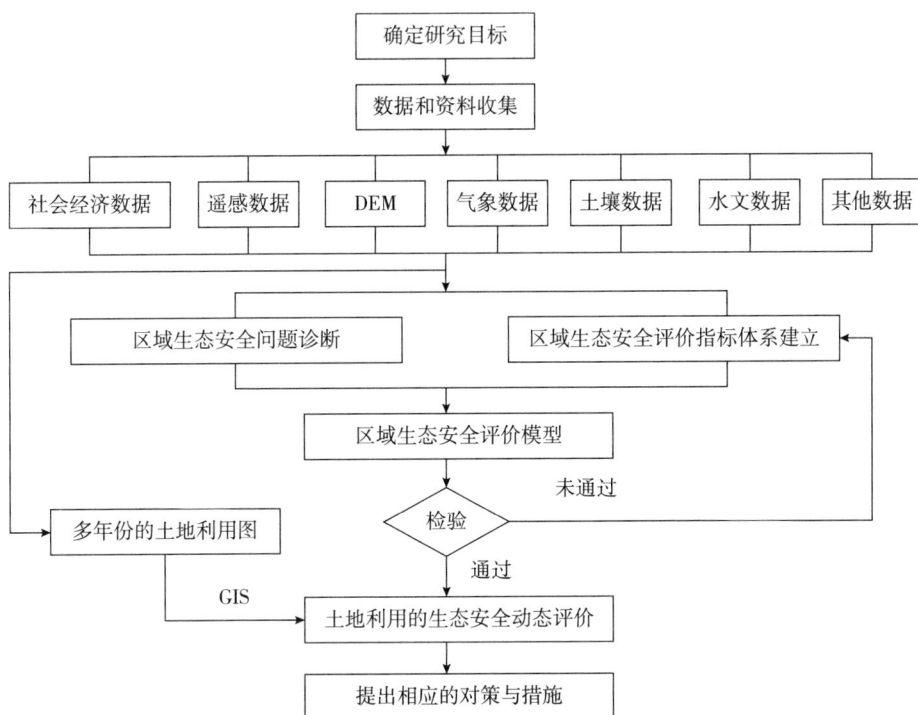

图 3-1　土地利用变化的生态安全评价流程

3.4.2　生态安全评价模型

3.4.2.1　土壤侵蚀安全性评价

区域土壤侵蚀受到多种因素的影响和制约。影响因素包括气候、水文、地貌、土壤和植被等自然因素，以及土地利用、水土保持措施等人为因素。一般来说，在自然状况下，降水、土壤质地、地形和植被因子对土壤侵蚀有重要的影响。根据国内对土壤侵蚀影响因子和土壤侵蚀敏感性评价的研究成果（王效科等，2000），本书选择降雨侵蚀力值、土壤质地、地形起伏度、植被与土地利用类型作为主要影响因子的评价指标，并确定各影响因子的安全性等级；在 GIS 软件支持下，完成评价指标的数据提取和集成，并按照生态安全等级标准（见表 3-3）进行区域土壤侵蚀安全性评价。

表 3-3　土壤侵蚀安全性的指标及分级标准

分级	安全	较安全	欠安全	不安全	极不安全
R 值	<25	25~100	100~400	400~600	>600
土壤质地	石砾、沙	粗砂土、细砂土、粘土	面砂土、壤土	砂壤土、粉粘土、壤粘土	砂粉土、粉土
地形起伏度（米）	0~20	20~50	51~100	101~300	>300
植被	水体、草本沼泽、稻田	阔叶林、针叶林、草甸、灌丛和萌生矮林	稀疏灌木草原、一年两熟粮作、一年水旱两熟	荒漠、一年一熟粮作	无植被
分级赋值（C）	1	3	5	7	9
分级标准（SS）	1.0~2.0	2.1~4.0	4.1~6.0	6.1~8.0	>8.0

资料来源：《生态功能区划暂行规程》。

由单因子分析得出的土壤侵蚀安全性只反映某一因子的作用程度，要将土壤侵蚀安全性的区域差异综合地反映出来，则需对上述各项因子的安全性分级赋值，通过以下计算公式来计算土壤侵蚀安全性指数：

$$SS_j = \sqrt[4]{\prod_{i=1}^{4} C_i} \qquad (3-28)$$

其中，SS_j 为 j 空间单元土壤侵蚀安全性指数；C_i 为 i 因素安全性等级值。

然后，根据表 3-3 中的分级标准（SS）来确定土壤侵蚀安全性分布。

根据式（3-28），利用地理信息系统软件中的空间叠加分析功能对区域降雨侵蚀力、土壤质地、地形起伏度和植被类型各单因子安全性图层进行叠加，计算每一个空间单元上的土壤侵蚀安全性指数，最后根据表 3-3 中的分级标准得到区域土壤侵蚀安全性评价图。

3.4.2.2 土地沙漠化安全性评价

可以用湿润指数、土壤质地及起沙风的天数等来评价区域沙漠化的安全性，具体指标与分级标准如表 3-4 所示。

表 3-4 土地沙漠化安全性分级指标及分级标准

指标 ＼ 安全性	安全	较安全	欠安全	不安全	极不安全
湿润指数	>0.65	0.5~0.65	0.20~0.50	0.05~0.20	<0.05
冬春季大于6m/s大风的天数	<15	15~30	30~45	45~60	>60
土壤质地	基岩	粘质	砾质	壤质	沙质
植被覆盖（冬春）	茂密	适中	较少	稀疏	裸地
分级赋值（D）	1	3	5	7	9
分级标准（DS）	1.0~2.0	2.1~4.0	4.1~6.0	6.1~8.0	>8.0

资料来源：《生态功能区划暂行规程》。

土地沙漠化安全性指数的计算公式如下：

$$DS_j = \sqrt[4]{\prod_{i=1}^{4} D_i} \qquad (3-29)$$

其中，DS_j 为 j 空间单元沙漠化安全性指数；D_i 为 i 因素安全性等级值。

3.4.2.3 土地石漠化安全性评价

土地石漠化安全性主要根据其是否为喀斯特地形以及其坡度与植被覆盖度来确定，具体指标与分级标准见表 3-5。

土地石漠化安全性指数的计算公式如下:

$$MS_j = \sqrt[3]{\prod_{i=1}^{3} M_i} \qquad (3-30)$$

其中,MS_j为 j 空间单元石漠化安全性指数;M_i为 i 因素安全性等级值。

表 3-5　土地石漠化安全性评价指标及分级标准

安全性	安全	较安全	欠安全	不安全	极不安全
喀斯特地形	不是	是	是	是	是
坡度(°)		<15	15~25	25~35	>35
植被覆盖(%)		>70	50~70	20~30	<20
分级赋值(M)	1	3	5	7	9
分级标准(MS)	1.0~2.0	2.1~4.0	4.1~6.0	6.1~8.0	>8.0

资料来源:《生态功能区划暂行规程》。

3.4.2.4　生境安全性评价

评价生境安全性,可根据生境物种丰富度,即评价地区国家和省级保护野生动植物的数量进行评价。因此,本评价以自然保护区为基本评价单元,采用评价地区国家一、二级重点保护野生动植物数量占国家一、二级重点保护野生动植物总数的比例,对生境安全性进行等级划分(见表3-6)。此外,考虑到野生动物的活动性,对属于国家级自然保护区的评价单元,将其周边乡镇均划为比该评价单元生境安全性等级次一级的安全性等级。最后,应用 GIS 生成全自然保护区区陆域生境安全性分布图。

表 3-6　生境安全性分级指标及赋值

生境安全性等级	国家一、二级保护物种占自然保护区物种的比例(%)	分级赋值
安全	>30	9
较安全	15~30	7
欠安全	5~15	5
不安全	<5	3
极不安全	其他区域	1

资料来源:《生态功能区划暂行规程》。

3.4.2.5　生态安全综合评价

对单一型生态安全类型区域，根据其生态环境问题的安全程度确定生态系统安全程度；对复合型生态安全类型区域，采用最大限制因素法确定影响生态安全的主导因素，根据主导因素的生态环境问题的安全程度确定生态系统安全程度。这样，可以根据上述土壤侵蚀安全性、土地沙漠化安全性、土地石漠化安全性和生境安全性单因子的评价结果，利用以下公式进行综合评价：

$$[生态安全综合评价] = \max \{ [土壤侵蚀安全性], [沙漠化安全性],$$
$$[石漠化安全性], [生境安全性] \}$$

3.5　模型模拟法

3.5.1　元胞自动机模型

3.5.1.1　元胞自动机概念

元胞自动机（Cellular Automata，CA）是空间和时间都离散、参量只取有限数值集的物理系统的理想化模型。元胞自动机应用的首创者当属 Von Neumann，他将之应用于自繁殖系统的逻辑特性研究，并根据他的元胞自动机思想建立了大型、并行计算的第一适用模型。数学家 Conway 在 1970 年编制的"生命游戏"是最著名的在计算机上实现的典型的元胞自动机模型。进入 20 世纪 80 年代以来，元胞自动机研究有了新的进展，科学家们利用这一模型十分简洁地复制出了复杂现象演化中经常出现的分岔、自相似性等现象。近十几年来，CA 被广泛应用于生物医学、地震学、神经系统及流体力学等领域，这些研究使元胞自动机成为研究复杂系统演化的一种重要方法。

元胞自动机被定义为一个空间和时间都离散的动力系统，散布在规则格网（Lattice Grid）中的每一个元胞都取有限的离散状态，遵循同样的作用规则，依据确定的局部规则同步更新。大量元胞通过简单的相互作用而构成动态系统的演化，同时，元胞自动机不是由严格定义的物理方程或函数确定，而是用一系列模型构造的规则构成，凡是满足这些规则的模型都可以算作是元胞自动机模型。因此，元胞自动机模型是一类模型的总称，其特点是时间、空间、状态都离散，每个变量只取有限多个状态，且状态的改变规则在时间和空间上都是局部的（周成虎，1999）。

元胞自动机用形式语言的方式来描述，可以表示为一个四元组：

$$CA = (L_d, S, N, f) \tag{3-31}$$

其中，L 为一个规则划分的网格空间，每个网格空间就是一个元胞；d 为 L 的维数，通常为一维或二维空间，理论上可以是任意一个正整数维的规则空间；S 为一个离散的有限集合，用来表示各个元胞的状态 s；f 为一个映射函数：$S_t^n \rightarrow S_{t+1}$，即根据 t 时刻某个元胞的所有邻居的状态组合来确定 t+1 时刻该元胞的状态值，f 通常又被称作转换函数或演化规则。N 为元胞的邻居集合，对于任何元胞的邻居集合 N∈L，设邻居集合内元胞的数目为 n，那么，N 可以表示为一个所有邻域内元胞的组合，即包含 n 个不同元胞状态的一个空间矢量，记为：

$$N = (s_1, s_2, s_3, \cdots, s_n), \quad s_i \in Z, \quad i \in (1, \cdots, n) \tag{3-32}$$

3.5.1.2 元胞自动机的组成

元胞自动机最基本的组成包括五个部分：元胞（Cell）、元胞空间（Lattice）、邻居（Neighbor）、规则（Rule）及时间（Time）（见图 3-2）。简单地讲，元胞自动机可以视为由一个元胞空间和定义了该空间的变换函数所组成（周成虎等，1999）。所有元胞相互离散，构成一个元胞空间；在某一时刻一个元胞只能有一种状态，而且该状态取自一个有限的集合；邻居是元胞周围按一定形状划定的元胞集合，它们影响元胞下一个时刻的状态；元胞规则定义了元胞状态的转换规则。

元胞实体所代表空间的地理意义，是由建模者的地理认知决定的，经典地理学中，这一地理认知表现为空间概念。根据应用的分类标准，空间概念可以分为几何空间概念、地理空间概念和应用性地理概念三类。几何空间概念包括点、线、面等空间目标，用来描述地理事物的空间分布特征和位置特征。地理空间概念是对地理事物进行客观描述的空间概念，例如桥、森林、丘陵等。应用性地理概念是具有很强应用色彩的地理概念，例如资源、环境等。根据前人的研究，标准元胞自动机是基于几何空间概念的模型，适于地理系统和地理过程模拟的元胞自动机空间概念是地理空间概念，而满足某一具体资源环境系统应用的元胞自动机空间概念是应用性地理概念。从概念层次上来讲，地理特征元胞自动机是基于地理空间概念的模型（见图 3-2）。

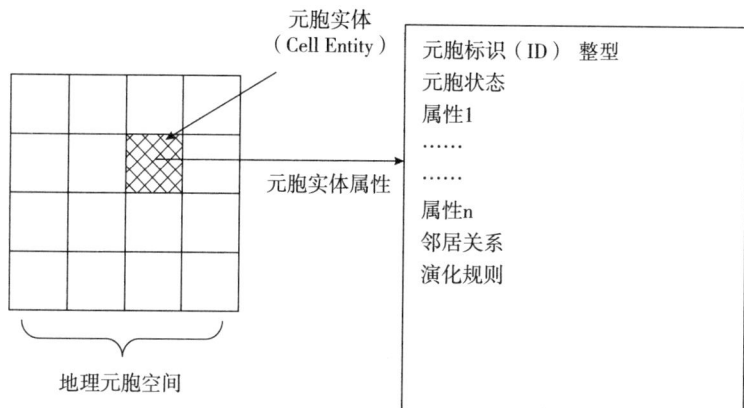

元胞实体
（Cell Entity）

元胞标识（ID）　整型
元胞状态
属性1
……
……
属性n
邻居关系
演化规则

元胞实体属性

地理元胞空间

图3-2　地理元胞自动机概念模型

资料来源：周成虎（1999）。

（1）元胞。

元胞又可称为单元，是元胞自动机最基本的组成部分。元胞分布在离散的一维、二维或多维欧几里得空间的晶格点上，具有离散、有限的状态。状态可以是 $\{0，1\}$ 的二进制形式，也可以是 $\{s_0，s_1，s_2，s_3，\cdots，s_k\}$ 整数形式的离散集合。严格意义上讲，元胞自动机的元胞只能有一个状态变量，但在实际应用中，往往对其进行拓展，例如每个元胞可以拥有多个状态变量。李才伟（1997）在其博士论文中就设计了被称为"多元随机元胞自动机"的模型，并且定义了元胞空间的邻居关系，由于邻居关系，每个元胞有有限个元胞作为它的邻居。

（2）元胞空间。

元胞空间是元胞所分布的空间网点集合。元胞空间在理论上可以用任意维数的欧几里得空间规则划分。目前的研究主要关注一维和二维的元胞自动机。对于一维元胞自动机，元胞空间的划分只有一种，而高维的元胞自动机，元胞空间的划分可有多种形式。最为常见的二维元胞自动机，其元胞空间通常按三角形、四边形或六边形三种网格排列。

（3）邻居。

元胞及元胞空间只表示了系统的静态成分，要将"动态"引入系统，必须加入演化规则。在元胞自动机中，这些规则是定义在空间局部范围内的，即一个元胞下一时刻的状态决定于元胞本身的状态和它的邻居元胞的状态，因此，在指定规则之前，必须定义一定的邻居规则，确定哪些元胞属于该元胞的邻居。在一维元胞自动机中，通常以半径 r 来确定邻居，距离一个元胞半径范围内的所有元胞都被认为是该元胞的邻居。二维元胞自动机的邻居定义较为复杂，但通常有以下几种形式（以最常用的规则四方网格划分为例，见图3-3），黑色元胞为中心元胞，灰色元胞为其邻居，它们的状态一起来确定中心元胞在下一时刻的状态。

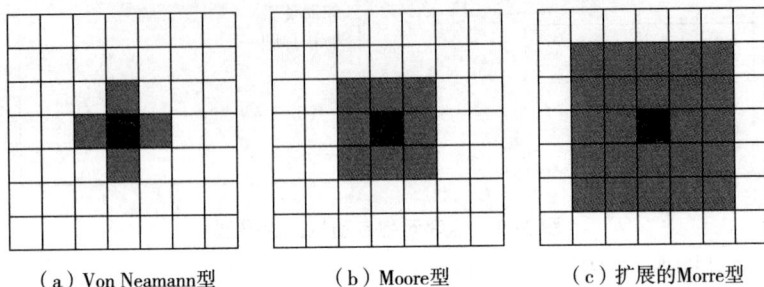

（a）Von Neamann型　　　　（b）Moore型　　　　（c）扩展的Morre型

图3-3　元胞自动机的邻居模型

资料来源：周成虎（1999）。

1）Von Neumannn 型。一个元胞上、下、左、右相邻的四个元胞为该元胞的邻居。这里，邻居半径 r 为 1，相当于图像中的四邻域。其邻居定义如下：

$$N_{Neumann} = \{v_i = (v_{ix}, v_{iy}) \mid |v_{ix}-v_{ox}| + |v_{iy}-v_{oy}| \leqslant 1, (v_{ix}, v_{iy}) \in Z^2\}$$

$$(3-33)$$

其中，v_{ix} 和 v_{iy} 为邻居元胞的行列坐标值，v_{ox} 和 v_{oy} 为中心元胞的行列坐标值。此时，对于四方网格，在维数为 d 时，一个元胞的邻居个数为 2d。

2）Moore 型。一个元胞相邻的八个元胞为该元胞的邻居。邻居半径 r 为 1时，相当于图像处理中的八邻域或八方向。其邻居定义如下：

$$N_{Moore} = \{v_i = (v_{ix}, v_{iy}) \mid |v_{ix}-v_{ox}| \leqslant 1, |v_{iy}-v_{oy}| \leqslant 1, (v_{ix}, v_{iy}) \in Z^2\}$$

$$(3-34)$$

其中，v_{ix}、v_{iy}、v_{ox} 和 v_{oy} 意义同前。此时，对于四方网格，在维数为 d 时，一个元胞的邻居个数为（3d-1）。

3）扩展的 Moore 型。将以上的邻居半径 r 扩展为 2 或者更大，即得到所谓扩展的摩尔性邻居。其数学定义可表示为：

$$N_{Moore'} = \{v_i = (v_{ix}, v_{iy}) \mid |v_{ix}-v_{ox}| + |v_{iy}-v_{oy}| \leqslant r, (v_{ix}, v_{iy}) \in Z^2\} \quad (3-35)$$

此时，对于四方网格，在维数为 d 时，一个元胞的邻居个数为 $(2r+1)^d-1$。

4）Margolus 型。这是一种同以上邻居模型迥然不同的邻居类型，它是每次对一个 2×2 的元胞做统一处理，而上述三种邻居模型中，每个元胞是分别处理的。

（4）规则。

根据元胞当前的状态及其邻居的状况确定下一时刻该元胞状态的动力学函数，就是一个状态转移函数。一个元胞所有可能的状态连同负责该元胞状态变换的规则一起被称为变换函数（史忠植，1998）。它构造了一种简单的、离散的空间/时间范围的局部物理成分，要修改的范围里采用这个局部物理成分对其结构的"元胞"重复修改。这样，尽管物理结构的本身每次都不发展，但是状态在变化，记为 f：$S_i^{t+1} = f(S_i^t, S_N^t)$，$S_N^t$ 为 t 时刻的邻居状态组合，f 为元胞自动机的局部映射或局部规则。

（5）时间。

元胞自动机是一个动态系统，它在时间维上的变化是离散的，即时间 f 是一个整数值，而且连续等间距。假设时间间距 $d_t = 1$，若 t=0 为初始时刻，那么 t=1 为其下一时刻。在上述转换函数中，一个元胞在 t+1 时刻的状态直接决定于 f 时刻的该元胞及其邻居元胞的状态，虽然在 t=1 时刻的元胞及其邻居元胞的状态间接（时间上的滞后）影响了元胞在 t+1 时刻的状态。

3.5.2 InVEST 生境质量模型

InVEST（Integrated Valuation of Ecosystem Services and Tradeoffs）是美国自然资本项目组（http：//www. Natural Capital Project. org）开发的、用于评估生态系统服务功能量及其经济价值、支持生态系统管理和决策的一套模型系统，旨在促进生态系统服务综合决策。InVEST 汇集了生态生产函数和经济评估方法可靠、有用的模型。其目的是将有关生态系统服务的生物物理属性和经济信息以适当规模纳入自然资源管理决策，用于生态系统服务的综合评估和权衡。InVEST 是一个灵活、科学实用性强的工具，是一套基于计算机的模型：①关注生态系统服务本身，而不是仅仅关注潜在的生物—物理过程；②在空间上是明确的，提供生态系统生物物理和货币价值方面的产出；③是情景驱动的，清楚地揭示多种服务之间的关系；④是模块化、分层的方法，可以处理不同条件的数据系统的状态（Peter Kareiva et al.，2011）。目前，自然资本项目组开发的 InVEST 模型已在 20 多个国家和地区的空间规划、生态补偿、风险管理、适应气候变化等环境管理决策中得到广泛应用。近年来，中国的生态系统服务研究越来越多，InVEST 模型已在国家、区域、流域等多个尺度的生态功能区划、生态保护红线划定、生态补偿、资源环境承载力评估等方面得到应用。

InVEST 模型作为连接生态生产功能和经济价值的新生工具，与其他模型相比有明显的优势（Tallis and Polasky, 2009）。第一，情景预测是 InVEST 模型的重要功能。所谓情景预测，就是首先通过多方利益协商机制确定不同的发展，通过数据的设定，InVEST 模型能够计算当前土地利用状况等生态系统的位置、数量等特征，以及其在未来一段时期根据不同发展方向所表现出的变化情况。第二，能够清楚地显现出各生态系统功能之间的相关关系。第三，模型注重分析的是能够对人类带来惠益的服务，而并非生态系统中的生物物理过程。但是，InVEST 模型是以基于过程的生态模型为基础，能够输出生态过程的中间结果。第四，InVEST 模型有着很强的空间表达功能。因而其计算结果表达形式的可视化程度较强是该模型相对于以前的生态评估软件的明显优势之一，一般的表达形式以地图为主。第五，InVEST 模型采用分层设计，可以根据不同需求来确定数据的需求量。一般来说，初始版本的模型需求量小，为了获得更加丰富的处理结果，应补充更多的选填数据。通常，低层次的模型由于精度较低用于大尺度的研究，高层次的模块则可以用于小尺度的研究，但是精度提升的同时，模型评估的普遍性也会降低（马良等，2015）。

InVEST3.2.0 版本模型应用"供给、服务和价值"框架将生态生产功能和生态服务功能相连接，其中"供给"指生态系统所提供的生态产品，但是只有当其与人类的需求相符的时候才能称之为"服务"，而"价值"则是人类对于这种服务供需关系的一种体现。根据这一原理，本书将 InVEST 模型中的各模块归入三个初级目录。首先，支持功能，即支持其他生态系统服务功能而并不直接为人类提供惠益，包含生境质量、生境风险评估和海洋水质模型。其次，最终服务功能，即直接能使人类受益的生态系统服务功能。在这一类别的模块中，InVEST2.0 加入了部分新的功能，并对以前的一些模型进行了修改。

本书运用的是 InVEST 支持服务模块中的生境质量模型。InVEST 生境质量模型结合土地覆被和生物多样性威胁因素的信息生成生境质量图，其计算生态系统供给物种生存繁衍的潜力，用生境质量指数来反映生境质量，指数越大，生境质量越高，计算公式如下：

$$Q_{xj} = H_j \left[1 - \left(\frac{D_{xj}^z}{D_{xj}^z + k^z} \right) \right] \tag{3-36}$$

其中，j 为生境类型，Q_{xj} 代表土地利用与土地覆盖 j 中栅格 x 的生境质量；D 为土地利用与土地覆盖 j 中栅格 x 所受胁迫水平；k 为半饱和常数，通常取 D_{xj} 最大值的一半；H_j 为土地利用与土地覆盖 j 的生境适宜性；z 为归一化常量，通常取值 2.5。D_{xj} 通过以下公式计算获得：

$$D_{xj} = \sum_{r=1}^{R} \sum_{y=1}^{Y_R} \left(\frac{W_r}{\sum_{r=1}^{R} W_r} \right) r_y \, i_{rxy} \, \beta_y \, S_{jr} \tag{3-37}$$

其中，R 为威胁因子；y 为威胁因子 r 栅格图层的栅格数；Y_R 为威胁因子所占栅格数；W_r 为威胁因子权重；r_y 为栅格 y 的威胁因子值（0 或 1）；i_{rxy} 为栅格 y 的威胁因子值 r_y 对生境栅格 x 的威胁水平，β_x 为栅格 x 可达性水平取值，取值区间为 0~1，1 表示极易达到；S_{jr} 代表生境类型 j 对威胁因子 r 的敏感程度。i_{rxy} 通过以下公式计算得到：

$$i_{rxy} = 1 - \left(\frac{d_{xy}}{d_{rmax}} \right) \tag{3-38}$$

其中，d_{xy} 是栅格 x 与栅格 y 之间的直线距离；d_{rmax} 是威胁因子 r 的最大影响距离。

运行生境质量模块所需的数据，包括土地利用覆被图、各期威胁因子图层、威胁因子的影响距离、生境对各威胁因子的敏感性、生境与威胁因子源的距离。

在生境质量模块中，确定生境所受到的威胁，以及其对各个威胁因子的敏感程度是模型运行成功的关键。根据 InVEST 模型实例以及已有研究，本书以景观生态学中的保护生物多样性为基本原则，确定一个生境类型的受威胁敏感度。一般来说，不考虑自然突发状况的情况下，人类活动是对森林生态系统影响最大的因素，因此，本书主要将人工环境、半人工环境列为威胁因子，参考 InVEST 模型实例以及其他学者（Sather et al., 2016; Foresman and Montanamissoula, 2001）的研究，最终选取耕地、城镇建设用地、离城镇距离、工业用地、公路、铁路等作为区域森林生态系统生物多样性的主要干扰因子，对各威胁因子的最大胁迫距离、权重、不同生境类型对威胁因子的敏感性进行赋值（见表 3-7、表 3-8）。

表 3-7　生态胁迫因子属性

威胁因子	最大胁迫距离	权重	权重距离衰减
耕地	2	0.4	线性衰减
离城镇距离	5	0.6	指数衰减
城镇建设用地	10	1	指数衰减
工业用地	12	1	线性衰减
公路	3	1	线性衰减
铁路	1	0.7	线性衰减

表 3-8　不同生境类型对不同胁迫因子的敏感度

林地类型	栖息地适宜性	耕地	离城镇距离	城镇建设用地	工业用地	公路	铁路
阔叶林，leaf-on	1	1	1	1	1	0.9	0.8
阔叶林，leaf-off	1	0.9	0.95	0.8	0.9	0.8	0.75
针叶林，leaf-off	1	0.5	0.55	0.7	0.5	0.4	0.3
混合叶林，leaf-on	1	0.5	0.55	0.7	0.5	0.4	0.3
灌木林，leaf-on	0.7	0.4	0.45	0.6	0.4	0.3	0.2

3.5.3　森林破碎化分析模型

景观的破碎化是土地利用变化最直观的表现。由于人类干扰和自然干扰（前者是主要原因），大型连片森林被划分成独立的小块（Lord and Noryon，1990；Li et al.，1993，2010），这种破碎化的现象目前已成为世界范围内环境高度恶化的一种形式。不同的干扰模式会造成不同形式的破碎化，相应地，对生物多样性的影响机制也存在差别（Riitters et al.，2002）。人类干扰所造成的破坏往往是不可逆的，而自然干扰通常难以预料。对动植物来说，栖息地的破碎会阻碍基因的交流，并增加近亲繁殖的可能性（Elgar and Clode，2001）。同时，栖息地破碎化也会改变物种生存的地理环境，减少它们生存和活动的空间，增加栖息地边界的数量，从而改变生态系统内部的能量平衡和物质流动，最终导致栖息地异质性的丧失（Cordeiro et al.，2015；Fuller，2001；García-Guzmán et al.，2016；Kikuchi et al.，2015；Olsoy et al.，2016；Saunders et al.，1991；Wickham et al.，2008）。此外，栖息地破碎化还会导致拥挤效应（碎片周围栖息地上的某些物种在碎片上增加，对碎片上的物种造成危害，促使其濒危）、边缘效应（碎片受到周围环境的影响，在碎片边缘形成一种受影响的区域，对碎片内的物种极为不利，减少碎片内部的有效面积）和隔离效应（一些需要季节性迁徙的物种可能会因碎片间的隔离而无法正常迁徙，导致种群濒危或灭绝）。破碎化对物种灭绝的影响是复杂的，但对生物多样性的消极影响却是显而易见的（Thiene et al.，2012）。

本书采用建立在移动窗口分析技术基础上的森林破碎化分析模型来刻画区域森林破碎化状态和趋势。该破碎化分析模型利用土地利用遥感影像中森林像元和其邻近像元边界的数量特征来定量描述森林破碎化。具体地，给定一奇数大小的移动窗口并使其中心定位于一森林像元（若中心像元为非森林像元，则跳过所有后续分析），然后计算该移动窗口内的两个森林指数 P_f、P_{ff}，并以此作为破碎化分析模型的基础（Wade et al.，2003；戎慧等，2012）。这里，P_f 定义为森林面密度，指在既定大小的窗口中森林像元占非缺失像元的比例；P_{ff} 定义为总体森林连接度，指在既定大小的窗口中，主方向上（上、下或左、右）相邻像元均为森林像元的像元对数占总像元对数（像元对中至少有一个森林像元）的比值。P_{ff} 可以粗略地衡量一个森林像元旁仍然是森林像元的可能性。在此假想的 5×5 的景观窗口中，黑色代表森林像元，白色代表非森林像元，缺失值用灰色表示。一旦两个指数计算完成并被写回中心像元，用如下的判别准则来实现中心森林像元破碎化归属成分的确定，即 $P_f = 1.0$ 时为内部森林；$P_f < 0.4$ 时为斑块森林；$P_f > 0.6$ 且 $P_f - P_{ff} > 0$ 为边缘森林；$P_f > 0.6$ 且 $P_f - P_{ff} < 0$ 为孔洞森林；$0.4 \leqslant P_f \leqslant 0.6$ 为过渡森林；$P_f > 0.6$ 且 $P_f - P_{ff} = 0$ 为未确定森林。上述过程通过 Arcpy 编程完成。在计算出各破碎化因子后，按照彩色合成的方法（P_{fa} 为红色，P_{ff} 为绿色，P_{fn} 为蓝色）建立森林破碎化干扰模式的空间分布特征（戎慧等，2012）。

3.6　多元 Logistic 回归模型

线性回归模型在定量分析中的应用非常普遍，然而在许多情况下，线性回归会受到限制。比如，当因变量是一个分类变量，而不是连续变量时，线性回归就不适用。分析分类变量通常采用的一种统计方法是对数线性模型，而对数线性模型的一种特殊形式是 Logistic 回归模型。具体来讲，就是当对数线性模型中的一个二分类变量被当作因变量并定义为一系列自变量的函数时，对数线性模型就变成了 Logistic 回归模型（王济川、郭志刚，2001）。Logistic 回归模型是土地利用变化研究中常用的模型，其特点在于将因变量的取值范围限定为离散变量，通过事件发生比表达土地类型变化的可能性，且可以灵活地通过转换阈值的设定来调整演化的结果。

多元 Logistic 回归模型用来描述自变量 x_{ki} 变化时，因变量的发生概率 p_i 会如何变化。我们假设 x 为自变量，p 为因变量的发生概率，则回归模型可表示如下：

$$\ln\left(\frac{p_i}{1 - p_i}\right) = \alpha + \sum_{k=1}^{k} \beta_k x_{ki} \tag{3-39}$$

其中，$p_i = P(y_i = 1 | x_{1i}, x_{2i}, \cdots, x_{ki})$ 表示在给定自变量 x_{1i}，x_{2i}，$\cdots$，x_{ki}时林地发生转换的概率，α 是常数项，β 是斜率。一个事件的发生概率是一个非线性的方程，其表达式如下：

$$p = \frac{\exp(\alpha + \beta_1 X_1 + \beta_2 X_2 + \cdots + \beta_n X_n)}{1 + \exp(\alpha + \beta_1 X_1 + \beta_2 X_2 + \cdots + \beta_n X_n)} \tag{3-40}$$

发生比率（Odds Ratio）用来对各种自变量（如连续变量、二分变量、分类变量）的 Logistic 回归系数进行解释。在 Logistic 回归中应用发生比率来理解自变量对时间概率的作用是最好的方法，因为发生比率在测量关联时具有一些很好的性质。发生比率用参数估计值的指数来计算：

$$odd(p) = \exp(\alpha + \beta_1 X_1 + \beta_2 X_2 + \cdots + \beta_n X_n) \tag{3-41}$$

在本书中，多元 Logistic 回归是用 SPSS17.0 统计软件的 Logistic 函数来操作完成的。Logistic 回归模型的预测能力通过得到最大似然估计的表格来评价，包括回归系数、回归系数估计的标准差、回归系数估计的 Wald χ^2 统计量和回归系数估计的显著性水平。正的回归系数值表示解释变量每增加一个单位值时发生比会相应增加。相反，回归系数为负值时说明增加一个单位值发生比会相应减少。Wald χ^2 统计量表示在模型中每个解释变量的相对权重，用来评价每个解释变量对事件预测的贡献力。

模型估计完成以后，需要评价模型有效地描述反映变量及模型配准观测数据的程度。用来进行拟合优度检验的指标有皮尔逊 χ^2、偏差 D 和 Homsmer-Lemeshow 指标（HL）等。当自变量数量增加时，尤其是将连续自变量纳入模型后，皮尔逊 χ^2、偏差 D 不再适用于估价拟合优度。在应用包括连续自变量的 Logistic 回归模型时，HL 是广为接受的拟合优度指标。因此，本书用 HL 指标进行土地利用变化的 Logistic 回归模型拟合优度检验。HL 指标统计显著表示模型拟合不好。相反，当 HL 指标统计不显著表示模型拟合好。HL 指标是一种类似于皮尔逊 χ^2 统计量的指标。

为了拟合模型，本书选用逐步模型选择法和概念模型法相结合的方法。在统计模型中，我们先选用概念模型中的解释变量，然后用逐步回归法选用主要的解释变量，最后基于饱和模型分析哪些变量对解释土地利用变化有明显贡献。

3.7　情景分析法

3.7.1　引言

　　情景分析法（Scenario Analysis）是在 1973 年能源危机后兴起的一种有效预测方法，预测各种态势的产生并比较分析可能产生影响的整个过程，其结果包括：对发展态势的确认，各态势的特性、发生的可能性发展路径的分析。一般而言，所谓情景（Scenarios）是指"一种表达清楚、内部一致、有一定可信度的对未来社会或世界各种条件和发展状况的描述"，是对未来某种特定发展态势的表达。从决策角度来看，情景是"对现状、未来存在的可能性和决策者对未来所期待的状态的描述"。

　　在区域土地利用变化的生态环境影响评价中，一般应考虑设定土地利用结构、环境影响和社会经济三类基本控制条件，这样就需要设定土地利用结构、环境和社会经济的未来情景。区域土地利用变化的生态环境影响研究需要人们考虑长远的变化，如需要考虑未来 10 年（甚至 20 年）的变化。从现在到规划期末如此长的时间内，各种经济与社会条件必然会发生很大的变化，包括一些可以预见的重大变化，如人口的增长、经济发展、需求进步和技术进步等。

　　设计可选择的数个未来情景的方法是环境影响评价中使用较为普遍的一种方法。在土地利用规划环境影响评价研究中，设计未来情景反映未来土地利用规划方案的环境影响具有重要作用。一个简单的说明就是经济发展和技术进步可以增加某一区域对土地利用结构环境影响的适应能力，从而减少该地区土地利用方式带来的环境影响。

　　可以看出，设定未来情景与预测是不同的。情景是建立在一定科学基础上的对未来各种社会经济及环境等条件的描述或假设。未来情景只能被看作是可能出现的某种未来条件。由于社会经济发展和土地利用/土地覆被变化的环境影响具有不确定性，所以土地利用规划方案的环境影响也具有不确定性。对于不确定性问题的研究，情景研究方法作为协助决策的工具，20 世纪 80 年代以后逐渐被用于协调保护与开发的矛盾，用在以可持续发展为目标的区域与环境管理及规划的实践中（Harms，1999；Martin et al.，2000）。

　　目前，国外的情景分析法应用研究主要集中在景观规划、土地利用、景观或土地利用变化、气候变化与生物多样性保护方面（Janet，2007；Jepsen and Topping，2005；Abildtrup et al.，2006）。如 Costanza 等对美国路易斯安那州的 Barataria 和 Terrebonne 盆地设计了 BTELSS 模型，对照 1956~1988 年的历史记录验证了模型，并在平均的气候模式和相对上升速度加倍的情况下模拟了盆地未来的状况，为不同的管理选择进行了三种情景预测。从研究尺度来看，大都以国家，甚至整个欧盟或欧洲为单元，宏观尺度研究较多（Janet，2007；Rob et al.，1998；Jana et al.，2007）。研究的切入点由最初的单一点，如经济、生态、环境、政策等逐渐演变成两者或多者结合（Jana，2007；Münier，2004），利用经济、政策等影响因素来构建模型，探讨生物多样性保护的情景研究逐渐成为发展的主流，反映了全球对生态环境与生物多样性保护的重视（Jepsen and Topping，2005；Annette，2007）。

国内的情景分析法应用研究主要集中在土地利用、土地利用变化、景观生态建设规划与全球气候变化评估方面（范泽孟等，2005；黄庆旭等，2006；段增强等，2006；李晓文，2001）。如范泽孟等（2005）基于栅格的土地覆盖边际转换模型，采用基于 HadCM3 A1FI、A2a、B2a 三种未来气候变化情景数据模拟获得的中国 HLZ 生态系统时空变化的系列栅格数据，运行模型后获得中国未来相应时段土地覆盖时空变化情景的系列数据。黄庆旭等（2006）模拟了中国北方 13 省未来 30 年在不同干旱化过程和社会经济情景共同影响下的区域土地利用结构的变化过程。段增强等（2006）建立一种土地利用情景分析方法，该方法以土地利用转换系统最小变动为原则，对不同土地利用的情景设置，利用线性目标优化的 Markov 链方法生成逐年土地利用面积转换矩阵和各土地利用类型的面积。张克锋等（2007）基于城镇化水平和 GDP 情景对中国未来 30 年的土地利用变化进行了模拟研究。

从国内外目前的研究进展来看，一方面，情景方案都是通过基于研究区域的现状，在一系列限制条件下，模拟预测研究区将来可能的变化情景来实现的；另一方面，情景方案的设计与模拟，多数须考虑如何把将来的可能情景落实到空间。对情景方案模拟的效果进行生态经济评价，是基于情景分析法研究区域土地利用变化的生态环境影响的最终目的，以此来比较和选择出科学合理的土地利用方式，用于指导实践工作。因此，情景分析方法是一种好的方法，它可能为区域土地利用变化的生态环境影响研究在方法上的突破提供有益参考。

3.7.2　基于情景分析法的区域土地利用变化生态效应评价框架

土地利用变化的生态效应情景分析适宜在不同尺度的区域内进行，涉及区域内的众多部门和团体，也需对多个目标进行综合分析和决策，体现出生态、环境、社会和经济目标的综合与集成。结合情景分析方法的特征和土地利用变化生态效应的概念，可以从范围的确定、生态环境问题诊断、目标设定、多种情景设计、情景模拟、环境影响情景分析、优选、反馈调整八个方面展开土地利用变化生态效应的情景分析研究（见图 3-4）。

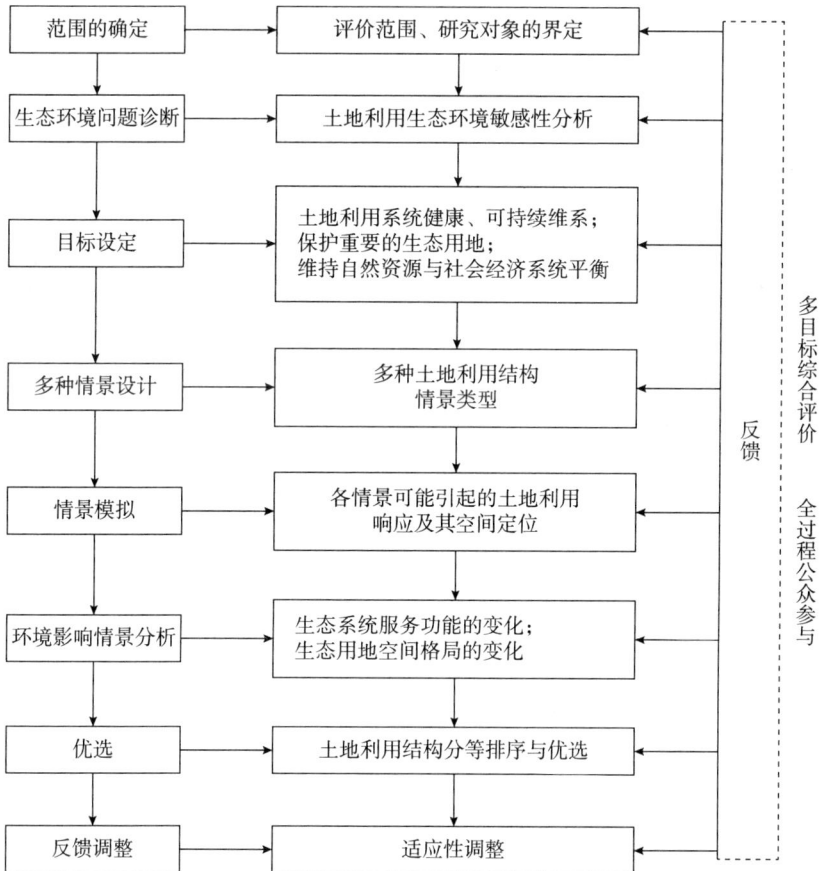

图 3-4 基于情景分析法的土地利用变化生态效应评价流程

资料来源：谢花林（2011）。

3.7.2.1 范围确定

对将要进行的土地利用变化生态效应评价的范围、研究对象进行界定。以区域（行政单元或非行政单元）的土地资源系统为核心层次，识别出不同层次的利益主体，分析评价管理区域与不同尺度上区域背景的关系。

3.7.2.2 生态环境问题诊断

在详细了解区域土地利用结构和功能的基础上，分析区域土地利用/覆被的时空变化，同时对区域人类活动干扰进行回顾性评价、对土地利用生态环境的敏感性进行评价，识别其环境变化的驱动因素和干扰因子。其中，识别自然因素和人为干扰所造成的区域土地利用变化的机理最为关键。

3.7.2.3 目标设定

根据土地利用变化生态效应的要素分析，确定评价管理目标。如恢复和维持区域土地利用系统的健康、可持续性，进而恢复和维持系统的自然环境和生态学的过程；保护好区域重要的生态用地；维持自然资源与社会经济系统间的平衡，协调好区域资源开发与保护的矛盾，从而实现区域长期可持续发展。

3.7.2.4 土地利用结构情景设计

根据社会经济未来的情景，依据土地资源利用的适宜性、公众和利益相关者的意愿，设计以经济发展、生态环境保护等为侧重的土地利用结构情景方案。

3.7.2.5 情景模拟

根据各种土地利用结构的情景类型，分别分析其可能引起的土地利用响应及其空间定位。

3.7.2.6 环境影响情景分析

区域生态经济价值变化分析。在承载力的约束下，通过评估和比较各土地利用空间配置情景的经济产出、生态服务功能价值和环境成本，以明确生态经济价值产出最优方案。分析各种土地利用结构情景类型的土地生态用地空间格局的变化。

3.7.2.7 对策与建议

根据对目标实现程度的评估，通过收集新信息，提出土地利用结构的调整方案，并反馈修正整个评价管理流程和对策。

第 4 章

研究区概况

　　兴国县隶属江西省赣州市，建县历史悠久。秦汉时期兴国分别归属九江郡和豫章郡，至三国时期兴国县正式建县称平固县，至今已有 1800 年历史，是全国著名的苏区模范县、红军县、烈士县和誉满中华的将军县。兴国县资源丰富，物产富饶。矿产资源方面，已探明储量较大的有萤石、石灰石、高岭土、金、钨、钼等 20 多种，是赣州氟化工基地；农林资源方面，盛产脐橙、茶油、生猪、灰鹅等。兴国县交通便捷，区位优越，位属赣州市一小时城市经济圈，距赣州黄金机场、井冈山机场均 1 小时路程；可通过京九、浙赣铁路与长江三角洲进行经济联系，境内有 319 国道、兴赣高速和泉南高速公路经过，距昆厦高速公路 40 公里。近年来，兴国县大力弘扬苏区模范光荣传统，与时俱进，开拓创新，实现了全县经济社会各项事业的全面健康较快发展。

4.1　地理位置

　　兴国县位于江西省中南部，赣州市北部，地处东经 115°01′~115°51′，北纬 26°03′~26°41′，东倚宁都，东南邻于都，南连赣县，西邻万安，西北界泰和，北毗吉安市青原区、永丰，连接吉泰盆地，距赣州市 82 千米、省会南昌 346 千米。全县辖 25 个乡镇、1 个经济开发区、304 个行政村、8 个城市社区，位于北部山区的乡镇有枫边乡、崇贤乡、良村镇、南坑乡、兴江乡、方太乡、城岗乡、兴莲乡、古龙岗镇、梅窖镇和樟木乡，中部位于盆地的乡镇有鼎龙乡、高兴镇、潋江镇、长冈乡、江背镇、杰村乡、埠头乡、龙口镇、社富乡、永丰乡、东村乡和隆坪乡，西部山区有均村乡和茶园乡，其中县政府驻潋江镇（见图 4-1）。全县国土总面积 3212.77 平方千米，总人口 86 万。

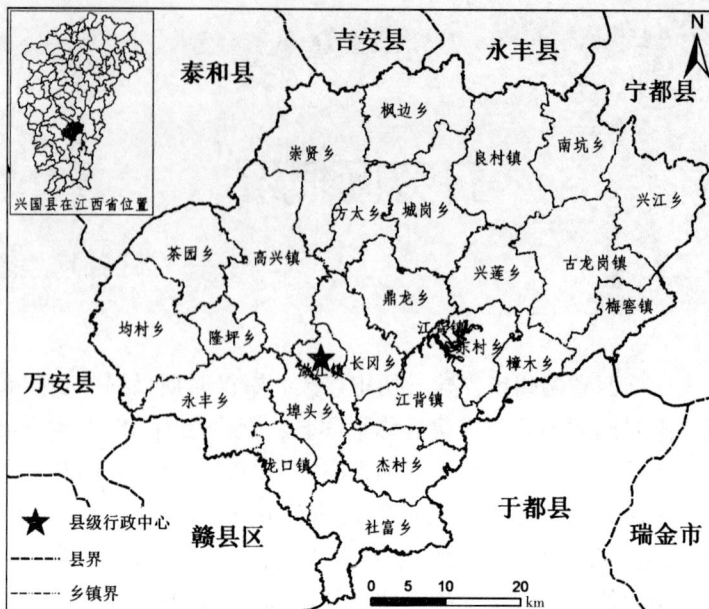

图 4-1 研究区行政区划示意图

4.2 自然环境概况

兴国县东西长 84 千米，南北宽 71.5 千米，地貌以低山、丘陵为主，局部有中山、低山，属江西的山区县。雩山支脉绵延全境，东西北三面环山，中南部丘陵亘绵。南部最低处是龙口镇睦埠村，海拔 127.9 米；北部最高处为枫边乡大乌山，海拔 1204 米；东部、西部高山，海拔均在 1000 米以上；地势由东北西边缘逐渐向中南部倾斜，形成以县城为中心的小盆地（见图 4-2）。

水资源概况：全县水资源总量 76.3 亿立方米。境内河流密布，流域面积 10 平方千米以上的河流有 53 条，主要干流 788.6 千米，河网密度为每平方千米 0.23 千米，县内河流主要属赣江贡水支流的平固江水系，以及孤江、良口河、梅江、云亭河，共五大水系，干流 788.6 千米。全县多年平均径流总量 26.87 亿立方米，可开发利用的水能资源 29162 千瓦，全部开发年发电量可达 1.02 亿度。另外，全县还有 10 万亩优质水面，十分适合发展水面养殖。建有大型水库长冈水库，总库容为 36580 立方米，兼顾发电、灌溉和养殖等综合效益。

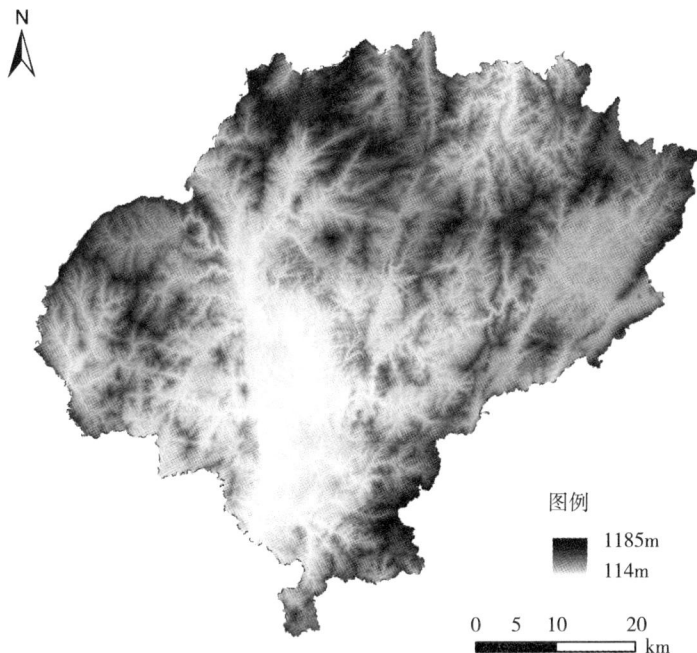

图 4-2　兴国县地形示意图

资料来源：地理空间数据云（www. gscloud. cn）。

森林资源概况：全县森林覆盖率为 72.2%，木材蓄积量 296 万立方米，毛竹蓄积量 880 多万根。林木常见树种有 384 种，按用途可分为三大类：一是用材林。主要有杉树、松树、樟树、枫树、泡桐、木荷、榕树、黄檀、毛竹等数十种。全县现有用材林 120 万亩、毛竹 3 万亩可供开发。二是经济林。主要树种有油茶、茶叶、水果、板栗、山苍子、山桐子、乌桕等十多种。其中油茶林达 100 万亩，被称为"江南绿色油库"。三是薪炭林。主要有马尾松、白栎、青皮木等。此外，还有被称为"活化石"的银杏，以及楠木、福建柏、花榈木等珍贵稀有树种。

矿产资源概况：兴国矿产资源丰富，目前已探明有一定储量的矿种就有 25 种，矿床矿化点 160 余处。主要矿种有金、钨、稀土、铅锌、铌钽、铀、铁、硫铁、萤石、石灰石、白云石、花岗石、硅石、水晶、高岭土、钾长石、泥炭、水海石、软玉、石棉、煤、矿泉水等，其中萤石储量和品位在全国居重要地位，石灰石、花岗石储积量均居江南县市之首，瓷土储积量居华东之冠，高岭土储量高达 2000 万吨。

气候条件概况：兴国属亚热带季风湿润气候，气候温和，雨量充沛，日照充足，四季分明，年平均气温18.8度，日照1926.5小时，无霜期284天，降雨量1560毫米，适宜各种农作物生长。一般4月至6月为汛期，占全年降水量的48.5%，10月至次年2月降水量较少，年降雨量从2000年至2017年有小幅度增加的趋势。

土壤条件概况：兴国县山地土壤为千枚岩、花岗岩、石英岩、红砂岩、第四纪红壤发育形成的山地黄壤、红壤。

动植物概况：兴国县属中亚热带季风气候区，植被类型属于落叶常绿阔叶混交林，有种子植物116种，其中木本植物65种，草本植物51种。全县活木蓄积量7120537立方米，活立竹7907072根。在动物地理区划上，兴国县属于东洋界华中区，有鸟类56种、爬行类18种、哺乳动物21种、两栖类动物12种、鱼类35种。

4.3　社会经济概况

2019年，兴国县实现地区生产总值1915773万元，按可比价格计算增长8.4%。其中第一产业316401万元，增长3.4%；第二产业609666万元，增长7.9%；第三产业989706万元，增长10.5%。全县人均地区生产总值24549元，按可比价格计算增长4.5%。三次产业结构为16.52∶31.82∶51.66，第三产业占据主导地位。2019年兴国全县实现农林牧渔业总产值510456万元，同比增长3.24%。其中：农业产值246864万元；林业产值54132万元；牧业产值140786万元；渔业产值51363万元；农林牧渔服务业产值17329万元。2019年全县农村居民人均可支配收入11909元；全县城镇居民人均可支配收入30248元。

近年来，兴国县狠抓环境保护，释放绿色发展红利。打赢蓝天碧水净土保卫战及关键领域污染防治攻坚战，PM2.5浓度年均值控制在29.9微克/立方米以内、空气质量优良天数达93.8%以上、出境断面水水质及集中饮用水水源水质达标。通过实施生态环保基础设施建设三年行动计划，加快推进垃圾焚烧发电厂、污水及固体废弃物处理设施等项目建设。同时，推动生态修复，以长江经济带"共抓大保护"行动为统领，全面推进生态多样性保护、废弃矿山水保综合治理、湿地保护修复、森林质量提升工程，完成低质低效林改造13.88万亩、治理水土流失面积38平方千米，推进山水林田湖草综合治理。通过健全生态保护机制，深入实施河长制、湖长制、林长制，完善生态环境保护协同治理机制，创新林权抵质押贷款制度改革，探索开展公益林、天然商品林补偿收益质押贷款。通过实施乡村振兴战略，兴国县完成高标准农田建设 2.3545 万亩，确保粮食播种面积达到 81.14 万亩，总产量稳定在 2.715 千克。

4.4　土地利用概况

中国科学院资源环境科学与数据中心统计显示，2015 年，兴国县土地总面积为 3212.77 平方千米，其中兴国县耕地面积为 544.06 平方千米，占总面积的 16.93%；林地面积为 2426.08 平方千米，占总面积的 75.51%；草地面积为 185.22 平方千米，占总面积的 5.77%；水域面积为 31.96 平方千米，占总面积的 0.99%；建设用地面积为 24.92 平方千米，占总面积的 0.78%；未利用地面积为 0.53 平方千米，占总面积的 0.017%（见图 4-3）。可以看出，兴国县主要的土地利用类型为耕地和林地，占到总面积的 80% 以上。因此，要重点保护耕地资源和林地资源不被破坏，充分挖潜其功能潜力，发挥耕地增加粮食作物和经济作物产出、保证粮食安全的优势，发挥林地在涵养水源、保持水土、净化空气、截流降水以及保护生物多样性方面的优势。

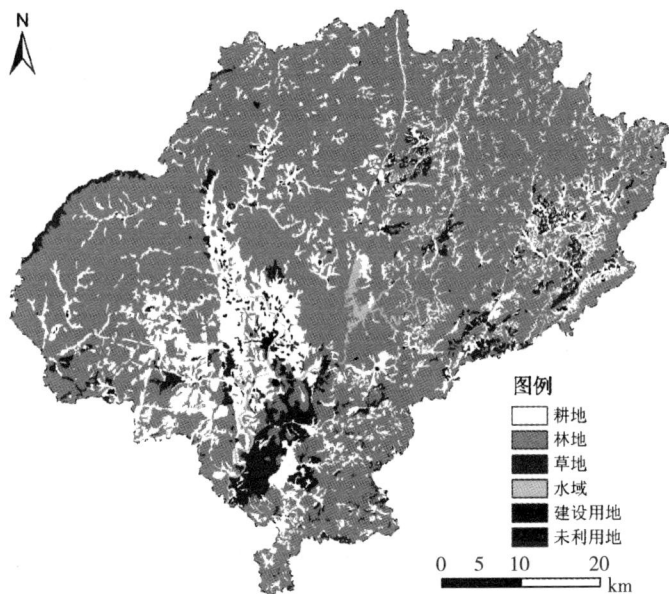

图 4-3　兴国县 2015 年土地利用类型示意图

资料来源：中国科学院资源环境科学与数据中心（www.resdc.cn）。

第 5 章

土地利用动态变化特征分析

5.1 引言

土地利用/土地覆被变化（LUCC）研究在全球气候变化、粮食安全、土壤退化和生物多样性等关键问题研究中发挥着越来越重要的作用（李秀彬，1996），是全球变化与可持续发展研究的重要组成部分（张宇硕等，2020）。在国际地圈与生物圈计划（IGBP）和全球变化人类影响计划（IHDP）共同制定土地利用/土地覆被变化科学研究计划后，国内外对 LUCC 的研究达到了新的高度，遥感技术的革新和进步也使 LUCC 的研究进入了崭新的技术时代。土地利用/土地覆被变化对景观格局有巨大的影响，景观是由以类似方式重复出现的、相互作用的若干生态系统的聚合所组成的异质性土地地域（Forman and Gordon，1986）。景观本身是人类经济活动的资源和开发利用的对象，人类的经济开发活动主要是在景观层面上进行，因而景观成为研究人类活动对环境影响的适宜尺度（彭建等，2004；谢花林，2008）。景观格局是景观异质性的具体体现，又是各种生态过程在不同尺度上长期作用的结果（邬建国，2000b）。景观格局影响生态学过程（种群动态、动物行为、生物多样性、生态生理和生态系统过程等）（Risser et al.，1984；Pickett，1995；Turner，1989；邬建国，2000b），景观格局及其变化是自然和人为等多种因素相互作用的结果，影响着区域的生态过程和边缘效应（陈利顶，1996；邬建国，2000；许慧和王家骥，1993）。土地利用和土地覆被变化可以发生在任意空间尺度上，而景观格局变化是 LUCC 最直观的标志，认识土地利用变化与景观格局之间的作用机制对区域土地资源的可持续利用和受损生态系统的恢复与重建具有重要理论和现实意义（冯异星等，2010）。景观指数具有高度浓缩景观格局信息的功能，因此被广泛应用于景观格局分析（朱东国等，2017）。常用的景观指数包括三个水平层次：斑块水平指数、类型水平指数以及景观水平指数，运用不同层次的指数能够定量描述不同水平的景观格局，从而对其组成、结构、特征以及功能的差异进行探究（Li and Wu，2004）。

土地利用景观格局在空间上表现为不同土地利用类型斑块的镶嵌，反映了土地利用生态过程的作用结果（吴波和慈龙骏，2001）。探讨土地利用景观格局的特征及其演化，是深刻理解人类活动与自然环境相互关系的重要途径，是解决当前人—地矛盾，促进人—地和谐，实现可持续发展的重要突破口（彭保发等，2013）。目前，土地利用景观格局相关研究已经成为 LUCC 的核心研究内容，也成为全球变化研究的前沿和热点领域（Pijanowski and Robinson，2011；Bajocco et al.，2012）。2005 年，全球土地计划（Global Land Project，GLP）将建立"人—地耦合系统"作为研究目标，将土地利用变化的驱动机制和生态环境后果作为重点研究内容（王祺等，2014），尤其重视人类活动最为频繁的城市地域的土地景观的研究（胡学东和邹利林，2020；田雨等，2019）以及典型区域与热点地区土地利用景观格局演变的研究，涵盖水域（樊凯等，2018；程舒鹏等，2020）、湿地（井云清等，2017）、平原（刘吉平等，2014）、三角洲（年雁云等，2015）、盆地（任志远和张晗，2016）等，国产高分影像成为相关研究的重要数据来源（袁静文等，2020），研究结果也更多地被应用于生态红线划定等实际需求上来（燕守广等，2020）。

本章采用景观格局指数分析兴国县土地利用变化及其景观空间格局的动态特征，有助于探讨景观格局和土地利用变化间的关系，解释土地利用及其景观格局变化的规律和机制，可为人类定向影响生态环境并使之向良性方向演化提供依据。

5.2　数据来源和研究方法

5.2.1　数据来源

本章中兴国县 1995 年、2005 年和 2015 年的土地利用数据来源于中国科学院资源与环境科学数据中心，数据形式为栅格格式，格网单位为 100m×100m。土地利用类型主要包括耕地、林地、草地、水域、建设用地和未利用地 6 个一级类和 16 个二级类。

5.2.2　研究方法

5.2.2.1　景观格局动态度分析

土地利用景观空间格局的动态变化主要可以利用景观空间格局的动态度以及景观类型的转移矩阵来分析。景观空间格局的动态度主要利用研究末期与研究初期景观类型的面积之差与研究时段的比来分析某段时期内的景观类型变化状况。景观空间格局转移矩阵主要用于分析各景观类型的变化程度，包括某一景观类型转出与转入的状况，从而直接刻画出各景观类型的变化方向与特征。公式分别如下：

$$Z = \frac{W_b - W_a}{W_a} \times \frac{1}{T} \times 100\% \tag{5-1}$$

其中，Z 为研究时段内某一景观类型的动态度；W_b 为研究末期该类景观类型的面积；W_a 为研究初期该类景观类型的面积；T 为时间跨度，当 T 的时段设定为年时，Z 的值就是该地区某一景观类型的年平均变化率。

5.2.2.2　景观类型转移概率矩阵

在景观类型转移矩阵的基础上，建立景观类型转移概率矩阵描述景观类型的变化剧烈程度，公式为：

$$Q_{ij} = \sum_{ij}^{n} \left[\frac{dE_{i-j}}{E_i} \right] \times 100\% \tag{5-2}$$

其中，E_i 为研究初期第 i 类景观类型总面积；dE_{i-j} 为研究时段内第 i 类景观类型转化为第 j 类景观类型的面积总和；n 为研究区发生变化的景观类型数量，Q_{ij} 为研究时段内第 i 类景观类型转化为第 j 类景观类型的转移概率。

5.2.2.3　景观类型转入/转出贡献率

转移矩阵的方法描述了不同景观类型自身变化的情况，为了充分体现出景观格局中不同类型景观的地位和作用信息，对比分析各景观类型转入和转出的空间格局和数量特征，本书引入景观类型转入/转出贡献率。

（1）景观类型转入贡献率。

景观类型转入贡献率表示为：

$$L_{ii} = \sum_{j=1}^{n} S_{ji} / S_t \tag{5-3}$$

其中，L_{ii} 为除第 i 类外的其他景观类型为第 i 类景观类型转入的面积占景观面积总转移发生量的比例；S_{ji} 为第 j 种景观类型向第 i 种景观类型转移的面积；S_t 为景观类型转移的总面积；n 为景观类型的数量（下同）。L_{ii} 可以用于比较不同景观类型在景观动态变化转入过程中面积增量分配的差异。

（2）景观类型转出贡献率。

景观类型转出贡献率表示为：

$$L_{0j} = \sum_{j=1}^{n} S_{ij} / S_t \tag{5-4}$$

其中，L_{0j} 为第 i 类景观向除第 i 类外的其他景观类型转移的面积占景观面积总转移发生量的比例；S_{ji} 为第 i 种景观类型向第 j 种景观类型转移的面积。L_{0j} 可用于比较不同景观类型在景观动态变化转出过程中面积减量分配的差异。

5.2.2.4 景观格局指数分析

景观空间格局的指数主要从斑块、斑块类型和景观三个角度进行衡量，后两者主要是从中观和宏观的角度对景观格局进行分析。本章的研究主要从后两者的角度在 FRAGSTATS 4.2 软件的技术支持下，参照 FRAGSTATS 4.2 的操作手册在相应的 Analysis Parameters 下的 No Sampling 选择斑块类型和景观的各指标类型进行分析，从而得到指标的数值。在斑块类型级别中主要选取斑块数量（NP）、斑块密度（PD）、最大斑块指数（LPI）、边缘密度（ED）、周长—面积分形维数（PAFRAC）、散布与分列指数（IJI）、斑块结合度指数（COHESION）、分离度（SPLIT）、聚集度（AI）9 个指标。景观指标则主要选取斑块数量（NP）、斑块密度（PD）、最大斑块指数（LPI）、边缘密度（ED）、周长—面积分形维数（PAFRAC）、蔓延度指数（CONTAG）、分离度（SPLIT）、聚集度（AI）、散布与分列指数（IJI）9 个指标，各指标的含义如表 5-1 所示。

表 5-1 景观指数

景观指数	公式	含义
斑块数量	$NP = N$	NP 越高，代表破碎程度越高，反之则破碎程度越低
斑块密度	$PD = \dfrac{N}{A}$	PD 值越大，代表斑块的破碎程度越高；PD 值越小，代表破碎程度越低

景观指数	公式	含义
最大斑块指数	$$LPI = \frac{\max\ (a_1,\ \cdots,\ a_n)}{A}$$	反映的是最大斑块对整个景观的影响程度。LPI 值越小，表示某种景观类型所代表的最大斑块面积越小
边缘密度	$$ED = \frac{\sum\limits_{k=1}^{m} z_{ik}}{A}$$	ED 值表示的是斑块的边界数量，可以反映出景观类型的复杂程度
周长—面积分形维数	$$\ln\ (P/4) = k\ln\ (A)\ +c,\ FD = 2k$$	分形维数越大，代表其受人类的干扰程度越大，反之则越小
散布与并列指数	$$IJI = \frac{-\sum\limits_{k=1}^{m}\left[(\frac{e_{ik}}{\sum\limits_{k=1}^{m} e_{ik}})\ln(\frac{e_{ik}}{\sum\limits_{k=1}^{m} e_{ik}})\right]}{\ln(m-1)}$$	IJI 越大，表示与周围各类型斑块的邻接程度越好，反之则代表仅与少数几种类型的斑块相接
斑块结合度指数	$$COHESION = \left[1 - \frac{\sum\limits_{j=1}^{m} P_{ij}}{\sum\limits_{j=1}^{m} P_{ij}\ \sqrt{a_{ij}}}\right]\left[1 - \frac{1}{\sqrt{A}}\right]^{-1} \times (100)$$	COHESION 值越大，代表斑块之间的结合程度越高，反之则越小
分离度	$$SPLIT = \frac{A^2}{\sum\limits_{j=1}^{m} a_{ij}^{\ 2}}$$	SPLIT 代表分散程度，其值越大，表示分散程度越大，反之则越小
聚集度	$$AI = \left[\frac{g_{ii}}{\max \rightarrow g_{ii}}\right] \times (100)$$	AI 值表示的是斑块间的聚集程度。AI 值越大表示斑块间的聚集程度越大，反之越小
蔓延度指数	$$CONTAG = 1 + \frac{\sum\limits_{i=1}^{m}\sum\limits_{k=1}^{m}\left[(P_i)\left(\frac{g_{ik}}{\sum\limits_{k=1}^{m} g_{ik}}\right)\right]\left[\ln(P_i)\left(\frac{g_{ik}}{\sum\limits_{k=1}^{m} g_{ik}}\right)\right]}{2\ln(m)}$$	CONTAG 反映了不同类型的斑块之间的聚集程度，值越高，表示各类型斑块之间的连接程度越好

5.3 结果与分析

5.3.1 各土地利用类型动态变化特征分析

利用 ArcGIS10.2 对兴国县 1995 年、2005 年和 2015 年三个时期的数据进行相互掩膜叠加分析，可以得出 1995~2015 年的土地利用动态变化情况，基于不同类型土地利用的转入及转出数量进行分析，可以得到土地利用类型的转移矩阵，以及不同土地利用类型分别在三个时期的所占面积及构成比例，具体结果如表 5-2 至表 5-7 所示。

表 5-2 1995 年、2005 年、2015 年兴国县土地利用类型所占面积及构成比例

单位：平方千米,%

用地类型	1995 年		2005 年		2015 年	
	面积	构成比例	面积	构成比例	面积	构成比例
耕地	536.82	16.708945	543.23	16.908462	544.06	16.934296
林地	2423.15	75.422454	2428.69	75.594891	2426.08	75.513653
草地	199.5	6.209594	186.54	5.806204	185.22	5.765118
水域	31.43	0.978283	31.87	0.991978	31.96	0.994780
建设用地	21.33	0.663913	21.9	0.681654	24.92	0.775654
未利用地	0.54	0.016807	0.54	0.016807	0.53	0.016496
总计	3212.77	100	3212.77	100	3212.77	100

表 5-3 1995 年、2005 年兴国县土地利用转移矩阵

单位：平方千米,%

1995 年	2005 年						
	耕地	林地	草地	水域	建设用地	未利用地	总计
耕地	532.33	3.4	0.37	0.26	0.46	0	536.82
百分比	99.163593	0.633359	0.068924	0.048433	0.085690	0	100.00

1995 年	2005 年						
	耕地	林地	草地	水域	建设用地	未利用地	总计
林地	0.33	2422.66	0.14	0.02	0	0	2423.15
百分比	0.013619	99.979778	0.005778	0.000825	0	0	100
草地	10.5	2.62	186.03	0	0.35	0	199.50
百分比	5.263158	1.313283	93.248120	0	0.175439	0	100
水域	0	0	0	31.43	0	0	31.43
百分比	0	0	0	100	0	0	100
建设用地	0.07	0.01	0	0.16	21.09	0	21.33
百分比	0.328176	0.046882	0.000000	0.750117	98.874824	0.0	100
未利用地	0	0	0	0	0	0.54	0.54
百分比	0	0	0	0	0	100	100
总计	543.23	2428.69	186.54	31.87	21.9	0.54	3212.77

表 5-4 2005 年、2015 年兴国县土地利用转移矩阵

单位：平方千米，%

2005 年	2015 年						
	耕地	林地	草地	水域	建设用地	未利用地	总计
耕地	469.33	61.54	7.19	1.4	3.77	0	543.23
百分比	86.39619	11.32853	1.323565	0.257718	0.693997	0	100
林地	62.97	2353.93	6.61	2.58	2.56	0.04	2428.69
百分比	2.592756	96.9218	0.272163	0.10623	0.105407	0.001647	100
草地	7.5	7.64	171.01	0.2	0.19	0	186.54
百分比	4.020585	4.095636	91.67471	0.107216	0.101855	0	100
水域	1.59	2.18	0.32	27.71	0.07	0	31.87
百分比	4.989018	6.840289	1.004079	86.94697	0.219642	0	100
建设用地	2.67	0.74	0.09	0.07	18.33	0	21.9
百分比	12.19178	3.378995	0.410959	0.319635	83.69863	0	100
未利用地	0	0.05	0	0	0	0.49	0.54

2005 年	2015 年						
	耕地	林地	草地	水域	建设用地	未利用地	总计
百分比	0	9.259259	0	0	0	90.74074	100
总计	544.06	2426.08	185.22	31.96	24.92	0.53	3212.77

表 5-5 1995~2015 年兴国县土地利用转移矩阵

单位：平方千米,%

1995 年	2015 年						
	耕地	林地	草地	水域	建设用地	未利用地	总计
耕地	459.31	64.47	7.33	1.59	4.12	0	536.82
百分比	85.56127	12.00961	1.365448	0.296189	0.767483	0	100
林地	62.89	2348.38	6.7	2.59	2.55	0.04	2423.15
百分比	2.595382	96.91435	0.2765	0.106886	0.105235	0.001651	100
草地	17.74	10.27	170.78	0.2	0.51	0	199.5
百分比	8.892231	5.14787	85.60401	0.100251	0.255639	0	100
水域	1.53	2.16	0.3	27.37	0.07	0	31.43
百分比	4.867961	6.872415	0.954502	87.08241	0.222717	0	100
建设用地	2.59	0.75	0.11	0.21	17.67	0	21.33
百分比	12.14252	3.516174	0.515706	0.984529	82.84107	0	100
未利用地	0	0.05	0	0	0	0.49	0.54
百分比	0	9.259259	0	0	0	90.74074	100
总计	544.06	2426.08	185.22	31.96	24.92	0.53	3212.77

表 5-6 1995~2015 年兴国县土地利用类型转出—转入贡献率

单位：平方千米,%

用地类型	1995~2005 年				2005~2015 年			
	转入面积	转入贡献率	转出面积	转出贡献率	转入面积	转入贡献率	转出面积	转出贡献率
耕地	10.90	58.32	4.49	24.02	74.73	43.46	73.90	42.97

续表

用地类型	1995~2005 年				2005~2015 年			
	转入面积	转入贡献率	转出面积	转出贡献率	转入面积	转入贡献率	转出面积	转出贡献率
林地	6.03	32.26	0.49	2.62	72.15	41.95	74.76	43.47
草地	0.51	2.73	13.47	72.07	14.21	8.26	15.53	9.03
水域	0.44	2.35	0.00	0.00	4.25	2.47	4.16	2.42
建设用地	0.81	4.33	0.24	1.28	6.59	3.83	3.57	2.08
未利用地	0.00	0.00	0.00	0.00	0.04	0.02	0.05	0.03
总计	18.69	100.00	18.69	100.00	171.97	100.00	171.97	100.00

表 5-7　1995~2015 年兴国县土地用地类型的转移动态度　　　　单位:%

用地类型	1995~2005 年	2005~2015 年	1995~2015 年
耕地	0.119407	0.015279	0.067434
林地	0.022863	−0.01075	0.006046
草地	−0.64962	−0.07076	−0.35789
水域	0.139994	0.02824	0.084314
建设用地	0.267229	1.378995	0.841538
未利用地	0	−0.18519	−0.09259

　　在耕地变化方面：兴国县的耕地面积较为稳定，呈增长态势，由 1995 年的 536.82 平方千米上升到 2005 年的 543.23 平方千米，2015 年又上升到 544.06 平方千米，构成比例由 1995 年的 16.708945% 上升到 2005 年的 16.908462%，2015 年又上升到 16.934296%，如表 5-2 所示。从表 5-7 土地用地类型转移的动态度变化情况来看，1995 年至 2005 年耕地的增长速度较 2005 年至 2015 年的增长速度要快。由土地利用转移矩阵可以看出（见表 5-3、表 5-4、表 5-5），耕地的转出类型主要为林地，1995~2005 年中转出了 3.4 平方千米，2005~2015 年转出了 61.54 平方千米。耕地转出为建设用地的面积较少，1995~2005 年仅有 0.46 平方千米，2005~2015 年转出 3.77 平方千米。从耕地面积在 1995~2015 年的变化来看，耕地转入转出面积最多的均为林地，这说明兴国县在实施退耕还林还草等生态建设的同时，出于耕地保护目的也有大量林地被开发为耕地，较多耕地转变为

林地也说明当地的耕地存在撂荒等边际化现象。从表5-6所示的耕地转入贡献率和转出贡献率来看，1995～2005年的转入贡献率大幅超过转出贡献率，转入贡献率为58.32%，为所有土地类型的最大值，转出贡献率则为24.02%，低于草地的转出贡献率；2005～2015年的转入和转出贡献率较为平衡，分别为43.46%和42.97%。

在林地变化方面：兴国县地处赣南丘陵山区，森林覆盖率高，林地无论是在面积和构成比例上都相对较大。其构成比例在1995年、2005年和2015年均超过75%，分别为75.422454%、75.594891%和75.513653%，1995～2005年林地面积有少许增长，由2423.15平方千米上升至2428.69平方千米，2005～2015年面积有所下降，2015年林地面积为2426.08平方千米。由土地利用类型转移矩阵可以看出，耕地和林地为兴国县土地利用类型转移变化的优势类型。1995年至2015年林地向耕地转移面积62.89平方千米，耕地向林地转移面积64.47平方千米。分时段看，1995～2005年林地的动态较不明显，2005～2015年林地的转移流（转移方向和转移数量）十分剧烈，主要转入数量和转出数量均来自于耕地。林地面积一直位于兴国县土地利用类型面积的首位，这除了与兴国县自然本底优势和自然条件适合于林木增长之外，还与江西省作为国家级生态文明试验区，一直重视生态环境保护，"山江湖工程"等生态保护工程的实施需要大量森林资源的支持有关。虽然林地景观一直为兴国县的优势景观，但随着社会经济的不断发展，其也不可避免会面临林地面积减少的风险。首先，耕地面积的扩张会使大量自然条件优越的林地被开垦为耕地；其次，随着城镇化率的提高，城镇周边的林地也会在一定程度上遭受破坏；最后，兴国县的林地大多为单一的林业树种，结构不合理，其生态脆弱度较高。可见，地方政府仍需重视林地的保护。

在草地变化方面：草地是兴国县各土地利用类型中所占面积较小的一种土地利用类型。其面积所占比例在1995年、2005年、2015年这三年分别为6.209594%、5.806204%、5.765118%，且根据土地利用动态度变化情况（见表5-7）可以看出，草地的减少速率较快，1995～2005年、2005～2015年、1995～2015年变化率分别为-0.64962%、-0.07076%和-0.35789%。由土地利用转移矩阵可以看出，草地主要被耕地、林地所占用。草地在1995～2005年耕地转移面积10.5平方千米，向林地转移面积2.62平方千米；2005～2015年草地向耕地和林地转移的面积为7.5平方千米和7.64平方千米。由土地利用类型转入—转出贡献率表（见表5-6）可以看出，1995～2005年转入转出贡献率的差值接近70%，2005～2015年情况有所好转，转入转出贡献率差值较为平衡，但草地面积仍在萎缩。草地为畜牧业发展提供了丰富的物质基础，是涵养水源、减少水土流失和江河泥沙淤积、维护生态平衡的重要生态屏障。近年来，很多草地被开发成旅游资源，导致草地面积减少；同时，一些村镇周边、邻近公路的低丘陵草地又容易被开垦为耕地，从事经济作物生产；耕地、林地多列入保护范围，利用报批难度大、成本高，因此在建设占用时和耕地开发时往往优先考虑草地。草地面积的大量减少或草地的过度利用使草地植被退化、地表裸露，对区域生态安全的影响不容忽视。

在水域方面：兴国县的水域面积在 1995~2015 年十分稳定，1995 年、2005 年和 2015 年三个时期的水域面积依次为 31.43 平方千米、31.87 平方千米和 31.96 平方千米（见表 5-2）。从土地利用类型转移动态度来看（见表 5-7），兴国县水域面积 1995~2015 年的平均变化率为 0.084314%，1995~2005 年的变化率为 0.139994%，2005~2015 年的变化率为 0.02824%。由土地利用转移矩阵可以看出，水域主要转变为耕地和林地，林地为主要占用类型，占用发生在 2005~2015 年，其中林地占用 2.18 平方千米，耕地占用 1.59 平方千米，转入类型同样也为林地和建设用地。从土地利用类型转入—转出贡献率（见表 5-6）看，1995 年至 2005 年的转入贡献率为 2.35%，转出贡献率为 0；2005~2015 年的转入贡献率为 2.47%，转出贡献率为 2.42%。兴国县水域面积基本没有被建设用地所占用，也从侧面反映当地生态环境状况良好。

在建设用地方面：随着社会经济的不断发展，建设用地面积不可避免地呈现逐渐增长的态势，1995 年、2005 年和 2015 年三个时期的建设用地面积为 21.33 平方千米、21.9 平方千米和 24.92 平方千米。1995~2015 年建设用地面积增加 3.59 平方千米。从土地利用类型转移动态度（见表 5-7）可以看出，建设用地的增长速度是所有土地利用类型中增长最快的，1995~2005 年的平均变化率为 0.267229%，2005~2015 年的平均变化率为 1.378995%，1995~2015 年的平均变化率为 0.841538%，2005~2015 年的土地利用类型转移动态度远高于 1995~2005 年，建设用地的增长速度在逐渐加快。根据土地利用转移矩阵（见表 5-3、表 5-4 和表 5-5）可以看出，耕地作为建设用地的优势转化类，其对建设用地的转入贡献率是最高的，1995~2005 年和 2005~2015 年耕地转化为建设用地的面积分别为 0.46 平方千米和 3.77 平方千米。由土地利用类型转入—转出贡献率（见表 5-6）来看，建设用地 1995~2005 年和 2005~2015 年的转入贡献率一直大于转出贡献率。经济的快速发展，使我国的产业逐渐转化为第二、第三产业为主而第一产业为辅的结构类型。同时，由于种粮的经济效益低下，越来越多的农户向城市流动，大量的闲置土地被建设用地占有，人地矛盾凸显。在"中部崛起"战略和振兴中央苏区上升为国家重大战略的背景下，江西省提出了"为实现江西在中部地区崛起"而奋斗的战略目标，此后江西省的发展速度加快，高速公路、铁路、道路等公共设施建设全面展开，这加快了兴国县土地利用景观空间格局类型间的转变。

在未利用地变化方面：未利用地面积相对于其他土地利用类型的面积较小，且变化不明显。1995 年、2005 年和 2015 年的未利用地面积为 0.54 平方千米、0.54 平方千米和 0.53 平方千米，仅在 2005 年至 2015 年向建设林地的净转出就达 0.05 平方千米。兴国县未利用地面积较少，即可供开发的后备土地资源不足。

5.3.2　土地利用景观格局的动态变化分析

5.3.2.1　景观水平上的景观格局动态变化分析

由表 5-8 可以看出，兴国县的斑块数量指数（NP）和斑块密度指数（PD）均呈现波动上升趋势。斑块数量先由 1995 年的 3867 减少为 2005 年的 3852，再增加至 2015 年的 3929。斑块密度则由 1995 年的 0.012028 减少至 2005 年的 0.011981，再增加至 2015 年的 0.012220。斑块密度和斑块数量反映的是景观的破碎化程度，斑块数量和斑块密度的增加说明兴国县人类活动对生态环境的影响随着时间的推移在不断加剧，人类活动对景观的干扰程度也在加大，从而导致景观破碎化程度提高。

表 5-8　1995 年、2005 年、2015 年兴国县景观格局指数

年份	NP	PD	LPI	ED	PAFRAC	CONTAG	IJI	SPLIT	AI
1995	3867	0.012028	21.3746	34.4284	1.4274	59.9428	55.1808	16.4642	82.8226
2005	3852	0.011981	21.1743	34.4789	1.426	59.4444	56.2802	16.1696	82.8024
2015	3929	0.012220	22.9744	33.6083	1.4272	58.8989	56.3085	15.0924	83.195

边缘密度（ED）和周长—面积分形维数（PAFRAC）的值同样有所波动。ED 值先由 1995 年的 34.4284 上升至 2005 年的 34.4789，再降至 2015 年的 33.6083。ED 值反映的是异质性斑块之间物质、信息与能量相互交流和影响的程度。ED 值越低，表示斑块之间的交流越少。周长—面积分形维数（PAFRAC）的值从 1995 年的 1.4274 下降至 2005 年的 1.426，再上升至 2015 年的 1.4272。分形维数值的下降代表斑块受人类活动干扰程度的严重性加强，使斑块形状趋于简单，表明斑块间的天然形状或者边界区域平滑。结合 ED 和 PAFRAC 可以看出，随着人口变化、经济发展以及城市化等社会需求，斑块的形状趋于平整而能量和信息之间的传输能力下降。

1995 年至 2015 年，最大斑块指数（LPI）同样呈现先下降后大幅度上升的趋势，由 1995 年的 21.3746 下降至 2005 年的 21.1743 再上升至 2015 年的 22.9744。LPI 值的提高可以说明每种土地利用类型的最大斑块面积在增大，意味着景观的空间异质性在降低。城市化进程和农业机械化、规模化程度的提高均会驱使斑块面积的增大。例如，土地整治等工程项目的实施可将耕地整理成片。蔓延度指数（CONTAG）则在 1995 年至 2015 年呈现下降趋势，由 1995 年的 59.9428 下降至 2005 年的 59.4444 再降至 2015 年的 58.8989。蔓延度指数反映的是斑块之间的团聚程度，该值越大说明斑块之间的团聚程度越高，该值减少说明斑块之间有向空间分散的趋势，斑块连通性降低，不利于物质和能量的转移。分离度（SPLIT）由 1995 年的 16.4642 下降至 2005 年的 16.1696 再降至 2015 的 15.0924。聚焦度（AI）则由 1995 年的 82.8226 下降至 2005 年的 82.8024 再上升至 2015 年的 83.195。

5.3.2.2 类型水平上的景观格局动态变化分析

由第一部分的分析结果可以看出，耕地、林地和建设用地在兴国县土地利用景观类型变化中占据主导地位，因此在斑块水平上我们着重分析耕地、林地和建设用地的景观格局动态变化，并对三个时期耕地、建设用地和生态用地的景观格局动态变化情况进行比较，结果如表 5-9 和表 5-10 所示。将九个斑块类型水平上的景观指标归为三类：一是破碎化指数，表示景观的破碎化程度和复杂程度，由 NP、PD、SPLIT 值组成；二是形状性指数，表示斑块边界的复杂性程度以及斑块之间的连接性程度，由 ED、PAFRAC、IJI、AI 和 COHESION 组成；三是均匀度指数，表示该景观可能由少数几种优势景观类型控制和组合而成，主要由 LPI 构成。

表 5-9 1995 年、2005 年、2015 年兴国县不同土地利用类型的景观指数变化

年份	类型	NP	PD	LPI	ED	PAFRAC	COHESION	IJI	SPLIT	AI
	耕地	2027	0.6305	6.2863	19.6017	1.5277	97.2006	37.2529	245.9718	70.8309
	林地	124	0.0386	73.4072	19.3544	1.4387	99.9522	34.4707	1.8557	93.3452
	草地	210	0.0653	2.1887	4.3787	1.4389	95.9346	49.9222	1939.4813	82.4176
1995	水域	46	0.0143	0.465	1.0734	1.5876	95.0284	59.5382	40406.757	73.8377
	建设用地	204	0.0635	0.0989	1.088	1.4801	76.6464	47.4424	801689.15	60.3163
	未利用地	1	0.0003	0.0168	0.0162	N/A	86.5444	46.2966	35448352	88.172

续表

年份	类型	NP	PD	LPI	ED	PAFRAC	COHESION	IJI	SPLIT	AI
2005	耕地	1967	0.6118	5.6257	19.5759	1.5291	96.8785	37.0344	301.4	71.2182
	林地	124	0.0386	73.5825	19.3336	1.4386	99.9524	34.2431	1.8468	93.3677
	草地	208	0.0647	1.7505	4.2288	1.4376	95.2978	49.9206	2919.6051	81.8086
	水域	47	0.0146	0.465	1.0908	1.6021	95.1752	59.654	39290.921	73.7582
	建设用地	202	0.0628	0.0977	1.1123	1.4899	77.3544	46.3175	793614.88	60.476
	未利用地	1	0.0003	0.0168	0.0162	N/A	86.5444	46.2966	35448131	88.172
2015	耕地	2029	0.6311	5.5931	19.4132	1.5139	96.8848	37.4706	304.5735	71.4884
	林地	134	0.0417	71.4567	19.2306	1.4313	99.9392	35.2992	1.9576	93.3939
	草地	216	0.0672	1.756	4.2013	1.4272	95.4482	50.1464	2904.1901	81.7851
	水域	54	0.0168	0.4684	1.1007	1.5776	94.973	59.9865	40209.791	73.5744
	建设用地	240	0.0746	0.098	1.2261	1.398	76.0459	48.8318	750036.04	61.6912
	未利用地	1	0.0003	0.0165	0.0162	N/A	86.4163	47.5773	36801163	87.9121

表 5-10　1995 年、2005 年、2015 年兴国县耕地、建设用地和生态用地的景观指数变化

年份	类型	NP	PD	LPI	ED	PAFRAC	COHESION	IJI	SPLIT	AI
1995	耕地	2027	0.6305	6.2863	19.6017	1.5277	97.2006	24.3249	245.9718	70.8309
	建设用地	204	0.0635	0.0989	1.088	1.4801	76.6464	84.9367	801689.15	60.3163
	生态用地	76	0.0236	81.5986	19.1134	1.5029	99.971	11.6487	1.5019	93.9664
2005	耕地	1967	0.6118	5.6257	19.5759	1.5291	96.8785	24.9277	301.4	71.2182
	建设用地	202	0.0628	0.0977	1.1123	1.4899	77.3544	84.0049	793614.88	60.476
	生态用地	74	0.023	81.4583	19.0621	1.4932	99.9	11.6545	1.507	93.9652
2015	耕地	2029	0.6311	5.5931	19.4132	1.5139	96.8848	25.9889	304.5735	71.4884
	建设用地	240	0.0746	0.098	1.2261	1.398	76.0459	88.7224	750036.04	61.6912
	生态用地	85	0.0264	80.7402	18.9348	1.4571	99.9686	14.0001	1.5339	93.9932

（1）耕地的景观指数分析。

从耕地的破碎化指数来看，其 NP 值和 PD 值在 1995 年、2005 年和 2015 年三个时期中都是所有土地利用类型中最大的，NP 值依次为 2027、1967 和 2029，PD 值依次为 0.6305、0.6118 和 0.6311，由此可以看出随着时间的推移，耕地的

斑块数量和斑块密度都呈现波动上升的趋势。景观分离度指数则一直增加，由1995年的245.9718上升到2005年的301.4，2015年又增至304.5735，这表明耕地在空间上的分散程度更为严重，这与兴国县为丘陵山区县、山区耕地细碎化严重的情况相符合，景观分离度高意味着耕地空间格局集聚化程度低，不利于农业规模化、机械化经营。从耕地的形状指数来看，PAFRAC值减小，但IJI值在2005~2015年快速提高，说明耕地与其他各地类斑块之间的连接都有一定的提升。周长—面积分形维数的降低说明人类对耕地的干扰程度提高了，其原因可能是农业结构调整和建设占用，导致耕地转变为其他用途。从耕地的均匀度指数来看，其LPI值在各类土地利用类型中仅低于林地，但呈现逐年下降的趋势，由1995年的6.2863下降至2005年的5.6257再降至2005年的5.5931，耕地的最大斑块面积LPI降低也说明土地细碎化程度严重，而导致耕地细碎化的原因主要是人多地少、农村土地制度和城乡建设等原因。

（2）林地的景观指数分析。

从林地的破碎化指数来看，其NP值和PD值都呈现一定程度的增长，斑块个数和斑块密度在1995~2005年没有变化，但2005年至2015年NP值由124上升至134，PD值由0.0386上升至0.0417。景观的分离度指数先下降后上升，由1995年的1.8557下降至2005的1.8468，再上升至2015年的1.9576，这意味着林地空间格局在空间上更为集聚。从林地的形状化指数来看，其PAFRAC指数有一定程度的下降，由1995年的1.4387下降至2005年的1.4386，再下降至2015年的1.4313。ED指数同样下降，但IJI和AI值在1995~2015年有所增加，分形维数的降低说明人类对林地的干扰程度有所增强，退耕还林等项目的实施使林地呈现一定的规整化。林地散布与并列指数的提高说明林地斑块间的团聚程度有所增加。这源于江西省林地管理的力度有所加强，占用林地的审批难度提高，使林地由粗放利用向集约利用转变。从林地的均匀化指数来看，林地的LPI是所有土地利用类型中最高的，且呈现先上升后下降的趋势，由1995年的73.4072提高至2005年的73.5825，然后降低到2015年的71.4567。林地在景观格局当中的优势最为明显，对整个景观空间的控制程度较高，在一定程度上说明了林地这种景观类型的异质性程度较低。林地树种的种植应当避免单一树种的大面积种植，因为这样的种植方式不利于生物多样性的延续。

（3）建设用地的景观指数分析。

从建设用地的破碎化指数来看，其NP值大幅度上升，由1995年的204上升至2015年的240，PD值也从1995年的0.0635上升至2015年的0.0746。可见，建设用地面积在扩张的同时，景观破碎度也在提高，不利于集聚效应的产生。以工业用地为例，工业园的集聚可以促使交通运输成本的降低，而且能够为各个企业与工厂之间的信息和资源交流提供空间上的便利。从建设用地的形状化指数来看，其 PAFRAC 值由 1995 年的 1.4801 降至 2015 年的 1.398，表明建设用地的形状趋于复杂。从 COHESION 指数来看，斑块间的结合度有所下降，说明建设用地无序化扩张。从建设用地的均匀度指数来看，LPI 指数在 1995～2015 年有所降低，说明建设用地在各土地利用类型中的优势度不高。

（4）生态用地的景观指数分析。

从生态用地的视角来看，生态用地的 NP 和 PD 在 1995 年至 2015 年有所提高，NP 值由 1995 年的 76 变为 2015 年的 85，PD 值则由 1995 年的 0.0236 提高至 2015 年的 0.0264。景观的分离度指数 SPLIT 则不断上升，说明生态用地在空间上的分散程度逐渐严重。从生态用地的形状化指数来看，其 PAFRAC 值不断减小，IJI 值则在 2005～2015 年大幅下降，说明生态用地的斑块形态趋于简单化，各斑块间的连接度下降，受到人类活动干扰的程度提高。从生态用地的均匀度指数可以看出，生态用地的 LPI 值呈现逐年下降的趋势，1995 年 LPI 的值为81.5986，此后下降至 2005 年的 81.4583，2015 年又下降至 80.7402，说明生态用地这种景观类型的最大斑块面积下降，同时说明生态用地细碎化程度严重，其原因可能是人类活动使生态用地更为割裂。

5.4 结论与讨论

本章在 ArcGIS10.2 和 FRAGSTAT4.2 软件的支持下对兴国县 1995 年、2005 年和 2015 年三期土地利用类型的景观格局进行变化分析，利用景观空间格局指数分析了研究区景观格局的动态变化情况，得出以下结论。

兴国县 1995～2015 年的土地利用变化并不十分显著，变化主要体现在草地面积减少和建设用地面积增加方面。兴国县的耕地面积在 1995～2015 年保持稳定，1995 年的耕地面积为 536.82 平方千米，2015 年耕地面积稍有增长，为544.06 平方千米。随着生态文明试验区建设的推进和退耕还林工程的实施，林地面积也有一定程度的增长。草地是林地和耕地面积增加的主要来源，兴国县建设用地面积增长则主要来源于占用耕地。同时，后备土地资源严重缺乏，但仅从生态用地面积上看，兴国县生态环境保持良好。

从兴国县各土地利用类型的景观空间格局来看，兴国县的斑块密度和斑块数量都处于上升趋势，但分裂度下降，分形维数稳定，说明景观空间目前的破碎化程度较轻，人类活动对土地的干扰不明显，有利于土地集约化利用和规模化经营，有助于先进农业生产技术的运用和资本密集型土地利用方式的形成，原因在于如果分散程度严重，斑块之间的信息、物质以及能量的传输强度就将逐渐减少。从兴国县各土地利用类型景观格局指数的变化情况可以看出，兴国县耕地、生态用地和建设用地的破碎化程度均在逐渐增加，耕地的分散程度也较为严重，土地流转是促进土地规模化经营、提高土地利用效率的有效手段，对于闲散耕地和撂荒耕地可以考虑将其纳入后备土地资源中来。

本章基于遥感影像图，仅分析了兴国县时间尺度上土地利用景观空间格局的动态变化，事实上还可以从空间的角度对各设区市的土地利用景观空间结构的差异进行分析与探讨。

第6章

基于分形理论的土地利用空间行为特征

6.1 引言

分形理论（Fractal）是 20 世纪 70 年代发展起来的一种横跨自然科学、社会科学和思维科学的新理论，已被广泛应用于各学科领域（Mandelbrot，1975，1982；Barnsley，1988；Van Hees，1994）。20 世纪 90 年代以来，分形理论在我国地理学中的应用日益广泛，并在地貌学、城市地理学、地图学和遥感等分支学科中取得了较大的进展。景观生态学是研究空间异质性的学科（徐建华等，2001），空间格局是景观生态研究的重要内容。因此，以分析空间结构见长的分形理论也越来越多地应用于景观镶嵌结构的复杂性和稳定性等景观生态研究，其中运用较多和较成熟的是景观斑块的面积—周长模型（徐建华等，2001；肖笃宁等，1997）。田义超和任志远（2012）以延安市宝塔区 1997 年和 2002 年的土地利用数据为基础，在地理信息系统的支持下，运用土地利用分维模型对延安市宝塔区土地利用空间的变化进行了实证研究，从而阐述了不同土地利用类型随时间和空间的变化规律。梁发超等（2017）借助分形维数对 1986~2016 年厦门市乡村聚落用地的空间演变进行剖析，并基于空间差异特征提出乡村聚落用地空间结构优化策略。目前大多数研究都局限在对景观格局的变化分析，很少具体分析土地利用的空间行为。

本章试图运用分形理论对土地利用空间行为进行尝试性研究，在 RS 和 GIS 支持下，以兴国县范围内的土地利用变化为研究对象，运用景观生态学的理论和研究方法，尤其是分形理论的方法，研究土地利用景观格局及其变化，以对兴国县景观格局的演变规律进行实证分析。

6.2 数据来源与研究方法

6.2.1 数据来源

运用 ArcGIS10.2、ERDAS8.5、MGE 等 GIS 和遥感图像处理软件，参照兴国县地形图、土地利用现状图，对不同时期的区域陆地资源卫星 LandsatTM 影像进行图像镶嵌、集合校正、判读解译等工作，根据解译标志把空间栅格数据矢量化并进行地类编码，在 ArcGIS10.2 中建立拓扑关系，最终生成土地利用图形库和属性数据库。主要的土地利用类型包括水田、旱地、有林地、灌木林地、疏林地、其他林地、高覆盖度草地、中低覆盖度草地、水域、建设用地等。本章主要利用 1995 年、2005 年和 2015 年兴国县土地利用的解译数据，对建立的空间数据库进行分析，试图发现其中不同时间段土地利用的景观格局及其动态变化的特征。

6.2.2 研究方法

所谓分形就是指部分以某种形式与整体相似的形状，自相似性和标度不变性是它的两个重要特征（Edgar，1990；Falconer，1990，1997；Burrough，1986）。一个系统的自相似性是指"某种结果或过程的特征从不同的时间尺度或空间尺度上看都是相似的"，标度不变性是指"自相似性的系统不具有特征长度，具有自相似的结构一定满足标度不变性"。分形维数是表征自相似结构或系统的定量指标之一，研究景观的分形维数，主要是定量描述其核心面积的大小及其边界线的曲折性。研究用到的相关指标及其计算方法模型中各参数的意义如下。

（1）分形维数。

所应用的计算分形维数的周长—面积模型为：

$$\ln\left(\frac{P}{4}\right) = k\ln(A) + C, \ FD = 2k \tag{6-1}$$

其中，P 为斑块周长；A 为斑块面积；k 为回归方程的斜率；FD 为包含多个斑块的某一景观的"平均"分形维数，也是统计意义上的景观分形维数。FD 值的理论范围为 [1.0, 2.0]，FD=1.0 时代表形状最简单的正方形斑块，FD=2.0

时则代表等面积下周长最复杂的斑块。

（2）景观稳定性指数。

对于某种景观要素而言，FD 值越大，表示该要素的镶嵌结构越复杂。当 FD=1.5 时，表示该景观要素处于一种类似于布朗运动的随机状态，即不稳定状态；FD 值越接近 1.5，就表示该要素越不稳定（徐建华等，2001）。因而各景观要素的稳定性指数（SK）可定义为：

$$SK = |1.5 - FD| \tag{6-2}$$

（3）景观斑块形状破碎度。

景观斑块形状破碎度（FS）表示为：

$$FS = 1 - 1/ASI \tag{6-3}$$

其中，

$$ASI = \sum_{i=1}^{N} A(i)SI(i)/A$$

$$S(i) = P(i)/[4\sqrt{A(i)}]$$

$$A = \sum_{i=a}^{N}(Ai) \tag{6-4}$$

式（6-3）和式（6-4）中，FS 为某一景观类型斑块形状破碎化指数；ASI 为用面积加权的景观斑块平均形状指数；SI（i）为景观斑块 i 的形状指数；P（i）为景观斑块 i 的周长；A（i）为景观斑块 I 的面积，A 为该景观类型的总面积；N 为该景观类型的斑块数。

（4）景观斑块密度。

景观斑块密度（PD）表示的是景观中包括全部异质要素斑块的单位面积斑块数，其计算公式为：

$$PD = \frac{1}{A}\sum_{i=1}^{n} N_i \tag{6-5}$$

其中，

$$A = \sum_{i=1}^{n} A_i \tag{6-6}$$

式（6-5）和式（6-6）中，PD 为景观总体斑块密度；n 为研究范围内某空间分辨率上景观要素类型总数；A 为研究范围内景观总面积；A_i 为第 i 类景观要素的面积。某类景观要素的斑块密度为 PD_i，$PD_i = N_i/A_i$。

（5）景观类型分离度。

景观分离度（F）是指某一景观类型中不同斑块分布的分离程度。分离度在一定程度上反映了人类活动强度对景观结构的影响，其计算公式为：

$$F = D_i / S_i \qquad (6-7)$$

其中，

$$D_i = \sqrt{A/N_i}/2$$

$$S_i = A_i / A \qquad (6-8)$$

式（6-7）和式（6-8）中，F 为某一景观类型分离度；D_i 为景观类型 i 的距离指数；S_i 为景观类型 i 的面积指数；A_i 为景观类型 i 的面积；A 为景观的总面积。

6.3 结果与分析

6.3.1 土地利用结构变化

利用 GIS 技术获得兴国县 1995 年至 2015 年的土地利用变化结果（见表 6-1），耕地、林地、水域和建设用地的面积有不同程度的增加，而草地的面积则减少得最多。这说明 1995~2015 年，兴国县土地利用结果有很大变化，城镇扩张、耕地开发是建设用地和耕地面积增加的直接原因，同时也导致了其他土地利用类型面积的减少。

表 6-1　1995 年、2005 年、2015 年兴国县土地利用类型所占面积及构成比例

单位：平方千米,%

用地类型	1995 年		2005 年		2015 年	
	面积	构成比例	面积	构成比例	面积	构成比例
耕地	536.82	16.708945	543.23	16.908462	544.06	16.934296
林地	2423.15	75.422454	2428.69	75.594891	2426.08	75.513653
草地	199.5	6.209594	186.54	5.806204	185.22	5.765118
水域	31.43	0.978283	31.87	0.991978	31.96	0.994780
建设用地	21.33	0.663913	21.9	0.681654	24.92	0.775654
未利用地	0.54	0.016807	0.54	0.016807	0.53	0.016496
总计	3212.77	100	3212.77	100	3212.77	100

6.3.2　分形维数分析

各类土地类型包含多个土地利用行为主体，在同一土地类型中每个土地利用行为主体可能有一个或多个土地斑块。本节不单独讨论单个土地斑块的分形情况，也不讨论单个土地利用行为主体所有地块的分形情况，重点讨论某一土地利用类型的分布是否具有分形特点，并通过统计分析来验证。某类土地利用类型的分形维数是一种统计意义上的多个同类型土地图斑的"平均"分形维数。

具体方法是对计算分形维数的公式两边取对数，将每个图斑的面积和周长数据代入对数公示，对每一对数据作出散点图，然后对所有散点进行线性模拟，再通过线性方程的斜率与分形维数的关系求出某类土地的分形维数。图 6-1 是 1995 年、2005 年和 2015 年兴国县水田各斑块面积和周长取对数后的散点图。

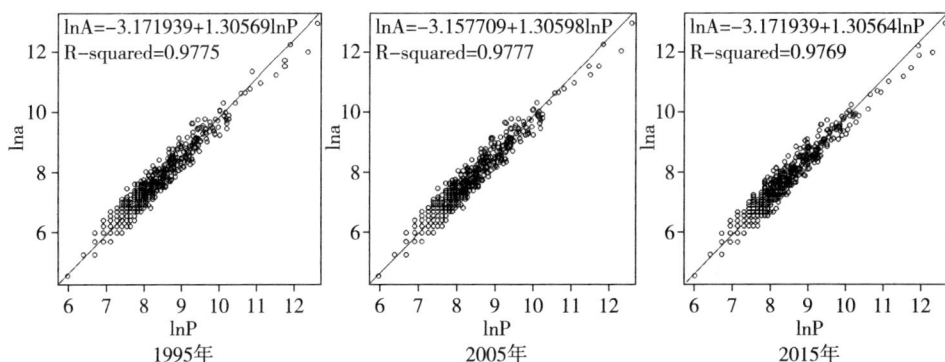

图 6-1　1995 年、2005 年和 2015 年兴国县水田各斑块面积和周长取对数后的散点图

运用相同的方法对兴国县其他地类的图斑数据进行处理，表 6-2、表 6-3 和表 6-4 分别列出了兴国县 1995 年、2005 年和 2015 年各种土地利用类型的回归方程、回归方差、统计量和回归统计的斑块样本数。兴国县 1995 年、2005 年和 2015 年各类土地的分形维数和稳定性如表 6-5 所示。

表 6-2　兴国县 1995 年各类土地分形计算的回归方程及相关统计量

地类	回归方程	R^2	F 统计量	样本数
水田	$\ln A = -3.171939 + 1.30569\ln P$	0.9775	63550	1461
旱地	$\ln A = -3.656443 + 1.384582\ln P$	0.9576	24640	1092
有林地	$\ln A = -3.522589 + 1.40529\ln P$	0.9738	10500	284

续表

地类	回归方程	R^2	F统计量	样本数
灌木林地	$\ln A=-3.965589+1.4532\ln P$	0.9484	2333	128
疏林地	$\ln A=-2.894779+1.32703\ln P$	0.968	11490	381
其他林地	$\ln A=-3.839069+1.4364\ln P$	0.9504	345.6	19
高覆盖度草地	$\ln A=-3.368009+1.36241\ln P$	0.9646	2396	89
中低覆盖度草地	$\ln A=-3.903669+1.43815\ln P$	0.9638	3672	139
水域	$\ln A=-2.783149+1.26033\ln P$	0.9724	2359	68
建设用地	$\ln A=-3.250829+1.3499\ln P$	0.9051	1946	205

表 6-3　兴国县 2005 年各类土地分形计算的回归方程及相关统计量

地类	回归方程	R^2	F统计量	样本数
水田	$\ln A=-3.157709+1.30598\ln P$	0.9777	64810	1482
旱地	$\ln A=-3.706621+1.393323\ln P$	0.9622	26540	1044
有林地	$\ln A=-3.549229+1.40721\ln P$	0.9765	11100	268
灌木林地	$\ln A=-3.938359+1.44601\ln P$	0.9552	2602	123
疏林地	$\ln A=-3.174129+1.35504\ln P$	0.9716	13530	396
其他林地	$\ln A=-3.946969+1.46742\ln P$	0.9602	1399	59
高覆盖度草地	$\ln A=-3.407369+1.36945\ln P$	0.9719	3081	90
中低覆盖度草地	$\ln A=-4.011529+1.4508\ln P$	0.9753	5537	141
水域	$\ln A=-2.961759+1.28702\ln P$	0.9712	2802	84
建设用地	$\ln A=-3.802759+1.42887\ln P$	0.9198	2755	241

表 6-4　兴国县 2015 年各类土地分形计算的回归方程及相关统计量

地类	回归方程	R^2	F统计量	样本数
水田	$\ln A=-3.171939+1.305641\ln P$	0.9769	60590	1482
旱地	$\ln A=-3.656443+1.379356\ln P$	0.958	24170	1044
有林地	$\ln A=-3.522589+1.40474\ln P$	0.9739	10420	268
灌木林地	$\ln A=-3.965589+1.45304\ln P$	0.9491	2388	123
疏林地	$\ln A=-2.894779+1.3386\ln P$	0.9687	12030	396

续表

地类	回归方程	R²	F 统计量	样本数
其他林地	lnA＝－3.839069＋1.49998lnP	0.9482	1008	59
高覆盖度草地	lnA＝－3.368009＋1.36799lnP	0.9639	2375	90
中低覆盖度草地	lnA＝－3.903669＋1.43929lnP	0.9637	3529	141
水域	lnA＝－2.783149＋1.26041lnP	0.9652	1997	84
建设用地	lnA＝－3.250829＋1.34532lnP	0.9078	2000	241

表 6-5　1995 年、2005 年和 2015 年兴国县各类土地的分形维数及稳定性比较

地类	分形维数			稳定性指数			稳定性排序		
	1995 年	2005 年	2015 年	1995 年	2005 年	2015 年	1995 年	2005 年	2015 年
灌木林地	1.305748	1.306920	1.321660	0.194252	0.193080	0.178340	1	2	3
其他林地	1.327091	1.265520	1.309580	0.172909	0.234480	0.190420	2	1	2
中低覆盖度草地	1.340659	1.339480	1.344792	0.159341	0.160520	0.155208	3	3	4
建设用地	1.341675	1.350240	1.287980	0.158325	0.149760	0.212020	4	4	1
旱地	1.383284	1.389148	1.381182	0.116716	0.110852	0.118818	5	6	5
有林地	1.385976	1.386744	1.387978	0.114024	0.113256	0.112022	6	5	6
高覆盖度草地	1.416544	1.409780	1.419900	0.083456	0.090220	0.080100	7	7	7
水域	1.543686	1.532300	1.509800	0.043686	0.032300	0.009800	8	9	9
疏林地	1.458999	1.447422	1.434208	0.041001	0.052578	0.065792	9	8	8
水田	1.497383	1.496420	1.497224	0.002617	0.003580	0.002776	10	10	10
全部土地	1.380066	1.37754	1.382866	0.119934	0.12246	0.117134	—	—	—

从表 6-2、表 6-3 和表 6-4 土地斑块分形维数的分析统计结果来看，兴国县各类土地的斑块分布具有较好的自相似性，因此运用分形理论对各类土地从总体上进行分形分析是可行的。

利用分形理论对土地利用空间行为结果进行研究，主要是研究人类土地利用空间行为对土地形态的改变，并对此做出解释。因此，本章所关注的是分形维数的变化情况。对于其他表征土地空间行为结果指标的分析也遵循这一思路，即关注指标值的变化方向和变化量，并对其进行行为解释。

对照 1995 年、2005 年和 2015 年各类土地的分形数据：1995~2005 年，分形

维数降低的地类有其他林地、中低覆盖度草地、高覆盖度草地、水域、疏林地和水田,其他土地利用类型的分形维数在增加。分形维数降低最多的是其他林地,减少量为 0.061571。分形维数增加最多的是建设用地,增加量为 0.008565。2005 年至 2015 年,分形维数降低的地类有建设用地、旱地、水域和疏林地,其他土地利用类型的分形维数在增加。分形维数增加最多的是其他林地,增加量为 0.04406。分形维数减少最多的是建设用地,减少量为 0.06226。从 1995 年至 2015 年分形维数的变化情况来看,分形维数增加的地类有灌木林地、中低覆盖度草地、有林地和高覆盖度草地,其他地类的分形维数在减少。1995~2015 年分形维数增加最多的是灌木林地,增加量为 0.015912,分形维数减少最多的是建设用地,减少量为 0.053695。从各地类分形维数的变化量来看,变化的程度都不是很大,说明兴国县的土地利用空间行为总体上对土地形态的改变比较少。从分形的角度来看,分形维数越大,相同面积的土地斑块的周长越长,土地斑块越复杂。分形维数降低就意味着土地斑块的形状越来越规整,分形维数增加的情况则正好相反。从生产的角度来看,土地斑块的形状越规整,越有利于生产,如可以降低运输费用、减少田间机械的空行率等。一般来讲,有序的土地利用行为会使土地斑块更加规整,从而朝着降低土地斑块分形维数的方向发展。从景观生态的角度来看,分形维数降低,土地斑块与其他周边景观的接触面就越少,受外界干扰的机会越少,越有利于斑块的稳定性。

1995~2015 年,兴国县境内没有发生大的自然灾害,因此土地利用形态及景观格局的绝大部分改变都是由人类的土地利用空间行为引起的。对于分形维数降低的地类而言,土地利用行为主体行为空间的合并或分割使这些土地类型沿着有序的方向发展,分形维数的降低程度一方面说明了土地斑块形态规整化改善的程度,另一方面也说明了人们改善土地形态的行为强度,如植树造林、退耕还林。对于分形维数增加的土地类型而言,土地利用空间行为使土地斑块形状向破碎化方向发展,土地利用的无序性增强,如农村建设用地的无序扩张,分形维数增加的程度反映了无序土地利用行为的强度。对所有土地而言,土地形态与景观格局的改变与兴国县的经济发展政策对土地利用行为的刺激有直接的关系,是社会经济政策在土地利用空间上的反映。

6.3.3 稳定性指数分析

稳定性指数是与分形维数直接相关的一个表征土地利用空间行为结果的指标。这一指标的本来意义是为了说明具有某一分形维数的土地斑块在自然状态下,抵御外来干扰、维持其形态的能力。在本章中,我们试图从它与分形维数的关系中，探知土地斑块分形维数变化引起的土地斑块稳定性变化及其发展方向，从而评价土地利用的空间行为，以及从斑块的稳定性角度，通过土地利用规划、国土空间规划等控制人们的土地利用空间行为。

对比表 6-5 中 1995 年、2005 年和 2015 年兴国县各类土地的土地斑块稳定性指数：1995 年至 2005 年，稳定性指数降低的有灌木林地、建设用地、旱地、有林地和水域。稳定性增加的是其他林地、中低覆盖度草地、高覆盖度草地、疏林地和水田。稳定性提高最多的是其他林地，提高了 0.061571；降低最多的是水域，降低了 0.011386。2005～2015 年，稳定性指数降低的地类有灌木林地、其他林地、中低覆盖度草地、有林地、高覆盖度草地、水域和水田，降低最多的是水域，降低了 0.0225。稳定性增加的有建设用地、旱地和疏林地，增加最多的是建设用地，增加了 0.06226。从 1995～2015 年稳定性指数的变化情况来看，稳定性降低的地类有灌木林地、中低覆盖度草地、有林地、高覆盖度草地和水域，其中水域降低了 0.033886。稳定性增加的包括其他林地、建设用地、旱地、疏林地和水田，其中建设用地增加了 0.053695。从变化的情况来看，兴国县 1995～2015 年各类土地类型斑块的稳定性没有发生很大的变化。

根据稳定性与分形维数的关系，土地图斑分形维数在 1.5 时最不稳定；在分形维数小于 1.5 时，土地图斑分形维数增加，其稳定性对应降低；在分形维数大于 1.5 时，土地斑块分形维数增加，其稳定性也增加。根据这一规律，在进行国土空间规划时，有必要对土地景观进行分形统计分析，对分形维数小于 1.5 的土地类型要严格控制其分形维数的增加，施以更多的人为控制。对于分形维数大于 1.5 的景观，则要尽量减少人为干扰，因为这类土地的景观类型大多是一些具有重要生态景观意义的自然景观，或者是在某一土地类型中镶嵌的景观岛屿，这些岛屿经过长时间的发展，对维持局部土地景观和生态平衡具有特殊意义，在土地整治等相关规划中值得注意。

6.3.4　斑块形状破碎化指数分析

斑块形状破碎化指数是一个与分形维数相似的指标，其是景观生态学中刻画景观特点的重要指标，本章采用这一指标旨在从不同学科、不同方法对人类土地利用空间行为的结果进行量化分析，也是对运用分形理论得到的研究结果的验证，可以进一步说明兴国县土地利用空间行为结果的一般性。其他景观生态学指标的采用也遵循这一原则，是对分形理论研究结果的补充和侧面验证。兴国县 1995 年、2005 年和 2015 年三个时期土地利用类型的斑块形状破碎化指数如表 6-6 所示。

表 6-6　1995 年、2005 年和 2015 年兴国县各类土地的景观指数比较

地类	斑块密度			斑块形状破碎化指数			分离度		
	1995 年	2005 年	2015 年	1995 年	2005 年	2015 年	1995 年	2005 年	2015 年
水田	0.0468	0.0472	0.0486	0.8009	0.7996	0.8038	7.6420	7.9102	7.9102
旱地	0.0485	0.0443	0.0437	0.6780	0.6881	0.7227	12.2603	11.7017	11.7017
有林地	0.0024	0.0024	0.0021	0.9346	0.9343	0.9320	4.5870	4.6415	4.4490
灌木林地	0.0161	0.0163	0.0181	0.5717	0.5686	0.5787	101.2774	101.6761	121.1372
疏林地	0.0033	0.0034	0.0037	0.9211	0.9262	0.9226	4.0474	4.0281	4.2449
其他林地	0.0151	0.0174	0.0200	0.5386	0.4758	0.4863	663.5873	378.3909	401.7385
高覆盖度草地	0.0075	0.0078	0.0078	0.7777	0.7744	0.7821	81.5764	82.9637	83.5528
中低覆盖度草地	0.0171	0.0189	0.0200	0.6846	0.6352	0.6343	95.1306	110.9816	108.8883
水域	0.0216	0.0229	0.0263	0.8091	0.8044	0.8059	351.6890	334.7435	311.1957
建设用地	0.0961	0.0932	0.0967	0.4264	0.4373	0.3904	298.4626	291.4046	235.6261
景观总体格局	0.0120	0.0119	0.0122	0.9110	0.9127	0.9105	16.4529	16.1608	15.0920

比较表 6-6 中 1995 年、2005 年和 2015 年兴国县各土地利用类型的斑块形状破碎化指数：1995 年至 2005 年土地斑块破碎化程度增加的有旱地、疏林地和建设用地，破碎化程度降低的有水田、有林地、灌木林地、其他林地、高覆盖度草地、中低覆盖度草地和水域。其中，增加最多的是建设用地，增加了 0.0109，减少最多的是其他林地，降低了 0.0628。2005 年至 2015 年，土地斑块破碎化程度增加的有水田、旱地、灌木林地、其他林地、高覆盖度草地和水域，破碎化程度降低的有有林地、疏林地、中低覆盖度草地和建设用地。其中，增加最多的是旱地，增加了 0.0346，减少最多的是建设用地，共减少 0.0469。从 1995 年至 2015 年的斑块破碎化程度来看，破碎化程度增加的有水田、旱地、灌木林地、疏林地和高覆盖度草地，破碎化程度降低的有有林地、其他林地、中低覆盖度草地、水域和建设用地。其中，破碎化程度增加最多的是旱地，增加了 0.0447，破碎化程度降低最多的是其他林地，减少量为 0.0523。这些结果与分形研究结论基本一致。

6.3.5　土地利用空间行为特征在斑块密度上的反映

斑块密度表示的是单位面积上土地斑块的个数，本章采用的是每公顷土地面积上的斑块个数。表 6-6 中也列出了兴国县 1995 年、2005 年和 2015 年三个时期

各种土地类型的斑块密度。斑块密度是一个平均意义上的指标，某类土地类型的斑块密度越大，表示该类土地单位面积上的斑块数越多。平均每个斑块的占地规模越小，斑块被分割的程度越厉害，而斑块密度越小的情况与之相反，斑块密度在一定程度上也反映了土地斑块的破碎化程度。

对比兴国县 1995 年、2005 年和 2015 年三个时期各类土地斑块密度的数据后发现，1995 年至 2005 年斑块密度降低的土地类型有旱地和建设用地，其他地类的斑块密度有所增加；2005 年至 2015 年斑块密度减少的地类有旱地和有林地，高覆盖度草地的斑块密度保持不变，其他七种地类的斑块密度有所增加。从 1995~2015 年的变化情况来看，斑块密度增加的地类有水田、灌木林地、疏林地、其他林地、高覆盖度草地、中低覆盖度草地、水域和建设用地，斑块密度减少的地类有旱地和有林地。土地斑块密度的变化充分体现了土地利用行为主体行为空间的分割或合并，斑块密度减小，说明土地斑块的合并多于分割，土地斑块的平均面积增大；斑块密度增加，则说明斑块的分割更加明显，土地斑块的平均面积减少，斑块的破碎程度增加。比较兴国县各类土地的分形维数和斑块密度两个指标的数据后发现，各地类土地斑块密度的变化方向和分形维数的变化方向基本一致，进一步验证了土地利用行为主体行为空间的分割和合并是引起土地形态变化的根本原因。

6.3.6　景观类型分离度分析

景观分离度在一定程度上反映了人类活动强度对景观结构的影响。表 6-6 中列出了兴国县 1995 年、2005 年和 2015 年三个时期各土地类型的景观类型分离度。比较三个时期各土地景观类型的分离度：1995 年至 2005 年分离度增加的有水田、有林地、灌木林地、高覆盖度草地和中低覆盖度草地，其他地类的分离度降低。2005 年至 2015 年分离度增加的有灌木林地、疏林地、其他林地、高覆盖度草地，其他地类的分离度降低。1995 年至 2015 年，分离度降低最多的是其他林地，分离度增加最多的是灌木林地，说明这期间人类活动强度对灌木林地的影响较大。

6.4　结论与讨论

应用分形理论研究土地利用景观空间格局的变化和土地利用景观镶嵌的结

构,对于解释土地利用空间行为的变化特征,以及进行景观评价、管理和推动区域可持续发展来说,都不失为一种重要工具。

研究表明,兴国县 1995~2015 年景观斑块的破碎化指数由 0.9110 下降为 0.9105,说明区域土地利用景观格局的破碎程度在下降。在各种地类中,破碎化指数下降较多的是其他林地和中低覆盖度草地。从分离度来看,兴国县景观的总体分离度由 1995 年的 16.4529 下降至 2005 年的 16.1608,再降至 2015 年的 15.0920。就个体而言,分离度降低的土地利用类型有旱地、有林地、其他林地、水域和建设用地,建设用地分离度降低的原因是城镇化率迅速提高,其他地类分离度降低的原因是人类活动干扰的减少。从稳定性来看,研究区内一直比较稳定的土地利用景观镶嵌结构有中低覆盖度草地、旱地、有林地、高覆盖度草地和水田等土地利用类型。其他林地、建设用地等土地类型的稳定性在 1995 年至 2015 年有明显上升,说明这些土地利用类型趋于稳定。稳定性明显降低的土地利用类型有灌木林地,林地是重要的生态服务功能区,其稳定性降低说明应对其进行适当保护。土地利用类型的分形维数明显降低,说明土地利用行为主体行为空间的合并或分割使这些土地类型沿着有序的方向发展,分形维数降低的程度一方面说明了土地斑块形态规整化改善的程度,另一方面也说明了人们改善土地形态的行为强度,如植树造林、退耕还林等。本章利用分形理论对土地利用空间行为的研究只是基础性的,而土地利用变化的驱动因素较为复杂,所以研究还有待进一步完善。

第 7 章

林地变化的驱动因素及其破碎化分析*

7.1 引言

生物多样性保护是森林管理面临的最紧迫的挑战（Artti，2008；Thiene et al.，2012）。对陆地生物来说，林地是最大的栖息地（Selvi et al.，2016）。然而，林地在维持生物多样性、保持水土、调节气候等多种生态服务功能的同时，却遭遇森林乱砍滥伐、破碎化等一系列压力。20 世纪末期，包括居住地的迁徙、农地开垦和城市扩张在内的人类活动造成了中国林地的大量减少。2000 年以后，中国六大林业工程的实施，尤其是"退耕还林"工程的实施，使中国林地面积增加到 2370 平方千米，增加的部分主要分布在黄土高原和南部丘陵山区（刘纪远等，2014）。林地面积的增加会带来生态服务价值的正面效应，根据 Song 和 Deng（2017）的研究成果，中国目前的林地生态服务价值大约在 260. 2 亿美元，然而在 1988~2000 年，这一数值仅大约为 20. 11 亿美元；在 2000~2008 年，这一数值增长到 64. 2 亿美元。尽管中国政府已经实施了多项政策或工程来恢复和保护森林资源，但大部分政策或工程实施的最初意图是控制水土流失和土地沙化，缺少保护生物多样性的专有政策或工程。我们试图探究 1990~2010 年林地变化的主要影响因素和森林破碎化模式及其干扰模式，并为决策制定者提供相关政策启示，以更好地保护森林系统的生物多样性功能。

从现有文献看，有大量研究关注土地利用变化给生态系统服务功能带来的影响（Bulte and Horan，2003；Eichner and Pethig，2006；Hernandez et al.，2014；Xie et al.，2015），但研究生物多样性服务功能变化的相关文献较少，原因是以往的研究受到方法的限制，无法真正理解森林破坏会给生物多样性带来怎样的后

---

*本章主要内容已发表在国际 SSCI 期刊 *Journal of Forest Economic* 2017 年第 29 期。

果。Stephen 等（2004）提出通过一个简单的贸易模型（物种—面积曲线）就能发现只要有利可图就能保护在农地、人工林地及其他人工土地利用类型中的动植物栖息地。然而，现实生活中利益驱动的行为往往给生物多样性带来灾难性的毁坏。历史上，大熊猫广泛分布在中国大部分地区，而如今，它们被孤立分散在从南至北的 20 多个栖息地上。近年来，高速公路的建造进一步阻碍了大熊猫基因的扩张和流动，加剧了物种灭绝的风险（Haddock et al.，2007；Wei et al.，2014）。因此，我们有必要了解土地利用变化的驱动因素，试图从林地变化原因的角度找到其对生物多样性的影响。同时，破碎化作为景观格局变化的主要表现之一，栖息地的大小能决定物种的多样性和丰度（Eichner and Pethig，2006），景观结构和空间连接度同样会影响生物多样性。Keken 等（2016）分析了 1950~2012 年捷克共和国景观结构的时空变化对野生动物发生交通事故的影响。其他学者也发现，森林斑块景观特征的演变对景观中的许多空间格局和生态过程都有影响（Gu et al.，2012）。然而，传统的森林景观格局指数只能反映研究区域的全局变化，而无法透析局部变化。综上所述，目前有关土地利用变化对生物多样性影响的研究较少，传统的景观格局指数无法透析区域局部特征和变化，林地质量对生物多样性保护又有重要作用（Gren et al.，2014），而利用网格，能够充分考虑土地属性对林地质量的影响，并可以识别出林地的局部景观特征。

本章首先罗列 1990~2010 年我国实施的影响林地变化的政策，然后以江西省兴国县为研究区，构建回归模型，探讨林地变化的直接影响因素，再用森林破碎化模型对这期间研究区的森林破碎化模式及其干扰模式进行分析，最后根据分析结果提出相应的政策建议。

因此，本章主要从四个方面展开：①根据 Logistic 回归模型确定土地利用变化的主要影响因子；②利用森林破碎化模型对江西省兴国县的森林破碎化模式及其时空变化进行分析；③量化人为干扰和自然干扰对森林破碎化的影响；④提供相关政策建议。

7.2 政策分析与理论基础

7.2.1 政策分析

改革开放以来，人口持续增长、社会经济活动活跃，推动了农业的发展和农地面积的扩张，这是中国 20 世纪末期林地减少的主要原因（Jin et al.，2016；Xu et al.，2004）。林地面积的减少引发了我国的生态危机并获得广泛关注，政府部门启动了几个大型的生态保护项目，包括天然林资源保护项目，旨在恢复长江上游、黄河上游以及东北的天然林；退耕还林工程，旨在遏制水土流失，这也是全国覆盖面最广的林业保护工程；野生动物保护工程和自然保护区建设工程，旨在控制生物多样性下降的趋势；速生丰产林基地建设工程旨在解决木材和林产品供应问题。这些项目使林地免遭乱砍滥伐，增加了林地面积。

土地征用的审批权限同样影响林地面积的变化。1986 年的《中华人民共和国土地管理法》规定的征用林地的审批权限是：省级政府负责 2000 亩以下的征收事宜；县级政府负责 10 亩以下的征收事宜。1998 年修订后的《中华人民共和国土地管理法》对土地进行了重新分类，并在此基础上调整了土地征收审批权限，取消了县市人民政府的审批权，省级人民政府负责审批 70 公顷以下的其他土地（包括林地）的征收事宜，国务院则负责审批 70 公顷以上（包括林地）的其他土地的征收事宜。征用耕地的审批权限要比征用林地的审批权限严格得多，因此，在相同的条件下，林地会比耕地优先被占用。

耕地占补平衡政策于 1996 年首次提出。该政策的提出对林地利用变化也产生了较大的影响。耕地占补平衡政策提出的目的在于保持耕地数量和质量的平衡。在过去的城镇化发展过程中，耕地被建设占用的比率很高，为了保持耕地总量的平衡就需要补充对应数量和质量的耕地，补充的方式主要有三种：土地开发、土地整理和土地复垦。土地开发是指将未利用地开垦为耕地，是一项成本低且技术简单的耕地补充方式，但由于我国耕地后备资源短缺，在没有可开垦的未利用地的情况下，人们往往将林地开垦为耕地，从而导致林地大量减少。

2008 年，中共中央、国务院出台《关于全面推进集体林权制度改革的意见》，将集体林地的承包经营权和林木所有权落实到农户，确立了农民的经营主体地位，实现了农村生产力的又一次大解放，广大农民造林、护林、育林的积极性空前高涨。

上述政策从表面上看，要么造成林地面积的增加，要么造成林地面积的减少，以及带来林地空间上的变化，事实上，它们还带来了林地内部结构、总体格局以及森林质量的变化。表 7-1 罗列了上述政策可能对生物多样性造成的影响。

表 7-1　政策对生物多样性可能的影响

政策	对生物多样性的可能影响
六大林业工程	积极的
土地征用的审批权限	消极的
耕地占补平衡	消极的
集体林权制度改革	积极的

7.2.2　林地利用变化

土地利用变化的形式基本包括土地利用类型的改变和土地集约度的改变（李秀彬，2002）。本章中的林地利用变化主要指林地利用类型的改变，包括林地转变为其他类型的土地，也包括其他土地利用类型转变为林地。土地特征、个体使用者的经济行为和社会团体管理行为构成了土地利用变化解释的理论框架（李秀彬，2002）。个人的经济行为可能会有所不同，而社会团体的土地管理行为是普遍的。通过研究社会团体的土地管理行为，以及这些行为对土地特征的影响方式及其导致的土地利用的变化，我们可以发现土地利用变化的规律。一般来说，影响林地变化的主要因素包括地形因了和自然因了，如地形、气候、土壤和水文等（杨爽等，2009；谢花林等，2012，2014a，2017）。耕地的开垦主要受坡度、土壤肥力、灌溉设施和降水等因素的影响（牛叔文等，2010；潘根兴等，2011）。因此，坡度较缓、海拔较低的林地更容易被开垦成耕地；土壤肥沃、灌溉条件较好的林地被发展成耕地的概率也更高。而林地被建设占用则受到人口、经济发展条件以及区位等因素的影响（李秀彬，1996；李桂林等，2007；Zhou et al.，2015）。同时，从成本的角度出发，靠近公路或城镇地区的林地也更容易被建设占用。

7.2.3　森林破碎化

景观的破碎化是土地利用变化最直观的表现。由于人类干扰和自然干扰（前者是主要原因），大型连片森林被划分成独立的小块（Lord and Noryon，1990；Li et al.，1993，2010），这种破碎化的现象已成为世界范围内环境高度恶化的一种形式。不同的干扰模式也会造成不同形式的破碎化，相应地，对生物多样性的影响机制也存在差别（Riitters et al.，2002）。人类干扰所造成的破坏往往是不可逆的，而自然干扰通常难以预料。对动植物来说，栖息地的破碎会阻碍基因的交流，增加近亲繁殖的可能性（Elgar and Clode，2001）。同时，栖息地破碎化也会改变物种生存的地理环境，减少它们的生存和活动空间，增加栖息地边界的数量，从而改变生态系统内部的能量平衡和物质流动，最终导致栖息地异质性的丧失（Cordeiro et al.，2015；Fuller，2001；García-Guzmán et al.，2016；Kikuchi et al.，2015；Olsoy et al.，2016；Saunders et al.，1991；Wickham et al.，2008）。此外，栖息地破碎化还会导致拥挤效应（碎片上周围栖息地的某些物种的密度可能在碎片上增加，对碎片上的物种造成危害，促使其濒危）、边缘效应（碎片受到周围环境的影响，在碎片边缘形成一种受影响的区域，对碎片内的物种极为不利，减少碎片内部的有效面积）和隔离效应（一些需要季节性迁徙的物种可能会因碎片间的隔离而无法正常迁徙，导致种群濒危或灭绝）。破碎化对物种灭绝的影响是复杂的，但对生物多样性的消极影响却是显而易见的（Thiene et al.，2012）。

7.3　数据来源和方法

7.3.1　数据来源

本章使用的数据包括空间土地利用数据、气象数据、地形数据、土壤数据和区位数据。1990 年和 2010 年的 100m×100m 栅格地图来源于中国科学院资源环境科学数据中心。气候、地形和土壤是影响林地利用变化的重要因素。气象数据来源于中国气象资料共享服务系统，是根据中国 586 个气象站台收集的 1991~2011 年日平均气温和降水的长期观测数据，在 ArcGIS V9.3 软件平台上采用 Kriging 的空间插值方法将它们制作成 100m×100m 的栅格数据。90m×90m 的数字高程地图（DEM）数据来源于中国科学院资源环境科学数据中心，为保持数据格式的一致性，我们将它采样成 100m×100m 的栅格数据。矢量土壤数据来源于江西农业大学国土学院，我们也将它转为 100m×100m 的栅格数据。区位数据是通过 ArcGIS 平台计算每个栅格中心到特定对象（道路、河流和居民点等）的距离，并转换成 100m×100m 的栅格数据。

7.3.2　多因素 Logistic 回归模型

线性回归模型在定量分析中的应用非常普遍，然而在许多情况下，线性回归会受到限制。比如，当因变量是一个分类变量，而不是连续变量时，线性回归就不适用。在分析分类变量时，通常采用的一种统计方法是对数线性模型。而对数线性模型的一种特殊形式是 Logistic 回归模型。具体来讲，就是当对数线性模型中的一个二分类变量被当作因变量并定义为一系列自变量的函数时，对数线性模型就变成了 Logistic 回归模型（王济川和郭志刚，2001）。Logistic 回归模型是土地利用变化研究中常用的模型，其特点在于将因变量的取值范围限定为离散变量，通过事件发生比表达土地类型变化的可能性，且可以灵活地通过转换阈值的设定来调整演化的结果。

多元 Logistic 回归模型是用来描述自变量 x_{ki} 变化时，因变量的发生概率 p_i 会如何变化。我们假设 x 代表自变量，p 是因变量的发生概率，则回归模型可表示如下：

$$\ln\left(\frac{p_i}{1-p_i}\right) = \alpha + \sum_{k=1}^{k} \beta_k x_{ki} \tag{7-1}$$

其中，$p_i - P(y_i - 1 \mid x_{1i}, x_{2i}, \cdots, x_{ki})$ 表示在给定自变量 x_{1i}, x_{2i}, $\cdots$, x_{ki} 时林地发生转换的概率，α 是常数项，β 是斜率。

一个事件的发生概率是一个非线性的方程，其表达式如下：

$$p = \frac{\exp(\alpha + \beta_1 X_1 + \beta_2 X_2 + \cdots + \beta_n X_n)}{1 + \exp(\alpha + \beta_1 X_1 + \beta_2 X_2 + \cdots + \beta_n X_n)} \tag{7-2}$$

发生比率（Odds Ratio）用来对各种自变量（如连续变量、二分变量、分类变量）的 Logistic 回归系数进行解释。在 Logistic 回归中应用发生比率来理解自变量对时间概率的作用是最好的方法，因为发生比率在测量关联时具有一些很好的性质。发生比率用参数估计值的指数来计算：

$$odd(p) = \exp(\alpha + \beta_1 X_1 + \beta_2 X_2 + \cdots + \beta_n X_n) \tag{7-3}$$

在本章中，多元 Logistic 回归是用 SPSS17.0 统计软件的 Logistic 函数来操作完成的。Logistic 回归模型的预测能力通过得到最大似然估计的表格来评价，包括回归系数、回归系数估计的标准差、回归系数估计的 Wald χ^2 统计量和回归系数估计的显著性水平。正的回归系数值表示解释变量每增加一个单位值时发生比会相应增加。相反，回归系数为负值时说明增加一个单位值时发生比会相应减少。Wald χ^2 统计量表示在模型中每个解释变量的相对权重，用来评价每个解释变量对事件预测的贡献力。

模型估计完成以后，需要评价模型有效地描述反应变量及模型配准观测数据的程度。用来进行拟合优度检验指标有皮尔逊 χ^2、偏差 D 和 Homsmer-Lemeshow 指标（HL）等。当自变量数量增加时，尤其是将连续自变量纳入模型后，皮尔逊 χ^2、偏差 D 不再适用于估价拟合优度。在应用包括连续自变量的 Logistic 回归模型时，HL 是广为接受的拟合优度指标。因此，本章用 HL 指标进行土地利用变化的 Logistic 回归模型拟合优度检验。HL 指标统计显著表示模型拟合不好。相反，当 HL 指标统计不显著表示模型拟合好。HL 指标是一种类似于皮尔逊 χ^2 统计量的指标。

为了拟合模型，本章选用逐步模型选择法和概念模型法相结合的方法。在统计模型中，我们先选用概念模型中的解释变量，然后用逐步回归法选用主要的解释变量，最后基于饱和模型分析哪些变量对解释土地利用变化有明显贡献。

7.3.3　森林破碎化分析模型

本章采用建立在移动窗口分析技术基础上的森林破碎化分析模型来刻画区域森林破碎化状态和趋势。该破碎化分析模型利用土地利用遥感影像中森林像元和其邻近像元边界的数量特征来定量描述森林破碎化。具体地，给定一奇数大小的移动窗口并使其中心定位于一森林像元（若中心像元为非森林像元，则跳过所有后续分析），然后计算该移动窗口内的两个森林指数 P_f、P_{ff}，并以此作为破碎化分析模型的基础（Wade et al.，2003；戎慧等，2012）。这里，P_f 定义为森林面密度，指在既定大小的窗口中森林像元占非缺失像元的比例；P_{ff} 定义为总体森林连接度，指在既定大小的窗口中，主方向上（上、下或左、右）相邻像元均为森林像元的像元对数占总像元对数（像元对中至少有一个森林像元）的比值。P_{ff} 可以粗略地衡量一个森林像元旁仍然是森林像元的可能性。在此假想的 5×5 的景观窗口中，黑色代表森林像元，白色代表非森林像元，缺失值用灰色表示。一旦两个指数计算完成并被写回中心像元，用如下的判别准则来实现中心森林像元破碎化归属成分的确定，即 P_f=1.0 时为内部森林；P_f<0.4 时为斑块森林；P_f>0.6 且 P_f-P_{ff}>0 为边缘森林；P_f>0.6 且 P_f-P_{ff}<0 为孔洞森林；$0.4 \leqslant P_f \leqslant 0.6$ 为过渡森林；P_f>0.6 且 P_f-P_{ff}=0 为未确定森林。上述过程通过 Arcpy 编程完成。此外，在计算出各破碎化因子后，按照彩色合成的方法（P_{fa} 为红色，P_{ff} 为绿色，P_{fn} 为蓝色）建立森林破碎化干扰模式的空间分布特征（李明诗等，2012）。

7.4　结果与分析

7.4.1　林地利用变化的影响因素分析

7.4.1.1　林地变化的时空特征

从 1990 年、2010 年土地利用转移矩阵（见表 7-2）中可以看出：在研究期内，有 84.64 平方千米的林地转变为其他类型的土地，其中转为耕地的数量最多，为 71.14 平方千米，占总转移量的 84.05%，由林地转为草地的数量其次，面积为 9.52 平方千米，占 11.25%；由林地转为建设用地的面积为 1.13 平方千米，占 1.33%。在研究期内，由其他类型土地转为林地的有 94.24 平方千米，其中由耕地转为林地的面积最多，为 75.59 平方千米，占总转移量的 80.21%。

表 7-2　1990 年、2010 年土地利用转移矩阵　　单位：平方千米

地类		2010 年						合计	转出
		耕地	林地	草地	水域	建设用地	未利用地		
1990 年	耕地		75.59						
	林地	71.14	2348.69	9.52	2.85	1.13	0	2433.33	84.64
	草地		14.94						
	水域		2.84						
	建设用地		0.8						
	未利用地		0.07						
合计			2442.93						
转入			94.24						

7.4.1.2　林地利用变化影响因素

为避免变量之间的多重共线性，在相关性分析中相关系数高于 0.8 的变量应

当被移除。在我们构建的 Logistic 回归模型中，皮尔逊相关系数都在 0.03~0.58，故保留了所有变量。为了进一步验证解释变量的多重共线性，我们进行了方差膨胀因子（VIF）检验，检验结果显示 VIF 值都小于 10，再一次验证所选变量可以包含在我们构建的 Logistic 模型中。

在林地利用变化的 Logistic 回归模型中，坡度用三个虚拟变量分别代表坡度级 I（<5°）、坡度级 II（5°~15°）和坡度级 III（15°~25°），坡度级 IV（>25°）作为它们的参考对象。坡向用四个虚拟变量分别代表平坡、北坡、东坡和南坡，西坡作为它们的参照对象。

（1）林地转出的影响因素分析。

林地转出的 Logistic 回归模型有很好的拟合度，HL 指标为 4.025，p 值为 0.855，统计检验不显著，即模型很好地拟合了数据（见表 7-3）。根据 Wald χ^2 统计量，研究期内对林地转出较为重要的影响变量主要有坡向、海拔、土壤含沙量以及距最近农村居民点距离，其中坡向（南坡）是第一重要的影响因素，其发生比率为 0.429，即南坡向的林地被其他用地类型替代的可能性大约是参考坡向（西坡）的 0.429 倍。坡向主要影响光照条件，而光照条件又是农业生产和建筑设计中首要考虑的条件，也就是说坡向较好的林地容易被建设占用或开垦为耕地。类似地，从表 7-3 中可以看出，坡向 V（东坡）的林地也比参考坡向（西坡）更容易被转换。土壤含沙量是土壤质地的一项重要指标，一般来说，土壤含沙量较低说明土壤的保土保肥效果较好。在该模型中，土壤含沙量对林地的转出有负向的显著影响，从表 7-3 中可知，土壤含沙量增加 1 个百分点，林地转出的概率减少 4.1%，也就是说，土壤含沙量越低的林地越容易被转出，可能的原因是人们在选择将林地开垦为耕地的过程中，会优先开垦土壤质地的林地。这与现实是符合的，在 20 世纪 90 年代末，由于人口增长和经济发展，不少林地被开垦为耕地用以满足人们对粮食的需求。区位因素"距最近农村居民点的距离"对林地的转出也有显著的负向影响，可能的原因是这些具有区位优势的地块能够减少开发成本。

表 7-3　林地转出模型的回归结果

变量	估计系数（β）	标准误	Wald χ^2 统计量	p 值	EXP（β）
HL = 4.025, p = 0.855					
Ln（距最近农村居民点的距离）	−0.165	0.064	6.542	0.011 *	0.848
Ln（距最近河流的距离）	−0.072	0.062	1.338	0.247	0.931
Ln（距主要道路的距离）	−0.071	0.059	1.423	0.233	0.932

变量	估计系数（β）	标准误	Wald X^2 统计量	p 值	EXP（β）
Ln（距县城的距离）	0.127	0.119	1.139	0.286	1.135
Ln（海拔）	−0.473	0.155	9.325	0.002 **	0.623
Ln（土层厚度）	0.437	0.635	0.473	0.491	1.548
土壤含沙量	−0.041	0.017	5.944	0.015 *	0.960
土壤有机质含量	−0.038	0.077	0.242	0.623	0.963
坡度 Ⅰ（<5°）	1.120	0.583	3.699	0.054	3.066
坡度 Ⅱ（5°~15°）	0.641	0.560	1.310	0.252	1.899
坡度 Ⅲ（15°~25°）	0.213	0.565	0.142	0.706	1.238
Ln（气温）	−1.067	0.956	1.246	0.264	0.344
坡向 Ⅰ（平坡）	−0.001	0.248	0.000	0.997	0.999
坡向 Ⅱ（北坡）	−0.231	0.188	1.509	0.219	0.794
坡向 Ⅱ（东坡）	−0.586	0.201	8.461	0.004 **	0.557
坡向 Ⅳ（南坡）	0.847	0.199	18.210	0.000 ***	0.429

注：* 代表 p<0.05；** 代表 p<0.01；*** 代表 p<0.001。

（2）林地转入的影响因素分析。

林地转入的 Logistic 回归模型有很好的拟合度，HL 指标为 5.622，p 值为 0.690，统计检验不显著，即模型很好地拟合了数据（见表 7-4），根据 Wald X^2 统计量，研究期内对林地转入较为重要的影响变量主要有土壤含沙量、坡向、距县城的距离、坡度和海拔。其中，土壤含沙量是林地转入最重要的影响因素，估计系数为负，表明土壤含沙量越低的区域越容易转为林地，原因是森林树木对种植地的土质有一定要求，含沙量太高，土壤保水率差，树木不易存活。坡向是林地准入的重要空间影响因素，相较于参照组（西坡），林地转入发生在平坡和东坡的概率分别是参照组（西坡）的 1.962 倍和 1.513 倍。变量坡度级 Ⅰ（<5°）的发生比率为 4.239，意味着坡度级 Ⅰ 上的土地被转为林地的可能性是参考坡度 Ⅳ（>25°）的 4.239 倍，即坡度<5°的土地更容易转为林地。距县城的距离对林地转入有较显著的正向影响，即距离县城越远的区域越容易被转为林地。海拔对林地的转入则有显著的负向影响，意味着海拔越低的区域越容易被转为林地，这一点似乎让人困惑，但考虑到兴国县属于典型的丘陵山区县，整体海拔相对较高，而现有林地也多位于丘陵山地上，相较于现有林地，海拔越低的区域越容易

转为林地也具有合理性。

表 7-4　林地转入模型的回归结果

变量	估计系数（β）	标准误	WaldX²统计量	p 值	EXP（β）
HL = 5.622，p = 0.690					
Ln（距最近农村居民点的距离）	−0.058	0.076	0.593	0441	0.943
Ln（距最近河流的距离）	−0.090	0.064	1.986	0.159	0.914
Ln（距主要道路的距离）	−0.067	0.063	1.124	0.289	0.935
Ln（距县城的距离）	0.291	0.119	5.963	0.015*	1.337
Ln（海拔）	−0.297	0.150	3.941	0.047*	0.743
Ln（土层厚度）	−0.160	0.614	0.068	0.795	0.852
土壤含沙量	−0.054	0.016	11.093	0.001**	0.947
土壤有机质含量	0.027	0.075	0.127	0.721	1.027
坡度Ⅰ（<5°）	1.444	0.607	5.654	0.017*	4.239
坡度Ⅱ（5°～15°）	0.961	0.591	2.650	0.104	2.615
坡度Ⅲ（15°～25°）	0.370	0.599	0.381	0.537	1.447
坡向Ⅰ（平坡）	0.674	0.256	6.942	0.008**	1.962
坡向Ⅱ（北坡）	0.022	0.208	0.011	0.915	1.022
坡向Ⅲ（东坡）	0.414	0.203	4.143	0.042*	1.513
坡向Ⅳ（南坡）	0.081	0.202	0.161	0.688	1.085

注：*代表 $p<0.05$；**代表 $p<0.01$；***代表 $p<0.001$。

7.4.2　森林破碎化分析

7.4.2.1　森林破碎化模式的是时空差异分析

森林破碎化是一个连续的过程，即内部森林减少、边缘森林增多、越来越多的斑块森林被孤立（李明诗，2010）。当人们意识到林地破碎的生态危害，或者感受到了森林破碎化带来的威胁时，便开始植树造林以应对危机，这时，森林破碎化的逆向过程可能就会发生。通过 5×5 的景观窗口进行森林破碎化模型分析可得到图 7-1，图 7-1 对比了 1990 年和 2010 年兴国县森林破碎化模式的差异。总体来说，兴国县的森林破碎化情况较为严峻，除去内部森林的比例，其他表征森林破碎度的森林面积占总森林面积的比例超过 50%，说明森林破碎化较为严重。从森林类型看，内部森林在两个研究期内变化不大，大概占森林总面积的 47%，都是所有森林类型中占比最多的。斑块森林和过渡森林在两个时期基本没变化，分别占比 10% 和 8%。而边缘森林和孔洞森林则各下降 2%，分别从 1990 年的 18% 下降到 2010 年的 16% 和从 1990 年的 15% 下降到 2010 年的 13%。相对来说，未确定森林变化较多，在 1990 年这一类型森林几乎没有，而到了 2010 年，未确定森林面积占总森林面积的 3%。从空间分布看，内部森林几乎遍布整个研究区，斑块森林和过渡森林多出现在森林与水域交界的缓冲区，边缘森林和孔洞森林主要分布在省域的中部和西南地区。从对比结果看，2010 年兴国县的森林破碎化状况要优于 1990 年的，因为其内部森林比例略有提高，而边缘森林和孔洞森林的比例有所下降。

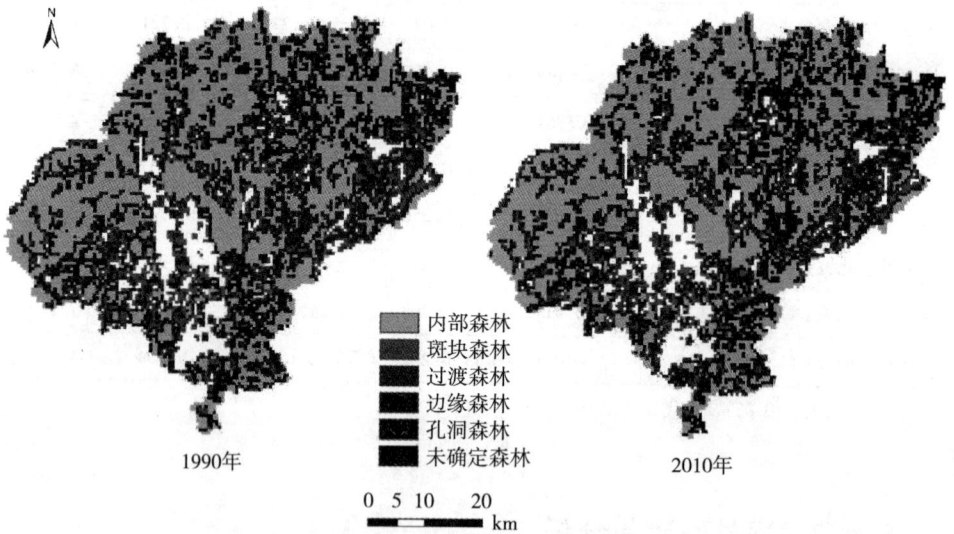

图 7-1　1990 年和 2010 年兴国县森林破碎化模式对比示意图

7.4.2.2　干扰模式分析

森林破碎化模型分析的结果显示，P_{fa} 和 P_{fn} 的值在 1990 年分别为 0.129 和 0.023，在 2010 年分别为 0.127 和 0.022。从数值上看，兴国县的森林破碎化主要是人为干扰造成的。从图 7-3 上可以看出，人为干扰主要发生在区域东部和中西部森林与水域交界的缓冲区内，城镇地区表现最为明显；自然干扰主要发生在

（hm²）

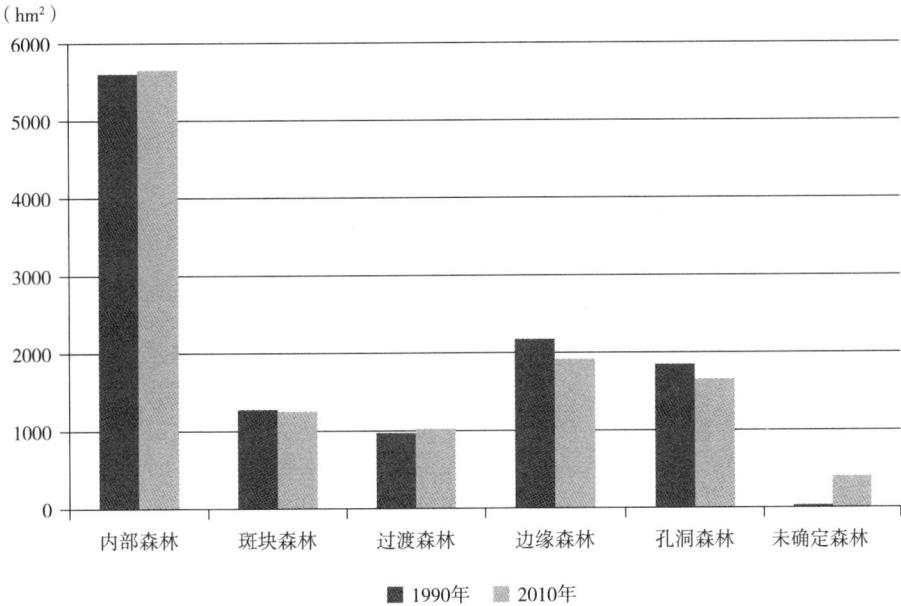

图 7-2　1990 年和 2010 年兴国县各类型森林数据对比

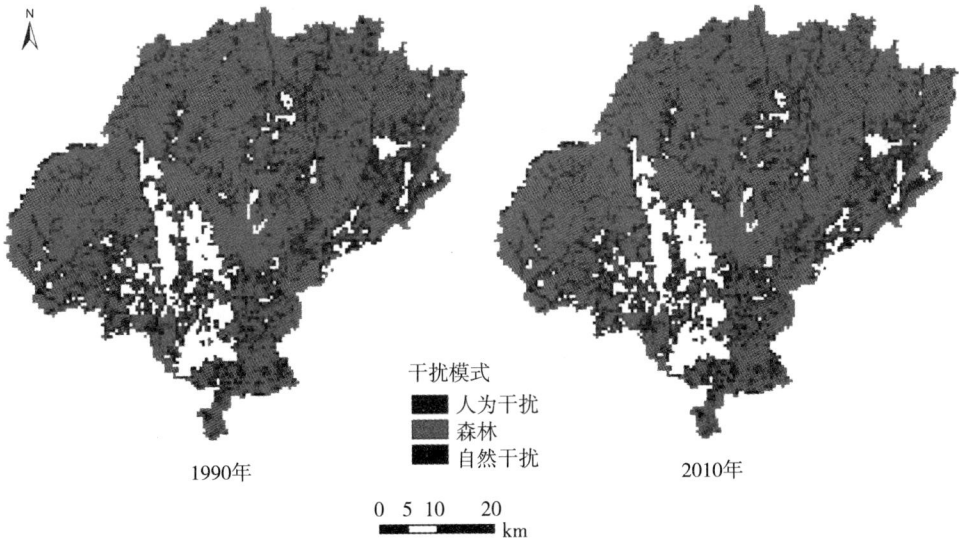

图 7-3　1990 年和 2010 年兴国县森林干扰模式的对比示意图

西北部边缘，这些地方是典型的山区。通过对比分析发现，1990 年地图上人为干扰的区域要多于 2010 年的干扰区域。也就是说，1990 年人类活动的干扰要明显高于 2010 年，这意味着保护林地的政策措施已经初有成效。

7.5 结论与政策启示

7.5.1 结论

通过对比两期的土地利用数据，总的林地面积增加了。从林地转变的方向来看，在研究期内，林地主要转为了耕地，其次是草地、水域和建设用地。同时又有其他类型的土地转为林地，耕地转为林地和草地转为林地最为常见。在林地转出的模型中，坡向、海拔、土壤含沙量和距农村居民点距离是较重要的影响变量。在林地转入的模型中，土壤含沙量、海拔、坡向、距县城的距离和坡度是较重要的影响变量。

在森林破碎化分析模型中，整体而言，兴国县的森林破碎化情况较为严重，因为两期的内部森林比例都小于50%，而边缘森林和孔洞森林的比例都较高。从时间上对比，2010年兴国县的森林破碎化状况要优于1990年，因为其内部森林的比例略高于1990年，而边缘森林和孔洞森林的比例低于1990年。从森林干扰状况来看，人类干扰是主要干扰类型。人类干扰主要发生在森林与水域交界的缓冲区内，在城镇地区最为明显，而自然干扰主要发生在西北部边缘，这些地方是典型的山区。从时间上对比，1990年的人类活动干扰和自然干扰都要明显高于2010年。

无论从林地的变化数量还是林地的破碎化状况都可以看出，1990~2010年，林地的整体状况好转，林地保护政策已初见成效。但是从Logistic模型的结果可以看出，政策实施的实际过程与政策要求存在差异，退耕还林工程要求对坡度>25°的坡耕地实行退耕还林，但是模型的结果显示坡度<5°的耕地更容易转为林地。这是由于土地利用过程中，人们往往带有偏好性，导致处于某一类别的土地更容易发生转换，从而使原本完整的景观出现边缘化、空洞化、细碎化。

7.5.2 政策启示

1990~2010年，兴国县林地的总体状况有所改善，表明我国实施的林地保护政策对林地数量和整体的景观格局提供了有效的保护，然而从林地转入转出影响因素的分析中可以看出，大量优质林地被劣质林地取代。笔者从保护生物多样性的角度出发，提出以下政策建议：

第一，林地应被视为生物多样性保护的首要土地利用类型，同时，生物多样性保护的重点也应放在自然保护区之外的林地，加强恢复生物绿色通道。

第二，应提高林地保护的重视水平。在国内，粮食安全往往重于一切，导致在相同的环境下，耕地要比林地保护得好，而不少环境和生态问题就是因为开发耕地产生的，如土壤退化、水土流失等。因此，从生态安全的角度，应视林地同耕地同等重要。

第三，森林生态系统是一个完整的系统，应优先保护。本章的研究结果表明，林地很容易被建设占用，在人们的潜意识里，经济产出并不高的林地就应该为能带来巨大经济收益的建设用地让道，于是盲目地对森林进行干扰。

第四，林地开发和利用不应针对内部森林进行，以防止边缘森林和孔洞森林类型的出现。在对森林保护过程中，应优先恢复边缘森林和孔洞森林的森林生态系统，以保持森林系统的整体大环境。

第五，对于林地资源丰富的兴国县来说，更应该强调其林地在保护生物多样性方面的生态功能，可以制定专有的林地保护规划，而不是走牺牲环境发展经济的道路。国土部门和林业部门可以参照本书所用方法划分森林破碎化模式，对不同的林地破碎形式实施不同的保护策略。

第 8 章

基于景观结构的土地利用生态风险分析

8.1 引言

  土地利用对环境和生态的作用在全球环境变化研究领域受到高度重视（李秀彬，1996；程江等，2009；王瑾等，2010；李晋昌等，2010）。在人为活动占优势的景观内，不同土地利用方式和强度产生的生态影响具有区域性和累积性的特征，并且可以直观地反映在生态系统的结构和组成上（曾辉和刘国军，1999）。景观格局中沿某一方向的高度自相关可能预示某种生态学过程在起着重要作用（邬建国，2000b）。景观格局变化是景观生态学的研究基础，基于景观结构进行土地利用生态风险分析，可以综合评估各种潜在的生态影响类型及其累积性后果。因此，景观生态风险评价能较好地反映出景观格局对生态过程和功能的影响，通过对各景观生态风险等级时空分异变化及其地类构成等方面的分析与辨析（彭建等，2015），可解释和预测生态环境健康程度以及潜在风险压力的时空分布及变化特征（康紫薇等，2020）。目前国内外学者对景观格局的研究主要关注景观格局动态变化过程（Zhang et al.，2020；胡学东和邹利林，2020）、景观格局变化驱动力（车通等，2020；周正龙等，2020）、景观格局与生态过程的相互作用（张华兵等，2020；彭健等，2020）、景观格局梯度（巫丽芸等，2019）、景观格局优化（李青圃等，2019）、景观格局的尺度效应（李昆等，2020）、景观生态安全（雷金睿等，2020；王媛等，2019）等方面。

  国内学者生态风险研究的重点在其理论与方法上，且已初步形成了具有一定国际引领意义的结构框架（彭建等，2015），而以土地利用动态变化和景观格局变化为切入点的景观生态风险评价，能够揭示一个区域在自然或人为因素影响下景观格局与生态过程相互作用可能产生的不良后果，可有效指引区域景观格局优化与管理（彭建等，2015；康紫薇等，2020）。生态风险评价方法目前主要分为基于景观格局和基于风险源汇聚两种评价方法，其中基于景观格局的景观生态风险评价直接从景观的空间格局出发来描述和评估生态风险，主要是针对以土地利用/覆盖变化（LUCC）为诱因的生态风险进行评价，是景观生态风险评价的热点，诸多学者进行了这方面的研究。例如，石小伟等（2020）以浙中城市群为例，基于1996~2016年五个时期的遥感影像数据，运用FRAGSTATS软件测度景观格局指数在关键时间节点的水平数值，判断区域土地利用综合景观结构演变特征，进而分析区域生态风险空间分异态势和不同时期城市群土地利用的生态风险。流域景观生态风险评价也是流域生态环境保护与管理的重要研究内容（蒙晓等，2012），徐兰等（2015）基于土地利用数据构建了景观生态风险评价模型，对洋河1990~2008年的生态风险进行了评价；王涛等（2017）以1995~2015年洱海流域的土地利用数据为基础进行了景观生态风险评价，并探讨了土地利用变化对景观生态风险的影响；吕乐婷等（2018）以1985~2005年的遥感数据为基础，对细河流域的景观生态风险进行了描述和评估。鄱阳湖是中国第一大淡水湖，Xie等（2013）结合景观扰动指数和景观破碎化指数，建立了生态风险指数，利用空间自相关和半方差分析方法分析了鄱阳湖土地利用生态风险的空间分布和梯度差异，结果发现湖区生态风险呈正相关，且1995年和2005年都随粒度的增加而呈下降趋势，同时由于1995年到2005年高生态风险区增加，研究区域的生态环境质量略有下降。

进行土地利用景观结构的生态风险空间统计分析，能准确地显示出各种生态影响的空间分布和梯度变化特征。目前，表征景观格局的指数有多样性指数、镶嵌度指数、距离指数及其景观破碎度指数等（谢花林和李秀彬，2008）。景观格局的最大特征之一就是空间自相关性。本章以我国典型的红壤丘陵区——兴国县为案例区，在基本判别指标的基础上，结合前人的研究成果，构建了干扰度指数和景观脆弱度指数，通过土地利用格局与生态环境之间的关系，建立景观格局指数与土地利用生态风险之间的定量化表达，借助空间统计学空间化变量的方法，探究兴国县土地利用的生态风险空间特征，为区域土地可持续利用提供新的思路和方法。

8.2　数据来源和研究方法

8.2.1　数据来源

运用 ArcGIS10.2、MGE、ERDAS8.5 等 GIS 和遥感图像处理软件，参照兴国县 1:10 万地形图、土地利用现状图，对 1995 年、2005 年和 2015 年三个不同时期的区域陆地资源卫星 Landsat TM 影像进行图像镶嵌、几何纠正、判读解译等工作。根据解译标志把空间栅格数据矢量化并进行地类编码，在 ArcGIS10.2 中建立拓扑关系，最终生成土地利用图形库和属性数据库。利用 1995 年、2005 年和 2015 年的兴国县土地利用解译数据，对建立的空间数据库进行进一步研究，以考察土地利用生态风险变化特征。根据基于景观结构的土地利用生态风险的空间特点，本次遥感解译把土地利用类型分为 6 个一级类和 12 个二级类，一级地类包括耕地、林地、草地、居民点及工矿地、水域和未利用地 6 个；二级地类包括水田、旱地、有林地、灌木林地、疏林地、其他林地、高覆盖度草地、中低覆盖度草地、水域、居民点、工矿用地和未利用地 12 个。

8.2.2　土地利用生态风险指数的构建

8.2.2.1　景观干扰度指数

不同的景观类型在维护生物多样性、保护物种、完善整体结构和功能、促进景观结构自然演替等方面的作用是有差别的，对外界干扰的抵抗能力也是不同的。根据前人研究成果（李谢辉和李景宜，2008；荆玉平等，2008；臧淑英等，2005），景观干扰度指数（E_i）是用来反映不同景观所代表的生态系统受到干扰（主要是人类活动）的程度（李谢辉和李景宜，2008），可通过对景观破碎度指数（C_i）、景观分离度指数（S_i）和景观优势度指数（DO_i）三者赋予权重叠加获得。其中，C_i 是表述整个景观或某一景观类型在给定时间和给定性质上的破碎化程度，即指在自然或人为干扰作用下，景观由单一、均质和连续的整体趋向于复杂、异质和不连续的斑块镶嵌体的过程（荆玉平等，2008）；S_i 是指某一景观类型中不同元素或斑块个体分布的分离程度，分离程度越大，表明景观在地域分布上越分散,景观分布越复杂,破碎化程度也越高;DO_i 是用来衡量斑块在景观中重要地位的一种指标,其大小直接反映了斑块对景观格局形成和变化影响的大小(许学工等,2001)。景观优势度由斑块的频度(Q_i)、密度(M_i)和比例(L_i)决定。相应的计算公式如表 8-1 所示。

表 8-1　景观结构指数计算方法

序号	指数名称	计算方法
1	景观破碎度指数(C_i)	$C_i = \dfrac{n_i}{A_i}$
2	景观分离度指数(S_i)	$S_i = D_i \times \dfrac{A}{A_i}$, $D_i = \dfrac{1}{2}\sqrt{\dfrac{n_i}{A}}$
3	景观优势度指数(DO_i)	$DO_i = \dfrac{Q_i + M_i}{4} + \dfrac{L_i}{2}$
4	景观干扰度指数(E_i)	$E_i = aC_i + bS_i + cDO_i$
5	景观脆弱度指数(F_i)	由专家咨询法并进行归一化处理得到

注:n_i 为景观类型 i 的斑块数;A_i 为景观类型 i 的总面积;D_i 为景观类型 i 的距离指数;A 为景观总面积;DO_i = 斑块 i 出现的样方数/总样方数;M_i = 斑块 i 的数目/斑块总数;L_i = 斑块 i 的面积/样方的总面积;a、b、c 为相应各景观指数的权重,且 $a+b+c=1$,根据分析权衡,并结合前人研究成果(李谢辉和李景宜,2008;荆玉平等,2008;臧淑英等,2005),破碎度指数最为重要,其次为分离度指数和优势度指数,以上 3 种指数分别赋以 0.5、0.3、0.2 的权值。

8.2.2.2　景观脆弱度指数

不同的景观类型在维护生物多样性、保护物种、完善整体结构和功能、促进景观结构自然演替等方面的作用是有差别的,对外界干扰的抵抗能力也不同,这种差异性与自然演替过程所处的阶段有关(许学工等,2001)。由于人类活动是该区生态系统的主要干扰因素,所以土地利用程度不仅反映了土地利用中土地本身的自然属性,而且反映了人为因素与自然因素的综合效应。本书选取六种景观类型所代表的生态系统,以未利用土地最为脆弱,其次是水域,而村镇及工矿最稳定。分别对六种景观类型赋予脆弱度指数:未利用地为 6、水域为 5、耕地为 4、草地为 3、林地为 2、居民点及工矿用地为 1,然后进行归一化处理(许学工等,2001),得到各自的脆弱度指数(F_i)。

8.2.2.3　土地利用生态风险指数

结合前人研究成果（李谢辉和李景宜，2008；荆玉平等，2008；臧淑英等，2005），利用上述所建立的景观干扰度指数和景观脆弱度指数，构建土地利用生态风险指数，用于描述一个样地综合生态损失的大小，以便通过采样方法将景观的空间格局转化为空间化的生态风险变量。土地利用生态风险指数（ERI）的计算公式如下：

$$ERI = \sum_{i=1}^{N} \frac{S_{Ki}}{S_K} \sqrt{E_i \times F_i} \qquad (8-1)$$

其中，ERI 为土地利用生态风险指数；N 为景观类型的数量；E_i 为景观类型 i 的干扰度指数；F_i 为景观类型 i 的脆弱度指数；S_{Ki} 为第 K 个风险小区 i 类景观组分的面积，S_K 为第 K 个风险小区的总面积。

8.2.3　采样方法

本章采用 4km×4km 的正方形样地对土地利用生态风险综合指数进行空间化，采样采用等间距系统采样法，共有样区 215 个。计算每一样地内各类景观的综合生态风险指数，以此作为样地中心点的生态风险值（见图 8-1）。

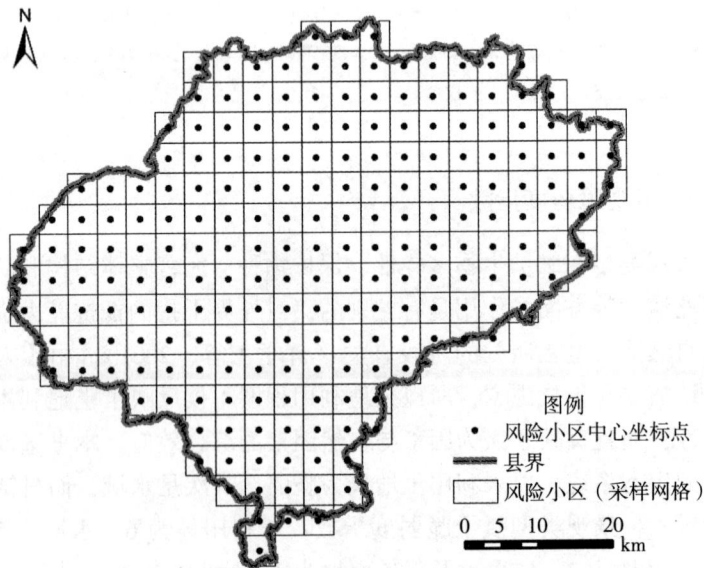

图例
- ·　风险小区中心坐标点
- ——　县界
- □　风险小区（采样网格）

0　5　10　　20
km

图 8-1　生态风险小区的划分

8.2.4　空间统计分析方法

8.2.4.1　空间自相关分析法

空间自相关分析的目的是确定某一变量是否在空间上相关，其相关程度如何（谢花林等，2006；Anselin，1988）。本章用全局空间自相关指标 Moran's I 系数和局部空间自相关指标 LISA 来分析土地利用生态风险指数的空间模式。Moran's I 系数反映空间邻接或空间邻近的区域单元的属性值的相似程度。与统计学上的一般相关系数一样，Moran's I 系数的数值为 (−1，1)：I<0 表示负相关，I=0 表示不相关，I>0 表示正相关。Moran's I 系数的表达公式如下：

$$I = \frac{1}{\sum\limits_{i=1}^{n}\sum\limits_{j=1}^{n} w_{ij}} \times \frac{\sum\limits_{i=1}^{n}\sum\limits_{j=1}^{n} w_{ij}(x_i - \overline{x})(x_j - \overline{x})}{\sum\limits_{i=1}^{n}(x_i - \overline{x})^2/n} \quad i \neq j \tag{8-2}$$

其中，x_i 和 x_j 是变量 x 在相邻配对空间单元（或栅格细胞）的取值；x 为 n 个位置的属性值的平均值；w_{ij} 是通用交叉积统计中的二元空间权重矩阵 w 的元素，可以基于邻接标准或距离标准构建，反映空间目标的位置相似性；由 $(x_i - x)(x_j - x)$ 给出。$(x_i - x)(x_j - x)$ 表示考虑所有的空间单元（或栅格细胞），将单元 i 的值 x_i 减去所有的平均值 x，与单元 j 的值 x_j 减去所有的平均值 x 而得到的值 $(x_j - x)$ 相乘。

当需要进一步考虑是否存在观测值的高值或低值的局部空间聚集，哪个区域单元对于全局空间自相关的贡献更大，以及在多大程度上空间自相关的全局评估掩盖了反常的局部状况或小范围的局部不稳定时，就必须应用局部空间自相关分析。局部空间自相关指标 $LISA_i$ 的计算公式如下：

$$LISA_i = \frac{(x_i - \overline{x})}{\sum\limits_{i}(x_i - \overline{x})^2/n} \sum\limits_{j} W_{ij}(x_j - \overline{x}) \quad i \neq j \tag{8-3}$$

其中，x_i、x_j、$\overline{x}$ 和 W_{ij} 的含义同上。正 $LISA_i$ 值表示该区域单元周围相似值（高值或低值）的空间聚集，负 $LISA_i$ 值表示非相似值的空间聚集。

8.2.4.2　半方差分析法

半方差分析是地统计学中的一个重要组成部分（Anselin，1988）。半方差分析主要有两种用途：一是描述和识别格局的空间结构，二是用于空间局部最优化插值，即克瑞金插值。景观生态风险指数作为一种典型的区域化变量，它在空间上的异质性规律，可以用半方差来分析：

$$\gamma(h) = \frac{1}{2N(h)} \sum_{i=1}^{N(h)} [Z(x_i) - Z(x_i + h)]^2 \tag{8-4}$$

其中，h 为配对抽样的空间分隔距离；N（h）为抽样间距为 h 时的样点对的总数，Z（x_i）和 Z（x_i+h）分别是景观生态风险指数在空间位置 x_i 和 x_i+h 上的观测值［i=1，2，…，N（h）］。

8.3 结果与分析

8.3.1 生态风险度的空间自相关分析

在景观生态学中，尺度往往以粒度和幅度来表达。为进一步探究不同距离阈值下生态风险度 Moran's I 指数的变化情况，需选择合适的距离阈值构建空间权重矩阵。经 ArcGIS 平台和 GEODA 软件分析，本章以 4km 为距离起点，每 4km 为步长进行空间自相关增量分析，得到 1995 年、2005 年、2015 年兴国县的生态风险度和 1995 年至 2015 年生态风险度变化的 Moran's I 指数与距离关系的分析结果表（见表 8-2）。结果显示，1995 年、2005 年、2015 年兴国县的生态风险度和 1995 年至 2015 年生态风险度变化的 Moran's I 指数均为正值，3 个年份和 1995~2015 年生态风险度的变化情况在空间上均表现出一定的空间自相关和集聚效应，即研究区内的土地利用生态风险度存在一定的空间正自相关关系。在 4km 的距离阈值下，1995 年、2005 年、2015 年的生态风险度和 1995 年至 2015 年变化的生态风险度分别为 0.708083、0.715792、0.680901 和 0.374229，2005 年的 Moran's I 指数最大。总体而言，1995 年、2005 年、2015 年和 1995~2015 年的生态风险度随着距离阈值增大，曲线值呈现下降的趋势（见图 8-2）。其中，1995~2015 年生态风险度空间自相关性的变化较为明显。整体上来说，2005 年生态风险度的 Moran's I 指数大于 1995 年和 2015 年，而 1995 年至 2015 年生态风险度变化的 Moran's I 指数在各粒度水平下都较小，表现出弱的空间正自相关性。

表 8-2　兴国县生态风险度 Moran's I 指数与距离关系的分析结果

距离（km）	1995 年	2005 年	2015 年	1995~2015 年
4	0.708083	0.715792	0.680901	0.374229
8	0.582063	0.590706	0.556819	0.202727
12	0.468446	0.475804	0.445559	0.10245
16	0.37035	0.377787	0.350687	0.066522
20	0.255641	0.263577	0.245326	0.037802
24	0.182345	0.189507	0.176275	0.023737
28	0.124395	0.131033	0.121331	0.015475
32	0.071999	0.077773	0.07114	0.00919
36	0.037156	0.042185	0.038479	0.003698
40	0.017696	0.021554	0.02017	0.002264

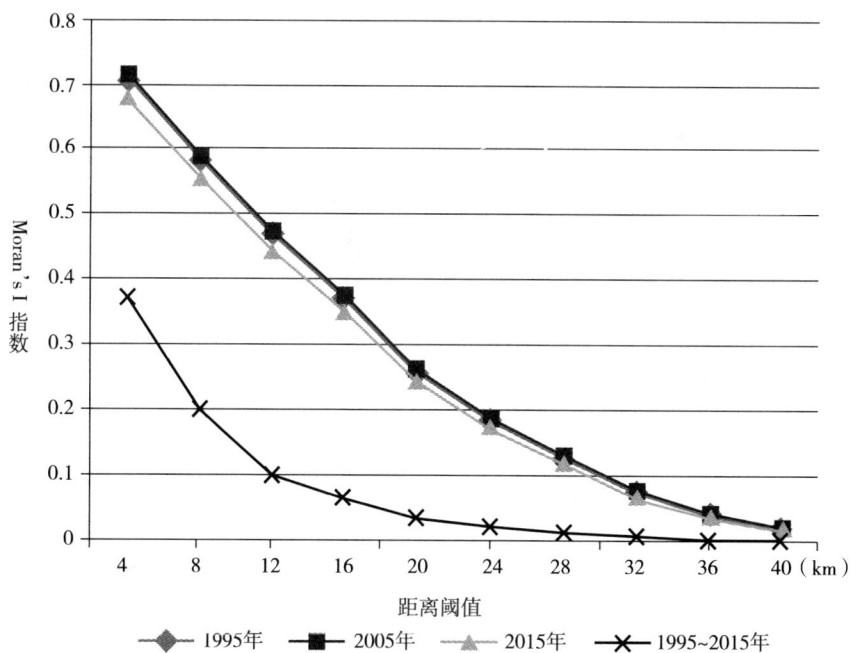

图 8-2　兴国县土地利用生态风险指数的 Moran's I 指数对距离阈值变化的响应

8.3.2 生态风险度的局部空间自相关分析

全局空间自相关指标用于验证整个研究区域某一要素的空间模式,而局部指标用反映整个区域中,一个局部小区域单元上的某种地理现象或某一属性与相邻局部小区域单元上同一现象或属性值的相关程度(Anselin,1995)。由于全局Moran's I不能探测相邻区域之间生态风险度的空间关联模式,所以局部空间自相关系数是可选择的度量指标(Anselin,1995)。根据公式(8-3),可以得出兴国县 215 个样区 1995 年、2005 年和 2015 年生态风险度的局部空间自相关 LISA结果(见图8-3、图8-4和图8-5),以及1995~2015年生态风险度变化的局部空间自相关 LISA 结果(见图8-6)。

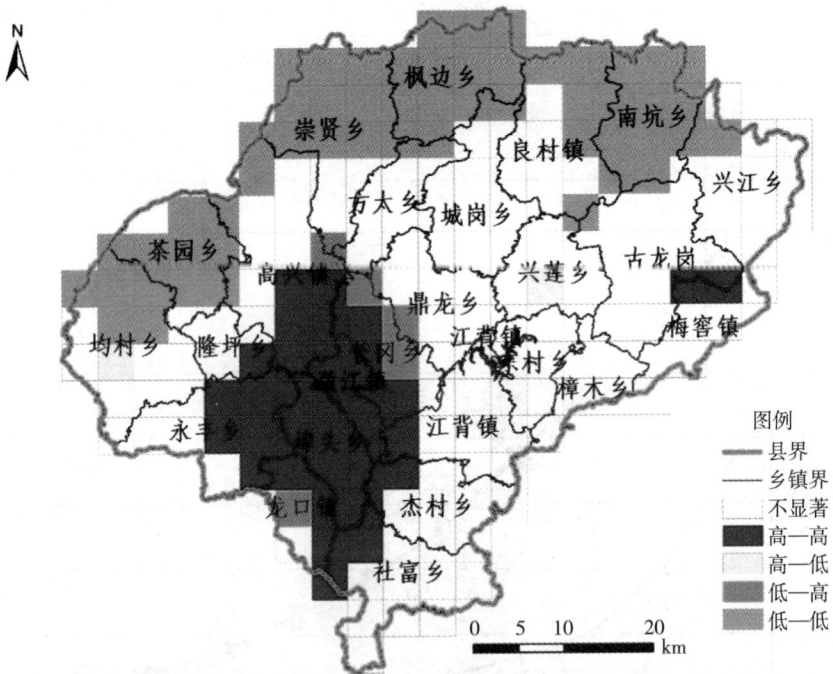

图 8-3 兴国县 1995 年土地利用生态风险度局部空间自相关示意图

从图8-3、图8-4和图8-5可以看出,研究区1995~2015年生态风险度的高值区明显聚集在兴国县西南部的潋江、埠头等乡镇,散见于梅窖镇,这说明这些地区的生态风险度高,相邻地区的生态风险度也较高。其主要原因是这些区域地形起伏度高,植被覆盖率低,岩性以花岗岩为主,土壤侵蚀严重。因此,应加强

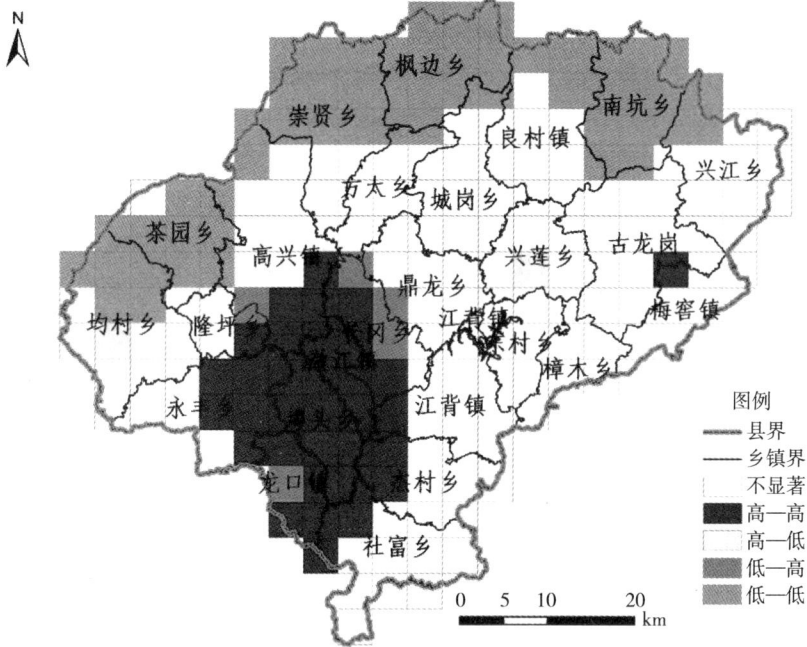

图 8-4　兴国县 2005 年土地利用生态风险度局部空间自相关示意图

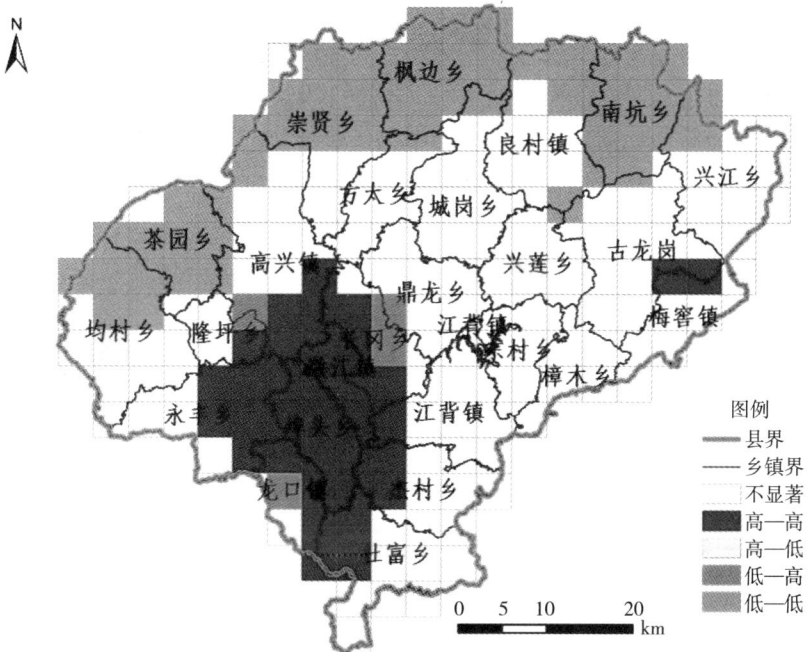

图 8-5　兴国县 2015 年土地利用生态风险度局部空间自相关示意图

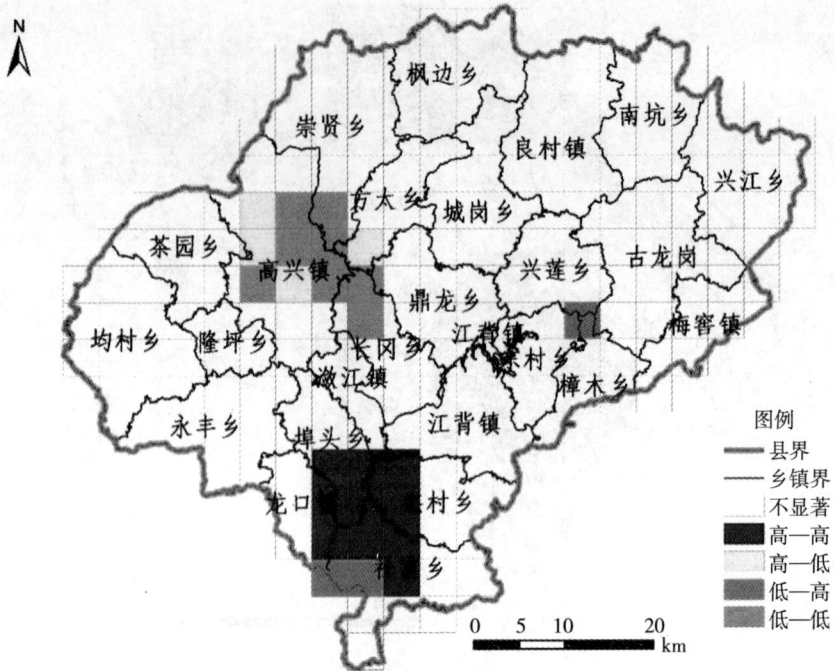

图 8-6　兴国县 1995～2015 年土地利用生态风险度变化局部空间自相关示意图

这些区域的土地生态管理，降低生态风险，维护区域整体生态安全。生态风险度的低值区明显聚集在研究区北部的茶园、崇贤、枫边和南坑等乡镇，这说明这些区域的生态风险度低，同时相邻地区的生态风险指数也较低。

从图 8-6 可以看出，研究区 1995 年至 2015 年大部分区域生态风险度的变化不显著。变化较显著的区域主要集中在研究区的茶园、高兴、长冈、良村和兴江等乡镇。这些区域生态风险度的变化较大，同时相邻地区生态风险度的变化也较大。

8.3.3　土地利用生态风险度的空间分异

利用地统计学方法进行空间分异研究，通过对两期采样数据的变异函数进行计算，得到 1995 年、2005 年和 2015 年各模型的拟合参数（见表 8-3）。从表 8-3 可以看出，无论是 1995 年、2005 年还是 2015 年，球状模型的拟合结果相较于指数模型、线性模型和高斯模型都最为理想，因而 1995 年、2005 年和 2015 年生态风险度的空间结构分析均是基于球状模型进行的。空间异质性主要由随机部分和自相关部分组成（李哈滨等，1998；Journel and Huijbregts，1978）。块金值表示随机部分的空间异质性，较大的块金值表明较小尺度上的某种过程不可忽视。

通过分析 1995 年、2005 年、2015 年三期生态风险数据，发现运用球状模型拟合最为理想，因此本章选取球状模型分析研究期生态风险度的空间结构。半变异函数曲线中有三个主要参数：块金值、基台值和拱高占基台值的比例。由表 8-3 可知，兴国县 1995 年至 2015 年土地利用结构特征发生了较大变化。基台值是反映土地利用生态风险指数上下波动程度的参数，1995 年、2005 年和 2015 年的基台值分别为 0.0124、0.01212、0.0126，虽然基台值有所上升，但幅度不大，表明兴国县的土地利用生态风险强度在提高，但空间分布差异不大。有效变程可以反映土地利用生态风险指数的空间相关距离，1995 年至 2015 年其呈现先上升后下降的趋势，说明人类活动导致土地利用类型之间的转化频繁，土地类型区域破碎化。拱高占基台值的比例在 1995 年、2005 年和 2015 年分别为 93.5%、90% 和 90.1%，比值较高，说明结构性因素引起的异质性程度大于随机部分引起的空间异质性程度。拱高占基台值比例相对较高，表明随着兴国县社会经济的发展，人类增加了对自然状态的干扰，导致景观结构趋于破碎，空间异质性逐渐由小尺度的随机变异转变为大尺度的结构变异。

表 8-3　1995 年、2005 年和 2015 年兴国县土地利用生态风险指数变异函数的拟合模型参数

年份	拟合模型	块金值 Co	基台值 Co+C	有效变程	拱高占基台值比例 C/Co+C	R²	RSS
1995	球状模型	0.0008	0.0124	22480	0.935	0.959	2.87E-06
	指数模型	0.00001	0.01302	28170	0.999	0.9	7.54E-06
	线性模型	0.00635	0.01383	37501	0.541	0.567	3.01E-05
	高斯模型	0.00204	0.01248	18740	0.837	0.952	3.46E-06
2005	球状模型	0.00121	0.01212	23380	0.9	0.97	2.13E-06
	指数模型	0.00001	0.01282	29220	0.999	0.919	5.88E-06
	线性模型	0.006024	0.013601	37500	0.557	0.608	2.61E-05
	高斯模型	0.00245	0.0122	19589	0.799	0.965	2.34E-06
2015	球状模型	0.00125	0.0126	23180	0.901	0.969	2.23E-06
	指数模型	0.00001	0.01332	28950	0.999	0.918	6.30E-06
	线性模型	0.006341	0.014116	37500	0.551	0.602	2.82E-05
	高斯模型	0.00259	0.01268	19468	0.796	0.964	2.55E-06

基于变异函数的理论模型，对 1995 年、2005 年和 2015 年的生态风险指数进行 kriging 插值（见图 8-7、图 8-8、图 8-9）。从图 8-7、图 8-8 和图 8-9 可以看出，1995 年到 2015 年，生态风险度高的乡镇主要集中在兴国县西南部，包括高兴镇、潋江镇和长冈镇，这些地区由于地处县城周边，植被覆盖率低、耕地和生态用地退化严重。从 1995 年至 2015 年的变化情况来看，生态风险度变化较大的乡镇是社富、永丰、隆坪、埠头和古龙岗等乡镇。这些乡镇在扩大建设用地规模的同时应注重环境的保护，实施植树造林等生态环境保护措施，注重经济发展和生态环境之间的关系，制定合理的国土空间规划和生态环境规划，同时在社会生产方面注重产业结构的调整，发展新能源，保护自然资源，提高土地的利用率，从而管控自然风险。从图 8-7、图 8-8 和图 8-9 可以看出，1995～2015 年研究区生态风险度较低的区域基本没有变化，主要分布在兴国县北部和西部地区，具体包括南坑、良村、兴江、枫边、均村和茶园等乡镇。

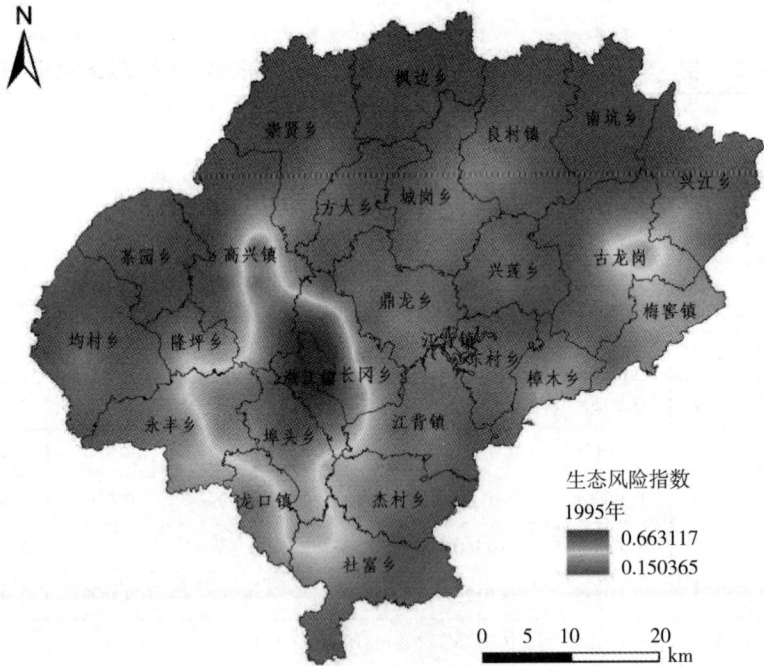

图 8-7　兴国县 1995 年土地利用生态风险指数的 kriging 插值示意图

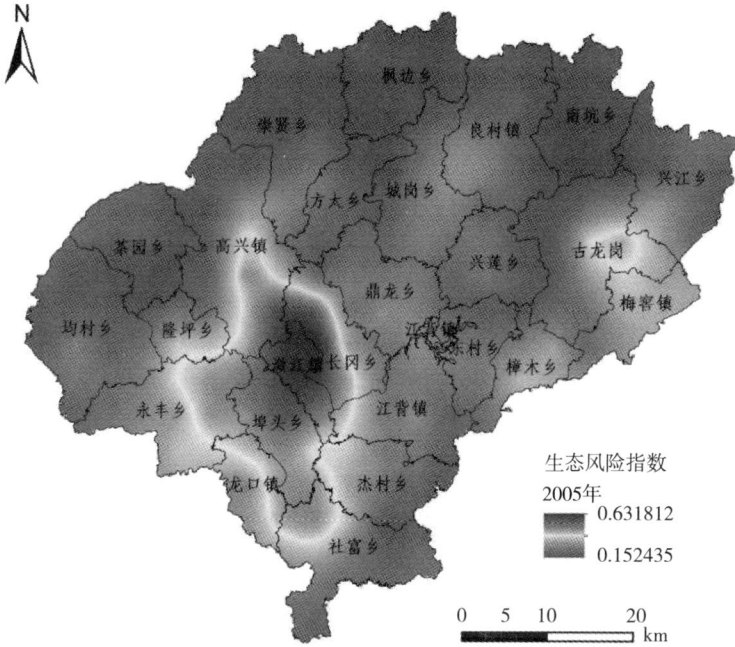

图 8-8　兴国县 2005 年土地利用生态风险指数的 kriging 插值示意图

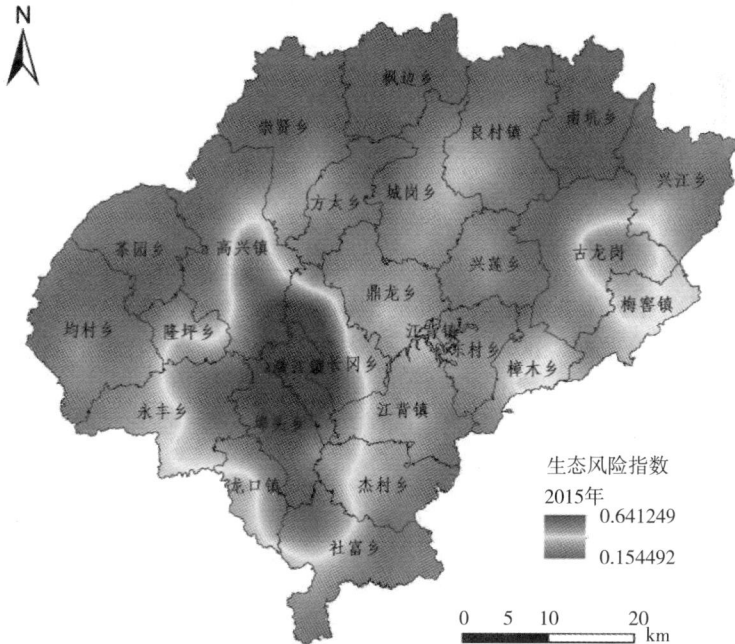

图 8-9　兴国县 2015 年土地利用生态风险指数的 kriging 插值示意图

8.4 结论与讨论

（1）土地利用和景观生态学的结合是研究区域生态环境的有效方法与手段，研究结果可为红壤丘陵区的土地生态管理、生态环境整治与恢复、土地可持续利用提供依据。今后该地区应在土地利用生态风险度高的区域加强土地利用管理，尽量避免不合理的土地利用方式，减少土地利用格局的破碎度和分离度，提高土地利用的生态安全度，促进区域可持续发展。

（2）空间统计学方法关注相邻区域的生态风险空间分布特性，地统计学方法关注生态风险整体在空间上的异质性规律，将两者进行有效结合，有助于从局部到全局深入探讨景观结构变化等造成的土地利用生态风险的空间特征和变化规律。在进行土地统计分析时，采用 GS+专业地统计软件筛选最适拟合的变异函数模型，弥补了 ArcGIS 地统计分析拟合函数选择的主观性。该分析方法更具合理性，为区域生态风险空间分析提供了新的研究思路。由于研究区的生态风险主要表现为土壤侵蚀，所以通过计算每个风险小区内的土壤侵蚀模数，在风险度与土壤侵蚀模数之间建立某种数学关系，将是下一步的研究方向。

（3）本章基于景观结构的景观干扰度指数和景观脆弱度指数构建的生态风险指数，能较好地反映研究区土地利用的生态风险状况。在各粒度水平下，研究区土地利用的生态风险度存在一定的空间正相关性，并且土地利用生态风险度的 Moran's I 指数随着粒度的增大呈现下降趋势。研究区 1995～2015 年土地利用生态风险度的高值区明显聚集在兴国县西南部的潋江、埠头等乡镇，散见于梅窖镇，这些区域的生态风险度高，相邻地区的生态风险度也较高；土地利用生态风险度的低值区明显聚集在研究区北部的茶园、崇贤、枫边和南坑等乡镇。1995～2015 年，研究区生态环境的质量整体不容乐观，生态风险指数较高的地区有所增加。今后该地区应在土地利用生态风险度高的区域加强土地利用管理，尽量避免不合理的土地利用方式，减少土地利用格局的破碎度和分离度，提高土地利用的生态安全度，促进区域可持续发展。

第 9 章

基于生境质量和保护成本分析的
林区优先保护区识别*

9.1 引言

　　林地是陆地上生物多样性保护最重要的土地类型（Halkos and Managi, 2017），据统计，森林覆盖了大约31%的世界陆地表面，为陆生植物和大多数动物提供了90%的栖息地。随着人类活动区域的扩张，曾经不受干扰的林区近年来也不堪人类破坏之重负，受威胁的物种数越来越多（Wu et al., 2016）。近几十年来，国际社会越来越认识到生物多样性的价值以及保护环境和生物资源的重要性。面对生物多样性的丧失，国际社会和各个国家做出了很多努力，出台了一系列国际条约和协议，如《生物多样性公约》《卡塔赫纳生物安全议定书》《濒危野生动植物物种国际贸易公约》《名古屋议定书》等，并采取了一系列行动。这些行动对某些区域确实起到了保护作用，如2017～2018年在中国四川省龙溪—虹口自然保护区内频繁监测到野生大熊猫的活动轨迹，而此前有至少五年没有监测到。但事实上，像这样被高度重视的区域并不多见，尤其是在发展中国家。大部分发展中国家和地区由于时间、资金、人力等投入的有限性，加上缺乏系统的保护分区规划，导致很多地区的生物多样性保护效率低下。因此，对区域，尤其是有管理边界的行政区域来说，亟待寻找新的途径有效保护生物多样性。

　　有效评估生物多样性状态是实现其保护的基础。一般意义上，生物多样性表征的是可以在基因、物种、种群、生态系统（栖息地）、景观等水平上得以观测的多样性（Li and Gao, 2018），因此陆地生物多样性状态的评估方法也可以从上述几个方面进行总结。基因多样性评估涉及微观自然科学，对样地、站点进行长

---

* 本章内容已发表在 SSCI 期刊 *Journal of Forest Economics* 2020 年第 35 卷。

期跟踪的实验评估方法较多，对实验数据的精度要求也很高。对物种、种群的多样性进行评估是长期以来评估生物多样性的主要方式，传统的生物多样性指数也大都是在物种、群落调查的基础上产生的，例如 Whittaker（1972）提出了生物群落多样性的三个空间尺度，即 α、β、γ 多样性。α 多样性关注的是群落内部的特征，β 多样性强调的是沿生境梯度的物种组成的异质性，γ 多样性则关注的是区域或大陆尺度的物种数量。无论是基因、物种，还是种群层面的多样性评估，都无法阐明生物多样性保护和管理目的，缺乏区域层面管理实践的意义。因此在保护、管理的决策领域，生物多样性评估需要引入更多的因素，以适应区域、地区乃至国家等更大尺度上的评估，因此，基于栖息地、景观等水平上的生物多样性评估便应运而生。以栖息地（生态系统）为导向的评估方法主要基于评估物种和栖息地的关系展开，其中生境是重要的因素之一，而对生境的评价主要是依据受保护物种评价生境的敏感性（Hall et al.，1997，Wilcove et al.，1998）。其中 TjØrve 提出的 MHM（Multi-Habitat Models）模型受到广泛应用，该模型主要用于评估多栖息地类型景观下的物种丰富度。Pereira 和 Daily（2010）提出的乡村模型（Countryside Model）考虑不同物种类群对人类或自然干扰下的不同栖息地的利用差异，因而物种对栖息地变化的响应得到更加精细的分析。在景观尺度上，基于中尺度物质丰富度与景观异质性相关的观点，利用遥感图像计算景观指数，如破碎度指数、完整性指数、香农多样性指数，进而评估物种组成的丰富度，是一种简洁而有效的评估方法（Forman，1995；Telleria et al.，2003；Scolozzi and Geneletti，2011；Xie et al.，2017）。但是单纯使用景观指数，容易忽视环境因子和干扰因素的耦合影响。因此，从保护管理和政策决策的角度出发，基于土地类型（生态系统），以生境质量为主要特征，同时将景观特征考虑进去的生物多样性评估似乎更加科学。

土地利用分类可以理解为对不同生态系统进行分类，随着遥感数据可用性和精度的增加，基于土地利用/土地利用变化的生境质量评估广泛开展（Nagendra，2001；Xu and Wu，2005；Xie and Li，2011；Sande et al.，2017；Heumann et al.，2018；Bukvareva Elena，2018），常用的评估模型主要有生境适宜性模型 HIS（肖明，2011）、IDRISI 软件中生物多样性评价模块（肖明，2012；吴季秋，2012）、InVEST 软件中生境质量模块（Glodstein，2012；Zheng et al.，2018）。其中，In-VEST 模型的生境质量和生境稀缺性作为反映生物多样性的指标，可以通过评估某一地区各种生境类型或植被类型的范围和这些类型各自的退化程度来表达，而退化程度则是通过生境受到的威胁来表征，这些威胁主要来自于人类的干扰，如何准确定义不同的威胁因子，以及每种威胁因子对各个不同生境（生态系统）的威胁程度是这一模型准确评估生境质量的关键。区别于其他模型，InVEST 模型的生境质量评估不仅仅抓住生境威胁这一关键因素，还通过相对生境适宜性得分来考察景观生态中斑块隔离现象所导致的生境隔离和生境边缘化问题，被广泛用于生境质量评估（Terrado et al.，2016；Sallustio et al.，2017；Moreira et al.，2018）。因此，本章将运用该模型对区域生境质量进行评估。

面向保护和管理需求时，仅对区域生物多样性进行评估是不够的。因为在实际的规划和管理中，决策者，尤其是发展中国家的决策者不得不把经济因素考虑进去（Gren et al.，2014；Tao et al.，2016；Schöttker et al.，2016）。保护生物多样性，购置土地、投入人员管理和建立保护设施等都需要成本，在这种情况下，亟须解决的便是生物多样性保护的效率问题，即如何将资源用在最需要的地方。不少学者都开展了这方面的研究（Targetti et al.，2014；Doole et al.，2014；Petersen et al.，2016；Bidaud et al.，2018；Manhães et al.，2018），为我们的研究提供了有力的借鉴。因此，借鉴已有研究并考虑本章研究的需要，我们尝试选取影响生物多样性保护成本的因素，构建区域保护成本格局。

中国拥有着名的三大林区，其中南方林区位于秦岭、淮河以南，云贵高原以东，这里气候温暖，植物生长条件良好，树木种类很多，被认为是发展经济林的优质区域，这导致该区域的人为干扰强度明显高于其他两个林区，在经济发展优先环境保护的政策导向下，区域生物多样性面临极大的考验和威胁。兴国县是典型的中国南方林区县域单元，其森林覆盖率高达 72.2%，林木常见树种 384 种。在过去的 20 多年里，兴国县也经历了人工、半人工土地类型面积的扩张，自然生态系统受人类干扰越来越大。尽管区域森林覆盖率很高，但森林生态系统的生境质量状况还是未知，在国家越来越重视生态安全的前提下，决策者又该如何作出经济有效的决策保护区域生物多样性呢？

因此，本章以中国南方林区的典型县级行政单元——兴国县为例，在构建区域生物多样性优先保护区识别框架的基础上，以林地生态系统为主要研究对象，基于 InVEST 生境质量模型和保护成本格局分析方法，识别兴国县的生物多样性优先保护区，具体研究内容安排如下：首先构建生物多样性优先保护识别区框架；其次概述数据来源和研究方法；再次对研究结果进行分析；最后得出结论并进行讨论。

9.2　生物多样性优先保护区识别框架

生物多样性在本质上是一种具有多重价值、高度综合的资源形式，是人类社会生存与发展的物质基础。在人类社会发展过程中，生物多样性资源利用与保护之间日益表现为彼此冲突的特征，但并非不可调和。众所周知，随着人类社会生产力水平的提高，人类对生物多样性资源的干扰和利用逐步加强，生物多样性资源也从自然演化状态逐渐转向大规模退化状态，并且整个过程在不断加速。在这一过程中，自然因素始终发挥作用，表现为非确定性；而人为因素的作用在不断增强，具有趋势性。为了使管理者了解景观区域内各个斑块各自的和整体的生物多样性的分布状况和丰度，有必要绘制出区域内要素的范围或要素赋存状态（如物种、群落、生境）的地图以代表各层次生物多样性水平。通过评估当前土地利用和管理要素保持的程度，制定出具有经济适宜性的保护策略，鼓励这些地区实施生物多样性最大化的资源管理措施。

有效评估生物多样性状态是实现其保护的基础（Li and Gao，2018）。一般来说，只要保持生态系统的健康，所有组成物种就都会健康地生存下去，因此在划定优先保护区之前，我们需要评判生态系统是否健康。生态系统是否健康，常常用生境质量进行衡量。生境是指存在于一个地区的资源和条件，为给定的生命有机体提供生存和繁衍的栖息地（Hall et al.，1997）。生境质量是指基于生存资源可获得性、生物繁衍与存在数量，生态系统提供适合于个体和种群的生存条件的能力，其质量高低取决于人类土地利用及其利用强度与该生境的可接近性。因此，生境质量的优劣应从两个方面展开，一是生境受威胁状况，具体应明确目标生境受到何种威胁，以及各个威胁要素对该生境的威胁程度；二是由景观层面的斑块隔离、斑块边缘化以及斑块破碎化等景观生态要素所形成的生境质量状况。

单纯强调生境质量而忽视社会经济因素，常常会影响到生物多样性资源保护的成效。因此，便捷有效的生物多样性资源保护方法仍然是生物多样性科学研究的重要内容。保护成本格局分析是把生物多样性保护的成本要素空间化，以反映不同生境保护的成本高低。通过对现有保护区保护成本的构成进行分析发现，一般构建保护区实施区域资源保护具体包括如下几类：成本、交通成本、人力成本、基建成本以及因实施保护而导致的原有收益损失。交通成本指生物多样性保护过程中花费在交通上的费用，影响交通成本的要素一般有海拔、距道路距离等。人力成本指生物多样性保护过程中人力投入花费的所有费用。基建成本主要包括建立生物多样性保护设施的费用，一般受区域地形、坡度等要素影响。因保护需要导致林业损失的机会成本，指划定生物多样性保护区域后会减少采伐等林业活动，从而导致林业生产总值的降低。

在明确区域生境质量状态和保护成本格局的情况下，将两者进行叠加分析，便可确定生物多样性保护的优先级（见图9-1）。当前，生物多样性资源保护的主要载体是各类保护区和国家公园，但这些严格进行生物多样性资源保护的区域面积仅占全球陆地面积的 8.81%，不能满足全球生物多样性资源保护的需求。构建该评估理论框架的目的在于找到能够使当地的自然系统和人类经济均受益的双赢地区。

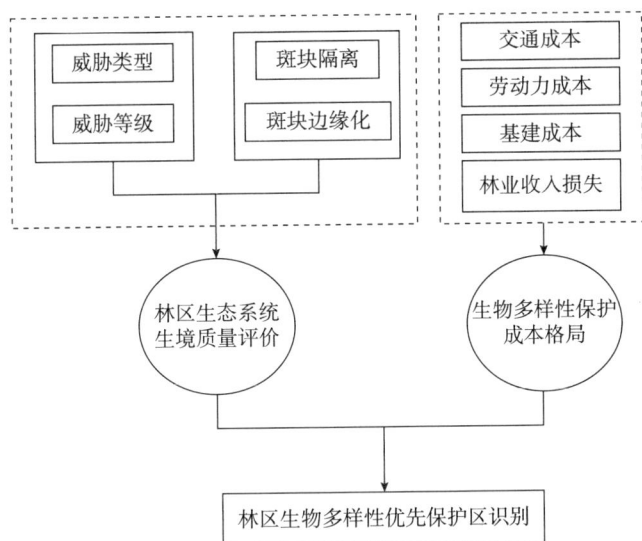

图 9-1　生物多样性优先保护区识别框架

9.3　研究方法

9.3.1　数据来源与处理

本章所使用的数据集包括空间显现的土地利用数据、自然和社会经济数据。其中，2015 年土地覆被和 DEM 数据来源于中国科学院资源环境与科学数据中心。生境质量模型中所需的城镇、农村居民点、工矿用地等威胁因子的数据提取自土地覆被数据，公路、铁路数据来源于兴国县基础地理数据库。保护成本空间格局分析中应用到的距道路距离的数据由在 ArcGIS 中运用距离分析工具计算得到，坡度数据由在 ArcGIS 中基于 DEM 数据运用坡度分析工具得到。本章所有空间数据均被重采样为 30m×30m 的栅格数据。

9.3.2 InVEST 生境质量模型

InVEST 生境质量模型结合土地覆被和生物多样性威胁因素的信息生成生境质量图，其计算生态系统供给物种生存繁衍的潜力，用生境质量指数来反映生境质量，指数越大，生境质量越高，计算公式如下：

$$Q_{xj} = H_j \left[1 - \left(\frac{D_{xj}^z}{D_{xj}^z + k^z} \right) \right] \tag{9-1}$$

其中，j 为生境类型，Q_{xj} 为土地利用与土地覆盖 j 中栅格 x 的生境质量；D_{xj} 为土地利用与土地覆盖 j 中栅格 x 所受胁迫水平；k 为半饱和常数，通常取 D_{xj} 最大值的一半；H_j 为土地利用与土地覆盖 j 的生境适宜性；z 为归一化常量，通常取值 2.5。D_{xj} 通过以下公式计算获得：

$$D_{xj} = \sum_{r=1}^{R} \sum_{y=1}^{Y_R} \left(\frac{W_r}{\sum_{r=1}^{R} W_r} \right) r_y i_{rxy} \beta_y S_{jr} \tag{9-2}$$

其中，R 为威胁因子；y 为威胁因子 r 栅格图层的栅格数；Y_R 为威胁因子所占栅格数；W_r 为威胁因子权重；r_y 为栅格 y 的威胁因子值（0 或 1）；i_{rxy} 为栅格 y 的威胁因子值 r_y 对生境栅格 x 的威胁水平；β_y 为栅格 x 可达性水平取值，取值区间为 0~1，1 表示极易达到；S_{jr} 为生境类型 j 对威胁因子 r 的敏感程度。i_{rxy} 通过式（9-3）得到：

$$i_{rxy} = 1 - \left(\frac{d_{xy}}{d_{rmax}} \right) \tag{9-3}$$

其中，d_{xy} 是栅格 x 与栅格 y 之间的直线距离；d_{rmax} 是威胁因子 r 的最大影响距离。

运行生境质量模块所需的数据，包括土地利用覆被图、各期威胁因子图层、威胁因子的影响距离、生境对各威胁因子的敏感性、生境与威胁因子源的距离。

在生境质量模块中，确定生境所受到的威胁，以及其对各个威胁因子的敏感程度是模型运行成功的关键。根据 InVEST 模型实例以及已有研究，本章以景观生态学中的保护生物多样性为基本原则，确定一个生境类型的受威胁敏感度。一般来说，不考虑自然突发状况的情况下，人类活动是对森林生态系统影响最大的因素，因此，本章主要将人工环境、半人工环境列为威胁因子，参考 InVEST 模型实例以及其他学者（Sather et al., 2016; Foresman and Montanamissoula, 2001）的研究，最终选取耕地、城镇建设用地、农村居民点、工矿用地、公路、铁路等作为区域森林生态系统生物多样性的主要干扰因子，对各威胁因子的最大胁迫距离、权重，不同生境类型对威胁因子的敏感性进行赋值（见表9-1、表9-2）。

表9-1　生态胁迫因子属性

威胁因子	最大胁迫距离	权重	权重距离衰减
耕地	2	0.4	线性衰减
离城镇距离	5	0.6	指数衰减
城镇建设用地	10	1	指数衰减
工业用地	12	1	线性衰减
公路	3	1	线性衰减
铁路	1	0.7	线性衰减

表9-2　不同生境类型对不同胁迫因子的敏感度

林地类型	栖息地适宜性	耕地	离城镇距离	城镇建设用地	工业用地	公路	铁路
阔叶林，leaf-on	1	1	1	1	1	0.9	0.8
阔叶林，leaf-off	1	0.9	0.95	0.8	0.9	0.8	0.75
针叶林，leaf-off	1	0.5	0.55	0.7	0.5	0.4	0.3
混合叶林，leaf-on	1	0.5	0.55	0.7	0.5	0.4	0.3
灌木林，leaf-on	0.7	0.4	0.45	0.6	0.4	0.3	0.2

9.3.3　保护成本格局分析

根据生物多样性优先保护区识别框架，我们需要从交通、人力、基建、收益损失等方面构建保护成本空间格局。其中，交通成本、距道路距离能够部分反映保护区可达性成本，是交通成本的重要组成部分之一。此外，兴国县海拔在127.9~1204米，从河谷到山地人为活动的可达性递减，以海拔高度可以有效反映交通成本的分布规律，因此，本章主要选取距道路距离和海拔作为交通成本因子以反映交通成本空间格局。人力成本是保护区保护管理过程中必不可少的成本因子，但人力成本具有区域性，一般在乡级、县级范围内，人力成本相差不大，可以认为是一致的，故本章不对人力成本进行空间化。基建成本主要包括建立生物多样性保护设施的费用，一般受区域地形、坡度等要素影响，这里我们选取坡度作为反映基建成本差异的主要要素。因保护导致的林业损失，指划定生物多样性保护区域后会减少采伐等林业活动，从而导致林业生产值的降低，本章主要根据森林生态系统的类别差异反映其成本空间差异。

通过对上述成本因子空间化、标准化，以德尔菲法确定各因子影响保护成本的权重（见表9-3），最终确定区域保护成本的空间格局。

表9-3　成本因子权重

成本因子	权重
海拔	0. 2752
坡度	0. 2596
距道路距离	0. 1657
林业收益损失	0. 2996

9.3.4　优先保护区确定

刘生境质量和保护成本进行叠加分析，然后再进行 K-means 聚类分析，将林地分为四个等级，等级不同，保护优先性不同，优先级别最高的为优先保护区，根据本章的研究思路，即将生境质量好而保护成本低的地区作为保护优先地区。

9.4　结果与分析

9.4.1　生境质量

将 InVEST 生境质量模型运行所需数据导入模型并设置好相关参数，得到研究区生境质量地图，质量得分值无量纲，较高数值表示较好的生境质量（见图9-2）。

从彩图2中可以看出，在研究区所有的林地中，生境质量较好的多分布在区域的东北部，少量分布在南部。从整体上看，区域林地生境质量不高，代表质量较低的绿色为基底色，在红色（生境质量高）和绿色（生境质量低）之间的黄色（生境质量中等）出现断层。仅从保护生物多样性的角度看，彩图 2 中红色区域应是首要考虑的保护区。

9.4.2　保护成本空间格局

将本章考虑的成本因素空间化，图 9-2（a）为研究区林地的海拔空间分布，海拔最高值为 1160 米，最低为 111 米。从空间上看，高海拔区域主要分布在县域的周边，即图中红色分布的区域，表明这部分林地生物多样性保护的基建成本会相对较高。图 9-2（b）为研究区林地的坡度空间分布，坡度最高值为 63.2554°，坡度越大，说明实行区域保护的基建成本越高。图 9-2（c）为研究区林地距道路距离的空间分布，从图中看，距离道路较远的林地主要分布在区域的东北、西部和东南角，这部分地区的林地生物多样性的保护相对其他林地会花费更多的交通成本。图 9-2（d）为研究区林地类型的空间分布，从林地类型看，阔叶林的林业经济产出高于针叶林，针叶林的林业经济产出高于混交林，混交林的林业经济产出高于灌木林，因此，当对区域实行保护时，势必会导致林业收益损失。

根据表 9-3 中各成本因子的权重在 ArcGIS 中计算各个栅格的林地生物多样性保护成本，得到图 9-3，颜色越深表明该栅格的保护成本越高。

9.4.3　优先保护区及其分区管制

将研究区的生境质量和生物多样性保护成本叠加并聚类，得到图 9-4。图 9-4 中，等级一是保护优先性最高的区域，面积为 620.61 平方千米，主要分布在东北片区和西南片区；等级二的保护优先性仅次于等级一，面积为 240.95 平方千米，主要分布在西北片区和中部片区；等级三的面积为 108.53 平方千米，主要分布在近城镇中心区域；等级四的面积为 970.12 平方千米，在所有优先级中面积最大，也是生物多样性保护相对不那么急迫的区域。

就第一优先保护级的保护区来说，这部分林地的生境质量高，即生态状况维持较好的林地区域，植被覆盖程度好，生物多样性丰富，较少受到人为干扰。同时，其所处的地理区位、地形地貌特征导致其保护成本相对较低，是生物多样性建设和保护的优先区。在实际的管护工作中，重点应放在持续减少人为干扰，有针对性地建立受保护物种的安全防护措施，严禁乱砍滥伐，营造受保护物种生存和繁衍的舒适环境。

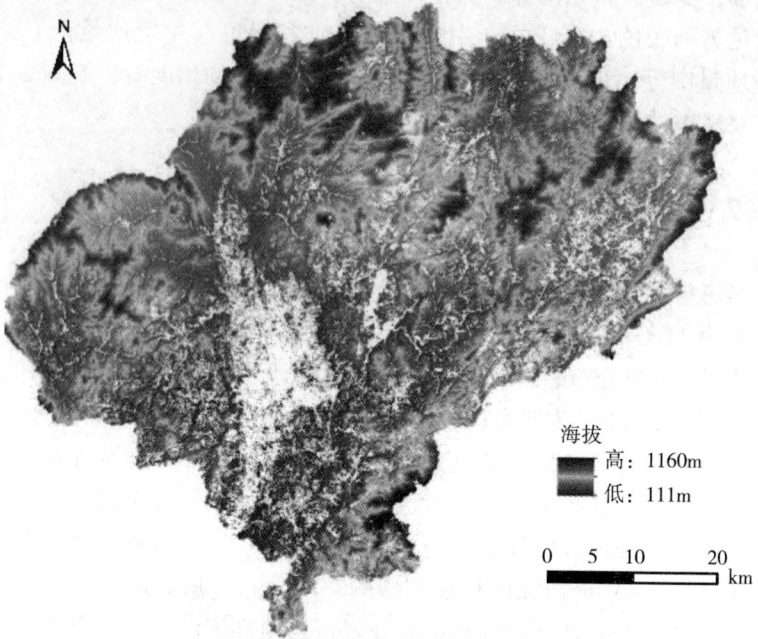

海拔
高：1160m
低：111m

0 5 10 20
km

（a）海拔因子的空间分布示意图

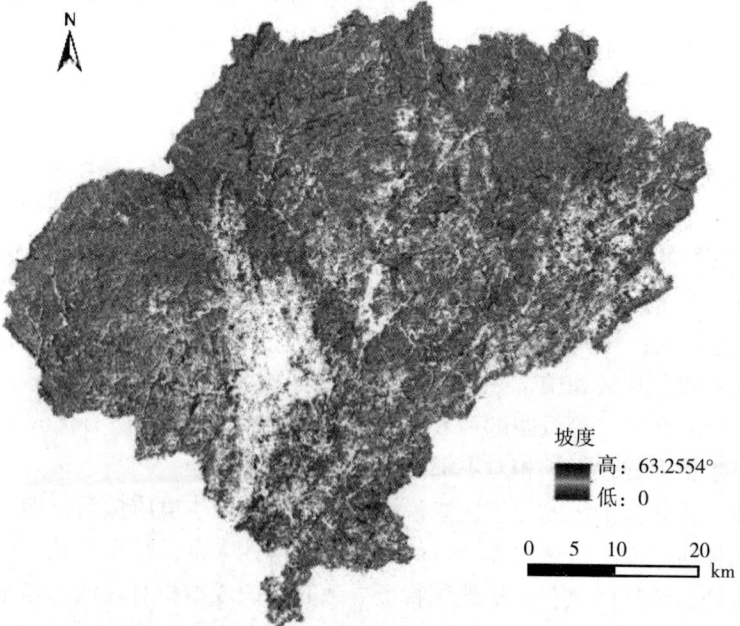

坡度
高：63.2554°
低：0

0 5 10 20
km

（b）坡度因子的空间分布示意图

图 9-2 兴国县 2015 年成本因子空间分布示意图

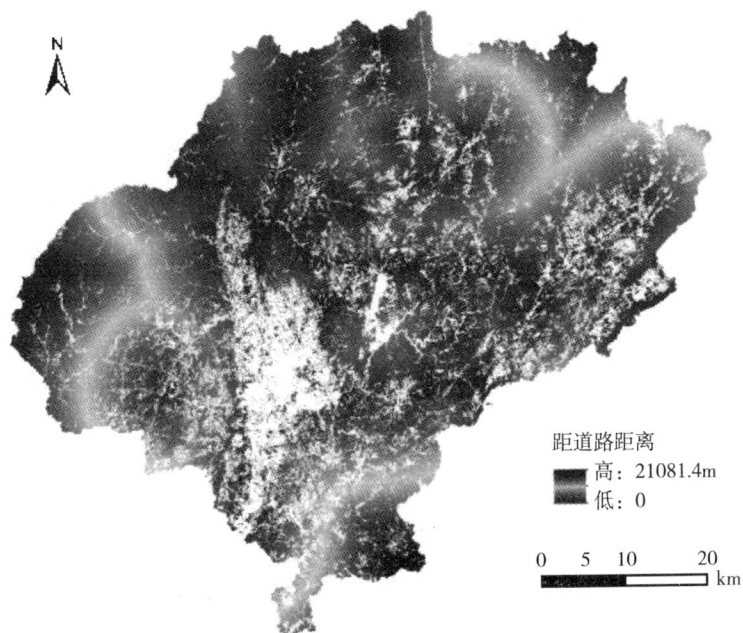

（c）距道路距离因子的空间分布示意图

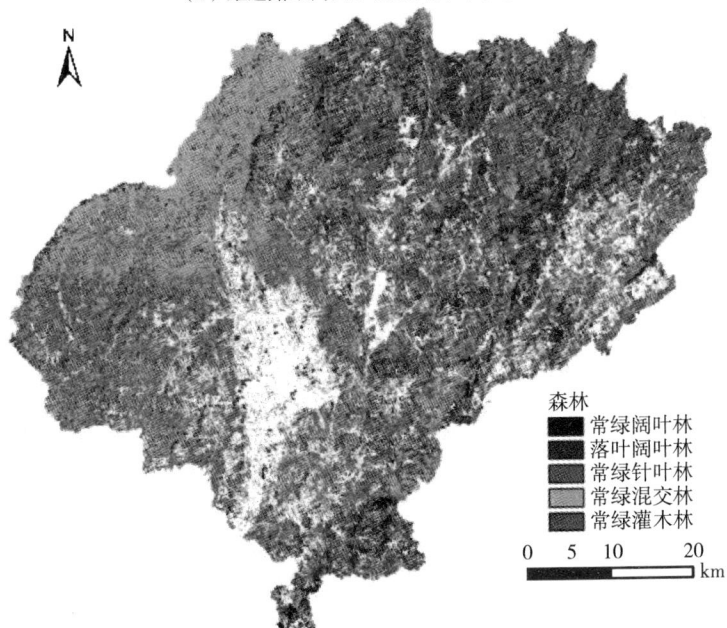

（d）区域森林类型的空间分布示意图

图 9-2　兴国县 2015 年成本因子空间分布示意图（续）

图 9-3　兴国县 2015 年生物多样性保护成本空间格局示意图

就第二优先保护级的保护区来说，这部分林地要么生境质量相对低于第一优先保护级林地，要么其保护成本较高，在经济预算较为紧张的状况下不建议优先保护。在实际的管护工作中，要注意防范较为剧烈的人为或自然干扰可能诱发的生态退化，加强现有指标的保育，严禁乱砍滥伐。

就第三优先保护级的保护区来说，这部分林地生境质量不高，且保护成本相对较高，实施重点保护的意义不大。在实际的管护工作中，要注意防范剧烈的人为或自然干扰可能诱发的生态退化。

就第四优先保护级的保护区来说，这部分所占面积最大，是生境质量低且保护成本高的区域。对于林业发展大县来说，这部分区域可作为区域林业发展的主要区域，从保护自然生态系统入手，调整产业结构和布局，形成对环境破坏小、附加值大的绿色产业。

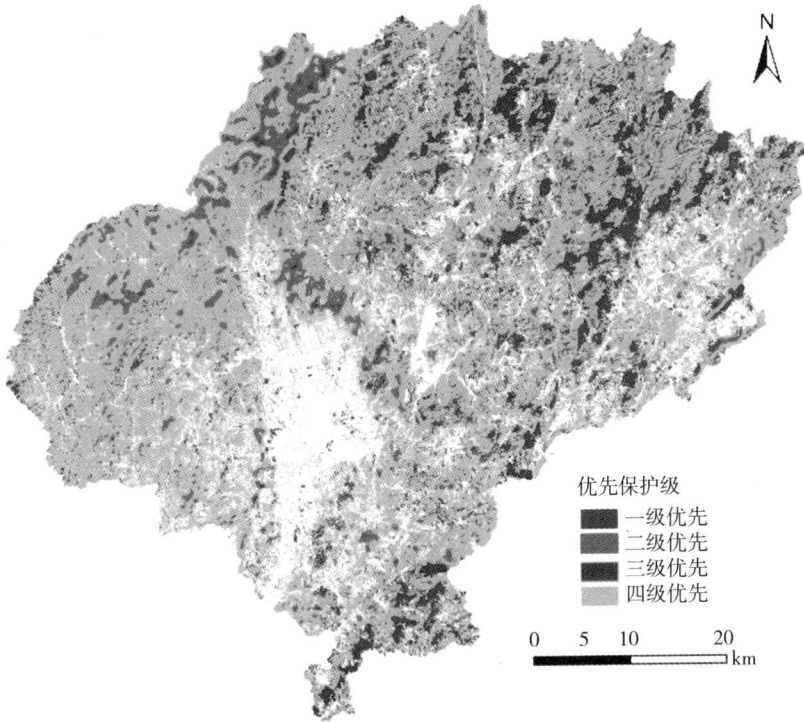

优先保护级
- 一级优先
- 二级优先
- 三级优先
- 四级优先

图 9-4 兴国县 2015 年生物多样性保护优先级示意图

9.5 结论与讨论

本章在构建生物多样性保护优先区识别框架的基础上，以中国南方林区的典型县域——兴国县为例，首先，运用 InVEST 生境质量模型对研究区 2015 年的生境质量进行评估，评估结果显示兴国县整体的生境质量不高，生境质量较好的多分布在区域的东北部，少量分布在南部。其次，选取海拔、坡度、距道路距离以及林业收益损失等因子反映区域生物多样性保护的交通成本、基建成本和机会成本，通过将这些因子空间化并赋予权重构建区域生物多样性保护成本空间格局。最后，将区域生境质量和保护成本叠加，最终获取区域的生物多样性优先保护区，在划分的四个优先级中，等级一面积 620.61 平方千米，是保护生物多样性最应优先考虑的区域，在经费许可的情况下可以逐步考虑等级二和等级三等区域的保护。

　　将成本因子引入生物多样性保护是考虑到大量发展中国家和地区的实际需求，具有显著的实践意义。本章提出的生物多样性优先保护区识别框架可供相关部门结合自己工作实际进行参考，同时在具体的生境质量评估和成本格局分析中，决策者也可以结合评估对象的实际情况相应地调整参数，使评估结果更加准确。

　　需要注意的是，InVSET生境质量模型主要用于评估人类干扰对生境质量和生境稀缺性的影响，本章尽管在模型的设置过程中尝试利用生境适宜性得分来模拟景观生态中的斑块隔离和斑块边缘化现象，但没有将影响生境质量的景观破碎度纳入模型，使生境质量评估结果缺乏景观生态方面的理论支持。在今后的研究中，基于土地利用，有机结合人类干扰要素和景观生态要素构建生境质量评估模型将有助于区域生境质量的评估完善。

第 10 章

基于GIS的区域生态空间重要性评价*

10.1 引言

土地是人类生存和发展的基础，是衣食住行的源泉和人类活动的空间载体（Scholz et al.，2012）。土地利用是人类为了一定的经济和社会目的，通过一系列生物和技术手段对土地进行管理和改造的过程（Li，1996；Vitousek et al.，1997）。根据土地利用管理的发展目标，土地利用类型可分为耕地、建设用地和生态用地。如图 10-1 所示，不同土地利用类型之间的转换会导致生态保护、生产和生活目标之间的冲突。生态用地被认为是一种具有水土保持、沙化、净化空气、提供栖息地、游憩等重要生态功能的土地利用类型，受到众多学者的广泛关注（Xie et al.，2012，2014；Yu et al.，2009）。与满足城市发展需要的建设用地和支持粮食安全的耕地相比，生态用地被定义为提供自然生态系统服务和维护区域生态安全的土地资源（Rouget et al.，2003；Xie et al.，2014）。近 50 年来，一些不合理的土地利用活动破坏了区域生态系统健康安全的生态空间，导致生物多样性减少、水土流失、湿地破坏、土地污染等一系列生态环境问题（Vitousek et al.，1997）。我国土地管理部门对支持和维护自然和生态系统稳定的土地功能没有给予足够的重视（Xie et al.，2014）。随着建设用地需求的不断增加，我国的生态用地面临着"耕地占补平衡"的土地政策和农业开发的威胁（Xie et al.，2014）。因此，迫切需要对区域空间的生态重要性进行评价，并制定相应的分区控制措施，以防止区域开发建设带来生态问题，指导区域开展生态保护与建设，保证区域可持续发展。

---

* 本章内容已发表在 SCI 期刊 *Ecological Indicators* 2015 年第 51 卷。

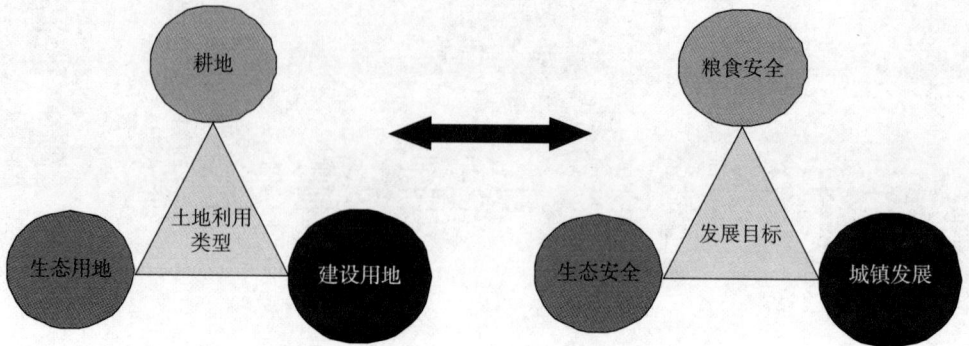

图 10-1　区域土地利用和发展目标的权衡

　　本章的主要目的是评估生态空间的重要性，并确定维持区域安全和土地健康的生态基础设施。生态基础设施（EI）能够为居民提供可持续的生态服务，是城市扩张和土地开发不可侵犯的刚性限制（Maccagnani et al.，2013）。从本质上讲，生态基础设施是使区域可持续发展的自然系统。《全国土地利用总体规划纲要（2006—2020）》明确提出了生态空间保护的要求，将以居住、生活和生态空间布局为重点，保护生产性用地，优先保护自然生态空间，促进区域生态文明建设。生态文明的核心内容是人与自然的和谐关系。

　　基于 GIS 的生态评价是 McHarg 在 20 世纪 60 年代提出的（McHarg，1969，1981）。McHarg 在其著作《依自然设计》中提出了土地适宜性评价的"Pastry 模式"（McHarg，1969，1981）。Steinitz（1990，1993）基于自然保护规划理念开发了一个景观评估模型，用于评估生物多样性、外观、成本、营养流量、公共卫生和其他条件。McHarg 的学生施泰纳在 2000 年提出了一个环境敏感区模型（ESA）（Steiner，2000）。此外，Malczewski 开发了基于 GIS 的土地适宜性评价的多准则方法（Malczewski，2004；Malczewski et al.，2003）。

　　当前，生态用地的重要性评价主要集中在水安全、生物多样性保护、水土流失保护等单一特征上。例如，一些研究开发了一种评估方法，以便结合现有的保护区（PAs）确定最能达到预期目标的生态用地保护优先地区（Moilanen and Arponen，2011）。然而，这种方法很可能产生具有大量小型和孤立保护区（PAs）的组合，并且这种组合在生态和经济上不太可行（Nhancale and Smith，2011；Smith et al.，2010；Wiersma and Nudds，2009）。一些研究评估了宏观生态模型能够在多大程度上克服我们对热带森林生物多样性认识的不足，以及确定其保护和管理的优先领域（Mokany et al.，2014）。通过确定水安全的关键领域，一些学者分析了其保护和恢复的生态、社会和经济影响（Brouwer and van Ek，2004）。一些研究利用 GIS 和通用土壤流失方程（USLE）确定了土壤侵蚀保护的关键领域（Toumi et al.，2013）。此外，一些生态空间研究关注如何配置生态空间以维护区域生态环境的安全，大多是针对小流域规模的生态空间进行分析。Seppelt 以美国南部的 Hunting Creek 小流域为试验区，利用 GIS 和空间分异模型，设计了一个控制化肥污染的土地利用空间配置方案和化肥的最大标准分配量（Seppelt and Voinov，2002）。

对于区域生态空间重要性的评价，我国学者主要关注生态敏感性和生态适宜性等方面（He et al.，2008；Yu et al.，2008）。Yu 构建了基于 GIS 的生态敏感性综合评价模型，包括生态保护敏感性、生态缓冲敏感性、景观视觉敏感性和生态安全敏感性（Yu et al.，2008）。基于 GIS 的生态评价方法主要有重叠因子法、逻辑组合法（Yan et al.，2009）、生态适应性模型（Ouyang et al.，1996）和最小累积阻力模型（Liu et al.，2010）。目前的生态评价研究主要集中在自然生态方面，其结果并没有反映区域生态系统的空间特征和如何维护生态安全。

区域生态空间的重要性评价强调生产空间、生活空间和生态空间的协调发展，注重人与其他生物的共生关系，运用生态学的应用原理来维护城市发展的自然基础。生态重要性评价是在分析区域生态特征的基础上，探索区域生态重要性的空间分布规律，为预防区域开发建设中的生态安全问题提供一些措施。

本章的主要目的是：①建立一个空间尺度上的综合指数，以评估区域生态空间对维护区域水资源安全、生物多样性保护、防灾减灾和自然游憩的重要性；②基于 GIS 建立一个方法，以确定维持生态安全的关键空间；③提出一些环境管理分区规定和措施。

10.2 数据来源和研究方法

10.2.1 数据来源

本章的土地利用数据、生态系统类型、DEM 和 NDVI 数据来源于国家生态环境（2000~2010 年）变化评价数据库系统。中国科学院资源环境科学数据中心提供了兴国县饮用水保护区分区图，自然保护区、森林公园、地质公园、风景名胜区图和基础地理信息数据。气候数据来源于中国气象数据共享服务系统。土壤数据来源于中国第二次全国土壤调查，相关的土壤理化性质和类型由中科院土壤科学研究所收集分析。

在操作之前，所有图形数据首先通过投影变换进行预处理，投影系统为 Kra-sovsky_1940_ALBERS。通过重采样，将空间分辨率转换为 50m×50m 的栅格，分别通过投影和重采样两种操作实现，保证图形输出的投影和精度均匀。

10.2.2　研究方法

10.2.2.1　生态重要性评价的总体思路

根据相关研究（Allan and Peterson，2002；Yu et al.，2009；Zagas et al.，2011），维护生态安全的空间主要包括维护水安全、生物多样性保护、避灾和重建区域保护的区域。除此之外，我们还应考虑人类干扰的影响。因此，生态重要性评价的总体思路如图 10-2 所示。

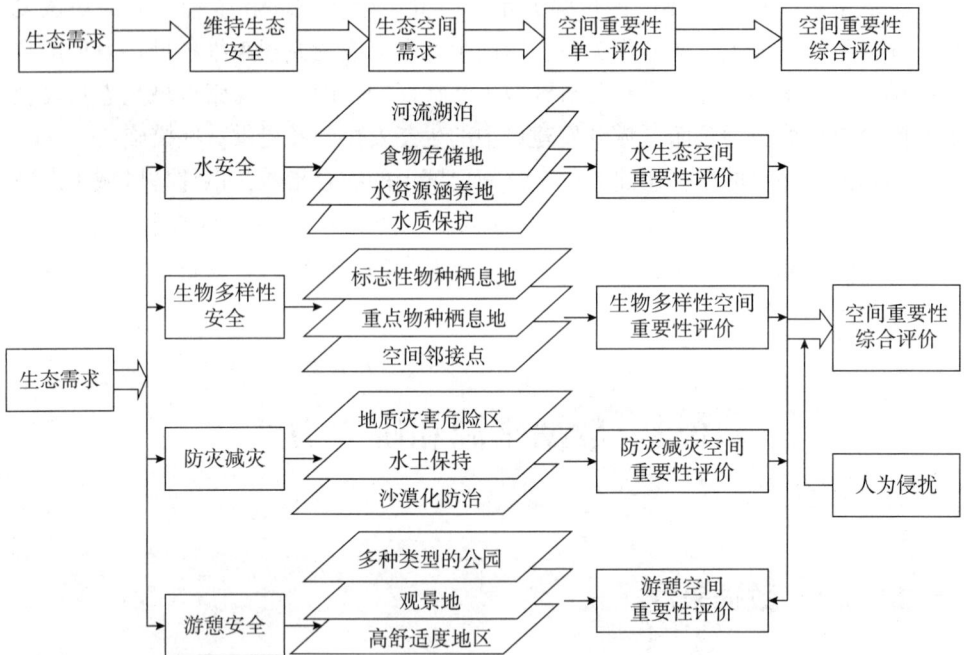

图 10-2　生态重要性评价的总体思路

10.2.2.2　指标选取原则

选取衡量生态重要性的指标，不仅要遵循客观性、完整性和有效性等普遍原则，还应从以下三个方面考虑。

（1）优化生态景观格局服务。生态重要性评价以优化区域生态景观格局为主要目的，因此，评价指标应具有空间特征。评价结果应与 GIS 相结合，并纳入各土地利用斑块中，力求实现对生态景观的定位和定量评价，为后续的环境规划设计提供理论依据。

（2）反映区域生态安全问题。区域土地利用空间格局是人类和自然因素共同作用的结果。研究区的生态环境保护包括水土资源保护、生物多样性保护、灾害防治等。因此，考虑到数据的可获取性，应从生态问题出发，采用生态敏感性评价方法，结合 RS 和 GIS 技术，构建生态重要性评价指标体系。

（3）具备可操作性。所选指标应方便数据收集，所选指标的数据需具有一定的统计基础、可比性和可测性，可以准确地收集，并且能够量化可能的程度。

10.2.2.3　生态重要性评价指标体系框架

根据生态重要性评价的含义和上述指标选择原则，建立区域空间生态重要性评价的三级指标体系（见图 10-3）。指标体系的第一层是目标层，即生态重要性综合指标。第二层次是项目层，即影响生态空间重要性的因素。第三层是指标层，是衡量影响因素的各个指标。

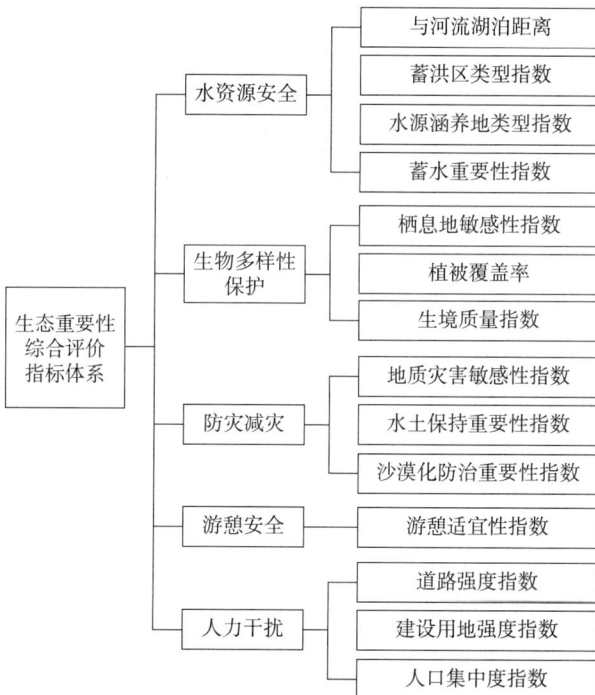

图 10-3　生态重要性评价指标体系框架

185

10.2.2.4 生态重要性评价指标的分级标准

不同类型的指标对生态重要性的影响和贡献不尽相同。经过相关学科十几位专家的讨论、修改和综合评价，本章最终确定了各单项因素的等级水平。每个级别（非常重要、中等重要、一般重要和不重要）的得分分别为7、5、3和1。各生态重要性评价指标的评分标准和得分如表10-1所示。

表10-1　生态重要性评价指标的评分标准和得分

评价指标	非常重要	中等重要	一般重要	不重要
与河流湖泊距离（S_1）	<50米	50~100米	100~150米	>150米
蓄洪区类型指数（S_2）	湿地	核心蓄洪区	非核心蓄洪区	其他
水源涵养地指数（S_3）	一级水资源保护区	二级水资源保护区	准流域保护区	无
蓄水重要性类型指数（S_4）	0.6~1	0.4~0.6	0.2~0.4	0~0.2
栖息地敏感性指数（S_5）	0.6~1	0.4~0.6	0.2~0.4	0~0.2
植被覆盖率（S_6）	>0.6	0.4~0.6	0.2~0.4	<0.2
生境质量指数（S_7）	0.6~1	0.4~0.6	0.2~0.4	0~0.2
地质灾害敏感性指数（S_8）	一级水资源保护区	二级水资源保护区	准流域保护区	无
水土保持重要性指数（S_9）	非常敏感	高度敏感	中度敏感	轻度敏感/不敏感
沙漠化防治重要性指数（S_{10}）	非常敏感	高度敏感	中度敏感	轻度敏感/不敏感
游憩适宜性指数（S_{11}）	非常适宜	中度适宜	总体适宜	不适宜
道路强度指数（S_{12}）	>500米	200~500米	100~200米	<100米
建设用地强度指数（S_{13}）	>1000米	500~1000米	200~500米	<200米
人口集中度指数（S_{14}）	<300	300~400	400~500	>500
得分	7	5	3	1

10.2.2.5 指标计算

（1）水安全的重要性。

水系是维持区域生态系统健康的重要空间之一。我们从整个流域出发确定维持水安全的关键空间，包括湿地和河流缓冲区的空间，这些空间可以用于食物的储藏，以及水源保护和蓄水空间。我们选择四个指标来评估这类空间的重要性：到河流或湖泊的距离、食物储藏区的类型、水源保护区的类型以及水储藏的重要性。

利用 ArcGIS9.3 软件中的直线距离函数模块，根据河流、湖泊的空间分布，可以得到河流、湖泊的缓冲距离。从土地利用、湿地的数字化分区图中可获得食品储存区类型。水源保护区类型可从水源保护区数字化分区图中获取。由不同生态系统的蓄水量可以得到蓄水重要性。不同生态系统蓄水量的计算公式如下：

$$Q = A \times J \times R_0 - R_g$$
$$J = J_0 \times K \tag{10-1}$$

其中，Q 为森林、草地等不同生态系统与裸地相比的蓄水量增加值，A 为生态系统面积，J 为研究区多年平均年降雨量径流（P>20 毫米），J_0 为研究区多年平均年总降雨量，K 为降雨径流占总降雨量的比例，R_0 为裸地减少径流的有效系数，R_g 为其他生态系统减少径流的有效系数。本章中，K、R 值参照相关研究（Zhao et al.，2004），采用式（10-1），经标准化后，利用 ArcGIS9.3 软件中的空间分析模块，计算各空间单元的蓄水重要性。然后使用标准差分类法，将蓄水的重要性指数分为四个等级（非常重要、中等重要、一般重要和不重要）。

利用析取函数计算各网格空间维护水安全的生态重要度指标，这四个指标分别代表了维护区域水安全的四个方面。公式如下：

$$EIIw = max(S_1, S_2, S_3, S_4) \tag{10-2}$$

其中，EIIw 为维持水安全的空间生态重要性指数，S_1 为到河流或湖泊的距离指数，S_2 为蓄洪区类型指数，S_3 为水源保护区类型指数，S_4 为储水重要性指数。

根据式（10-2），用 ArcGIS9.3 软件计算各网格的水安全空间生态重要性指数。最后，利用表 10-1 中的分级标准，得到水安全重要性的空间等级图。

（2）生物多样性保护的重要性。

生物多样性保护指标主要是指区域生物多样性保护的影响因素。本章选取生境稀缺度、植被覆盖度、生境质量三个指标来评价维持生物多样性的空间生态重要性。

根据不同土地利用类型的生物多样性服务当量和不同区域的保护等级，建立生境稀缺指数（HSI）。生境稀缺指数（HSI）的公式如下：

$$HSI = n_l \times m \tag{10-3}$$

其中，HSI 为生境稀缺指数，n_l 为土地利用类型 l 的生物多样性服务当量，m 为保护等级的修正值。对于自然保护区、公园、风景名胜区和其他土地利用类型，m 的赋值分别为 1.75、1.5、1.25 和 1。

植被类型指数可从数字化生态系统类型图获得。植被覆盖指数（VC）可由归一化差分植被指数（NDVI）图获得。

生境质量指数反映了生物多样性水平。生境质量指数公式如下：

$$HQI_{xj} = H_j \left[1 - \left(\frac{D_{xj}^z}{D_{xj}^z + k^z} \right) \right]$$

$$D_{xj} = \sum_{r=1}^{R} \sum_{y=1}^{Y_r} \left(\frac{W_r}{\sum_{r=1}^{R} w_r} \right) r_y i_{rxy} \beta_y S_{jr}$$

$$i_{rxy} = 1 - \left(\frac{d_{xy}}{d_{rmax}} \right) \tag{10-4}$$

其中，HQI_{xj} 为 j 类土地利用 x 网格的生境质量；H_j 为 j 类土地利用 x 网格的生境适宜性；D_{xj} 为 j 类土地利用 x 网格的生境应力水平；i_{rxy} 为 y 网格因子 r 对 x 网格的应力作用；d_{xy} 为网格 x 和网格 y 之间的直线距离；d_{rmax} 为应力因子 r 的最大影响距离；w_r 为应力因子的权重，表示应力因子对所有生境的相对损害；β_y 为网格 x 的可达性水平；S_{jr} 为应力因子 r 对土地利用类型 j 的敏感性；k 为半饱和常数，当公式 $1 - (D_{xj}^z / D_{xj}^z + k^z)$ 值等于 0.5 时，k 的值与 D 相等。

本章考虑的应力因素包括自然因素（即自然灾害、滑坡和泥石流）和人为因素（即道路、城市住区和农田）。不同应力因子的空间分布数据来源于研究区的地形图和土地利用图。

采用乘积法计算各网格维持生物多样性（EII_b）的空间生态重要性指标，这三个指标分别代表了区域生物多样性维持的三个方面。公式如下：

$$EII_b = \sqrt[n]{\prod_{i=1}^{n} S_i} \tag{10-5}$$

其中，EII_b 为维持生物多样性的空间生态重要性指数；S_i 为评价指标 i 的指定得分，该得分使用表 10-2 中的分级标准获得。在生物多样性保护重要性评价中，评价指标包括生境稀缺性指数、植被覆盖度和生境质量指数。

表 10-2　兴国县生态重要性评价结果

评价因素	重要性等级	面积（平方千米）	占比（%）	累计占比（%）
水资源安全	非常重要	680.46	21.18	21.18
	中等重要	1280.29	39.85	61.03
	一般重要	559.66	17.42	78.45
	不重要	692.36	21.55	100.00

续表

评价因素	重要性等级	面积（平方千米）	占比（%）	累计占比（%）
生物多样性保护	非常重要	262.16	8.16	8.16
	中等重要	1543.74	48.05	56.21
	一般重要	743.43	23.14	79.35
	不重要	663.43	20.65	100.00
防灾减灾	非常重要	320.31	9.97	9.97
	中等重要	1302.78	40.55	50.52
	一般重要	817.97	25.46	75.98
	不重要	771.71	24.02	100.00
游憩娱乐	非常重要	36.95	1.15	1.15
	中等重要	89.64	2.79	3.94
	一般重要	1163.98	36.23	40.17
	不重要	1922.20	59.83	100.00

根据式（10-5），用 ArcGIS 9.3 软件计算各网格维持生物多样性的空间生态重要性指数。最后，我们使用表 10-1 中的分级标准获得生物多样性保护重要性的空间等级图。

（3）防灾减灾的重要性。

防灾减灾评价主要是识别灾害风险规避和灾害防护的生态空间。本章选取地质灾害敏感性（s_8）、水土保持重要性（s_9）、土地沙漠化防治重要性（s_{10}）三个指标来评价灾害防护的重要空间。地质灾害危险区的空间分布可以从滑坡和泥石流敏感性分析的数字化地图中获得。

地质灾害敏感性是通过对研究区内包括滑坡和泥石流在内的地质灾害的敏感性进行评价得到的。利用通用土壤流失方程（USLE）对研究区土壤侵蚀的敏感性进行评价。通用土壤流失方程（USLE）包括五个指标：降雨量和径流（R）、土壤可蚀性（K）、坡度和坡长、作物/植被和管理（C）。我们还使用四个指标评估了土地沙漠化敏感性：湿度、冬春季风速大于 6 m/s 的天数、冬春季土壤质地和植被覆盖率。土壤侵蚀敏感性和土地沙漠化敏感性的评价方法参照相关研究（Xie，2008；Yan et al.，2009）。

计算各格网空间防护灾害的生态重要性指标。公式如下：

$$\text{Ell}_d = \max(s_8, s_9, s_{10}) \tag{10-6}$$

其中，EII_d 为空间防护灾害的生态重要性指数，s_8 为地质灾害敏感性指数，s_9 为水土保持的重要性指数，s_{10} 为土地荒漠化保护的重要性指数。

（4）自然娱乐安全的重要性。

生态用地不仅可以保护水土，为物种提供栖息地，防灾减灾，而且还具有自然恢复的功能。本章以自然游憩适宜性指标来确定维持自然游憩安全的重要空间。高娱乐价值的生态系统是居民享受自然娱乐活动的重要场所。本章基于土地利用类型和以往研究建立的娱乐服务当量（Xie et al.，2003；Yan et al.，2009），对娱乐服务当量进行了修正。自然游憩适宜性指数公式如下：

$$EII_r = P_l \times q \tag{10-7}$$

其中，EII_r 为提供自然游憩空间的生态重要性指数，P_l 为土地利用类型 l 的游憩服务当量，q 为修正后的游憩排名值。公园、风景区、自然保护区和其他土地的价值分别为 1.75、1.5、1.25 和 1。

根据式（10-4），利用 ArcGIS 9.3 软件中的空间分析模块，计算各空间单元的自然游憩适宜性指数。然后使用标准差（lSD）分类法，将自然游憩适宜性分为四个等级（极适宜、适度适宜、一般适宜和不适宜）。

（5）人类侵扰的影响。

人为干扰评价主要反映人类活动对生态空间的干扰程度，其影响程度与生态重要性成反比。换句话说，人类干扰系数越高，空间的生态重要性就越低。本章选取主要道路强度、城镇建设用地强度、人口聚集度三个指标来评价人类活动的干扰程度。

利用 ArcGIS 9.3 软件中的直线距离函数模块，根据城镇道路和建设用地的空间分布，可以得到主要道路强度和城镇建设用地强度两个指标。这两个指标反映了交通建设用地对生态环境的影响及其随距离的衰减特征。人口聚集指数反映了人类对生态土地的干扰程度。人口聚集指数越大，对生态用地的干扰程度越大，空间的生态重要性就越低。人口聚集指数（PAI）公式如下：

$$PAI_j = \frac{p_j}{n \times \lambda} \tag{10-8}$$

其中，PAI_j 为居住区 j 的人口聚集指数值；p_j 为居住区 j 的总人口；n 为第 j 个统计区的总居住点数；l 是一个加权值，它是距离城市或城镇中心和道路的距离的反距离加权值。基于上述公式，可以用 Kriging 模型对人口聚集指数的空间分布进行插值。

采用与计算维持生物多样性（EII_b）生态重要性指数相同的方法，得到人为干扰综合指数。根据式（10-8），用 ArcGIS9.3 软件计算各格网的人为干扰综合指数（EII$_h$）。最后，我们使用表 10-1 中的分级标准获得人类干扰的空间等级图。

（6）生态重要性综合评价。

由于维持生态安全的生态空间是独立的，为了突出生态系统维持生态安全的重要性地位，采用最大值法对生态空间重要性进行综合评价。在生态空间重要性评价的基础上，考虑人为干扰的影响。其空间综合评价的生态重要性公式如下：

$$EII_S = \max(EII_w, \quad EII_b, \quad EII_d, \quad EII_r)EII_h \tag{10-9}$$

其中，EII$_S$ 为区域空间生态重要性的综合评价，EII$_w$ 为维护水安全空间的生态重要性指标，EII$_b$ 为维护生物多样性空间的生态重要性指标，EII$_d$ 为防灾减灾空间的生态重要性指标，EII$_r$ 为提供自然游憩空间的生态重要性指标，EII$_h$ 为人为干扰的综合指标。

10.3　结果与讨论

兴国县维持单一空间生态安全重要性的评价结果如表 10-2 和图 10-4 所示。就水安全的重要性来说，非常重要的面积为 680.46 平方千米，占总面积的 21.18%（见表 10-2）。这些地区对于维护当地的水安全，包括水资源保护、洪水调节和储存，具有极其宝贵的价值。图 10-4（a）显示，维持水安全的关键空间主要由林地和区域河流系统组成，它们位于研究区域的北部和南部山区。这些地区的林地具有良好的水质和重要的水源涵养功能，湖泊水系在防洪中起着至关重要的作用。

生物多样性保护的重要性评价结果如图 10-4（b）和表 10-2 所示。从表 10-2 可以看出，对生物多样性保护非常重要的区域的面积占总面积的 8.16%。这些区域主要由山地自然保护区核心区组成［见图 10-4（b）］。这些地区的阳坡和半阳坡都有落叶阔叶林，主要由冷杉和松树组成，是大多数生物物种的核心栖息地。虽然生物多样性保护的重点区域很小，但大多覆盖了区域珍稀物种和重点物种的栖息地。因此，确定生物多样性保护的生态过程，构建城乡可持续居住和生物廊道系统，对维护生物多样性安全具有重要意义。对维持生物多样性具有中等重要性的区域面积为 1543.74 平方千米，主要由林地组成，作为原生生物物种的缓冲区，位于山区。对维持生物多样性非常重要、中等重要和一般重要的区域约占总面积的 80%。

重要性等级
不重要
一般重要
中等重要
非常重要

0　　5　　10
km

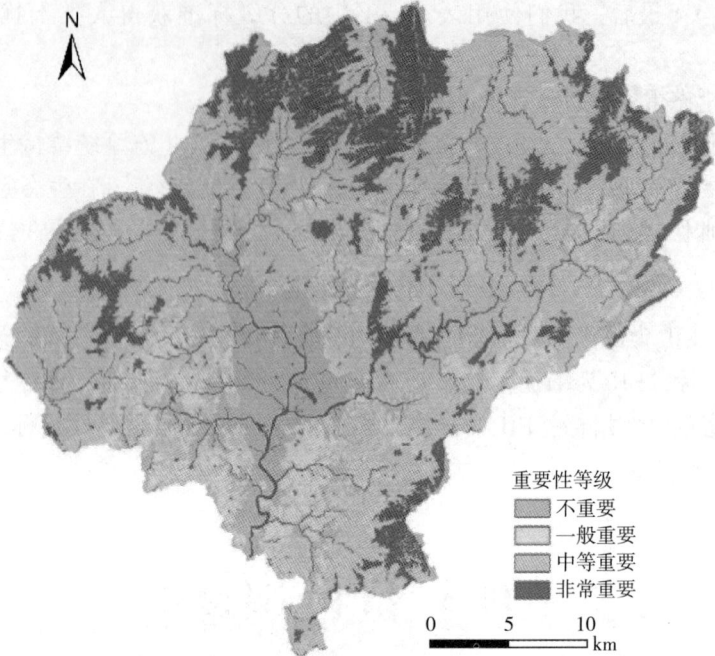

（a）水资源安全重要性

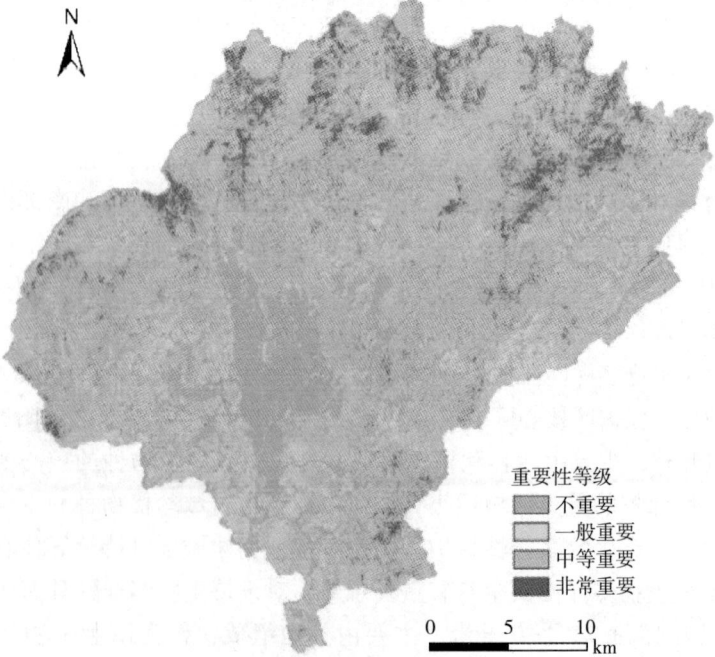

重要性等级
不重要
一般重要
中等重要
非常重要

0　　5　　10
km

（b）生物多样性保护重要性

图10-4　兴国县单项空间安全生态重要性评价结果示意图

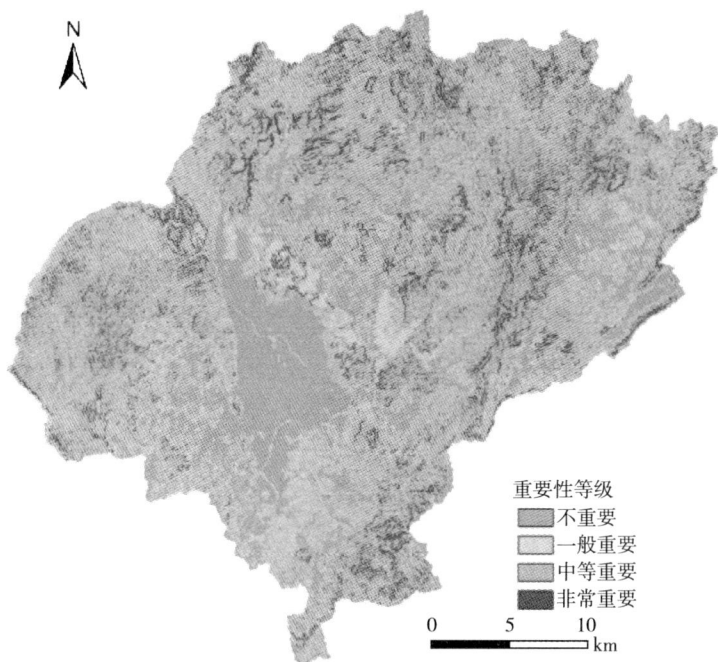

（c）防灾减灾重要性

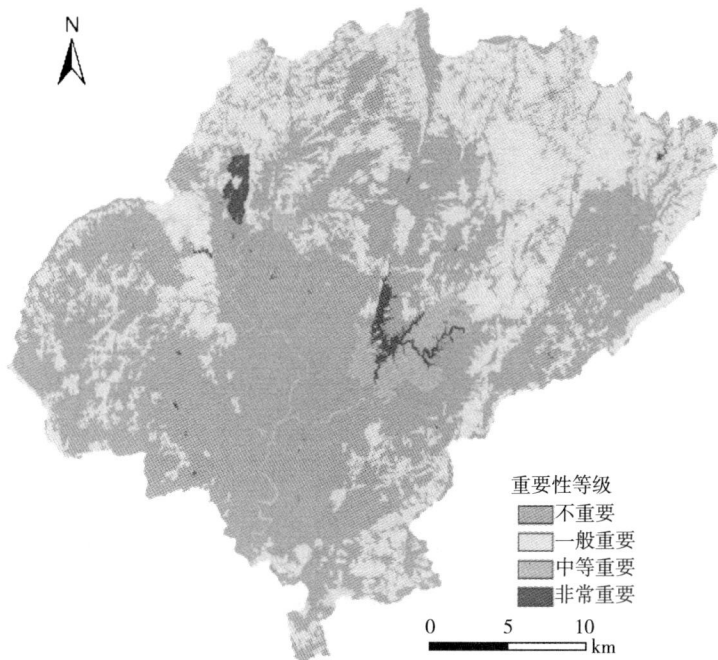

（d）游憩空间重要性

图 10-4　兴国县单项空间安全生态重要性评价结果示意图（续）

从图 10-4 (c) 和表 10-2 可以看出,对于防灾减灾非常重要的区域面积为 320.31 平方千米,占总面积的 9.9%。这些地区是滑坡、泥石流等地质灾害的重灾区。考虑到居民的安全,这些地区应避免建设发展。同时,该区植被稀疏,黄土覆盖层厚,水土流失严重。滑坡、泥石流、水土流失等易发生地貌灾害的大面积地区,应作为避让和保护的重点区域。对防灾减灾中等重要的区域面积为 1302.78 平方千米,占总面积的 40.55%。非常重要、中等重要、一般重要的地区,要大力植树种草、植树造林,避免大规模的开发建设活动。

从图 10-4 (d) 和表 10-2 可以看出,对游憩娱乐非常重要和中等重要的区域的面积占总面积的 3.94%。这些区域主要由森林公园、风景名胜区和水系核心区组成。随着人们对户外休闲需求的日益增长,湿地和森林成为居民开放休闲的空间,而这些区域的土地利用类型为湿地和林地,故其具有很高的游憩娱乐价值。为实现这些地区的可持续发展,应采取控制游客容量、避免旅游过度开发、保护具有较高游憩价值的自然景观等措施。

根据以上兴国县维护水安全、保护生物多样性、防灾减灾、保护游憩区安全空间的重要性评价结果,综合考虑人为干扰的影响,得出兴国县生态空间重要性的综合评价结果(见表 10-3 和图 10-5)。

表 10-3　兴国县生态空间重要性的综合评价结果

重要性等级	面积(平方千米)	占比(%)	累计占比(%)
非常重要	960.94	29.91	29.91
中等重要	1126.40	35.06	64.97
一般重要	696.85	21.69	86.66
不重要	428.58	13.34	100.00

从图 10-5 可以看出,研究区非常重要的生态用地是山地,主要分布在研究区的北部和东部。这些地区主要由水系、湿地、自然保护区、林地等核心区和水土流失保护区组成,是维护国土安全的生态屏障。非常重要的生态土地区植被覆盖率高,生物多样性强,抗自然灾害能力弱,但人为干扰严重。非常重要的生态用地面积为 960.94 平方千米,占总面积的 29.91%,是维护区域生态安全的"红线",应严格保护并纳入禁止开发区,禁止任何开发建设活动。生态"红线"概念的确立,是为了给自然提供更多的自我恢复的空间。生态"红线"要求各地区根据其所界定的性质,优化、优先、限制或禁止其产业发展。这些地区的生态保护和建设方向主要集中在生态保护、提高水源涵养功能、林业生态工程建设、

水净化和生物多样性保护等方面。

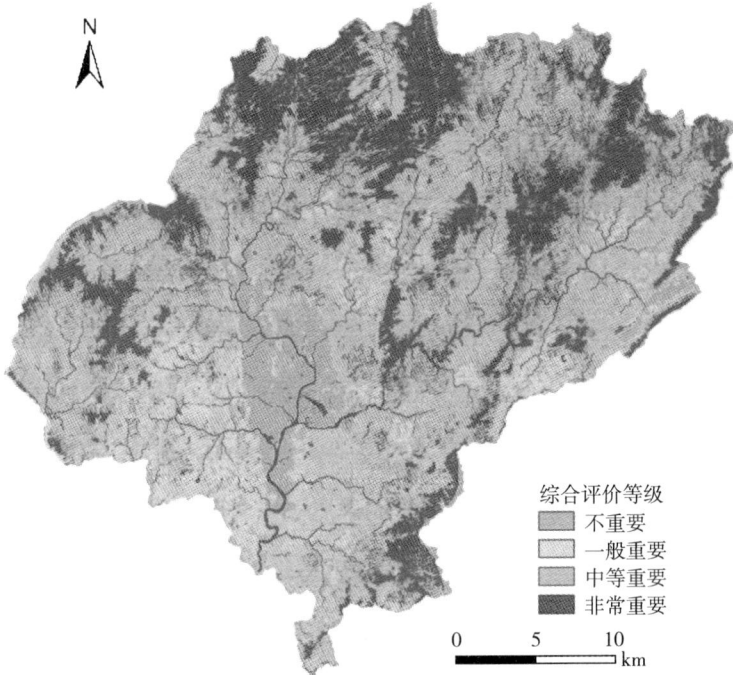

图 10-5　兴国县生态空间重要性综合评价结果示意图

中等重要的生态用地面积为 1126.4 平方千米，占总面积的 35.06%。这些区域位于极其重要的生态土地缓冲区，包括河流系统生态缓冲区和生物多样性保护核心区（见图 10-5）。这些地区生态环境脆弱，自我调节能力弱，稳定性差，在人为或自然干扰下可能发生严重的生态退化。因此，它们是生态风险防范的重点领域。这些地区被指定为限制开发区，限制开发建设活动。中等重要生态空间的规定包括加强对现有植被的保护、禁止毁林等破坏生态环境的活动，以及对破坏植被的有效恢复或重建。

一般重要的生态用地面积为 696.85 平方千米，占总面积的 21.69%。主要分布在研究区的南部，包括中敏感区过渡带、地表径流主要汇水区和沿河（湖）生态缓冲区次级区（见图 10-5）。这些区域应从保护自然生态系统出发，调整产业结构和布局，形成环境破坏小、附加值高的绿色产业，建设生态走廊和生态工业开发区，维护生态安全。

不重要的生态空间面积为 428.58 平方千米，仅占总面积的 13.34%，主要为建成区和耕地，主要负责人类居住和农业生产。因此，这些地区的保护原则包括合理控制人口规模、调整产业结构和发展生态产业。

生态位作为生态学的重要理论之一，近年来在自然和社会经济系统中得到了广泛的应用。生态位理论的内涵在不断拓展，并逐渐从物种生态位发展到生物多样性保护生态位和城市生态位等（Costa et al.，2010）。生态重要性的空间评价必须考虑未来社会经济发展和城市化对土地的需求。因此，考虑经济发展的情景和周边地区土地利用的影响，利用生态位元胞自动机（CA）模型模拟区域空间的生态重要性是未来的研究方向。

10.4 结论

第一，本章提出的评价方法是基于维护区域生态安全的需要。第二，与以往的研究相比，本章考虑了水安全、保护生物多样性保护、防灾减灾、自然游憩和人为干扰等诸多因素。第三，基于 GIS 的方法可以提出明确可行的多情景结果，有利于生态空间的有效管理。结果表明，生态空间在维护水安全、保护生物多样性、防灾游憩等方面具有空间特征，说明本章采用的生态重要性评价的空间方法是可行的。非常重要的生态空间面积占总面积的 30%，是地质灾害危险区和保护区，是区域水系、湿地、自然保护区、森林公园、风景名胜区的核心区域。这些空间是维护生态安全的底线。本章针对不同区域生态重要性的空间特征，提出了环境管理的分区规定和措施，可供相关部门参考。

第 11 章

土地利用生态安全调控模拟

11.1　引言

近年来，在土地利用与环境变化、可持续土地利用评价等研究逐渐深入的背景下，土地生态安全格局研究作为区域可持续发展的重要途径和手段受到广泛重视，相关设计方法和模型构建成为研究热点。但在以下两方面仍显不足：第一，土地利用优化配置目标最终应该通过土地利用的经济效益、社会效益和生态环境效益三个方面来体现，而目前对生态环境效益的标准尚缺乏完整而系统的研究。例如，目前土地生态安全格局设计中最常见的方法是以经济效益为主导性目标，建立目标函数，辅以社会效益和生态环境效益作为约束条件，而由于生态效益尚缺乏完整系统的生态标准，因此在具体研究中为了简化问题，研究者常常以林草覆盖率等绿化面积比例为生态约束条件，并且常常以政策规定或者地方经验值为这些生态指标的量化标准，而较少涉及对区域生态环境非常重要的水土流失、土壤退化、水资源安全等相关指标，这直接制约着土地生态安全格局的科学性和合理性。第二，传统的土地生态安全格局优化方法大多停留在优化指标相互作用关系的静态优化上，且难以定量地考虑格局的空间优化。以空间显式模型为核心的格局优化模式，真正触及了土地利用格局的形成机制，并体现了景观生态学强调水平方向生态学过程的特征。因此，通过模拟格局演化进行格局优化的客观性和自动化程度较高，而且模拟演化过程本身就验证了优化方案的效果和可实现性。

然而，由于区域土地利用变化是一个高度复杂的空间动态非线性过程，是不同尺度的自然因素和人为因素综合作用的结果，所以传统的统计学模型在土地利用变化中的应用存在不足。而元胞自动机（CA）是一种时间、空间、状态都离散，空间的相互作用及时间上的因果关系皆局部的网格动力学模型，其"自下而上"的研究思路、强大的复杂计算功能、固有的平行计算能力、高度动态以及具有地理空间概念等特征，使它在复杂系统微观空间变化模拟方面具有很强的能力（周成虎等，1999；黎夏等，2007）。因此，基于 CA 模型进行区域土地利用格局的调控模拟研究，在一定程度上能表现出传统数学模型几乎无法描述的非线性特性，并能模拟不同调控策略下的管理效果。

因此，本章选取江西省兴国县为案例区，在识别区域关键性生态用地空间结构的基础上，综合考虑粮食安全和未来经济发展对建设用地需求的安全，设置底线安全、满意安全、理想安全三种情景，构建土地利用格局演化的 CA 模型，模拟不同情景下的土地利用发展格局，通过比较不同情景下的关键性生态用地的损失量和空间形态等，揭示不同政策执行下的土地利用调控效果，为区域土地利用安全格局的构建，以及生态系统健康和区域可持续发展提供决策依据。

11.2　区域关键性生态空间识别

根据不同类型生态用地的特点以及评价的目的，分别从水安全、生物多样性保护、灾害规避与防护和自然游憩四个方面，选取河湖缓冲区距离、洪水调蓄区类型、水源涵养重要性、水源保护区类型、生境敏感性指数、地质灾害敏感性、土壤保持重要性、土地沙化防护重要性、游憩适宜性九个二级指标，构建区域生态用地重要性指数及其关键性生态用地空间结构识别方法，并基于 GIS 平台对研究区进行识别，得到兴国县关键性生态用地空间分布示意图（见图 11-1）。

从图 11-1 可以看出，核心型关键生态用地主要分布在北部和西南部山区，主要是区域河流水系、湿地、自然保护区、森林公园和风景名胜区的核心区，是维护兴国县国土安全的生态屏障。核心型生态用地的面积为 1518.35 平方千米，占全区总面积的 47.26%，是维护区域生态安全的底线生态用地，需要严格保护，并纳入禁止开发区，禁止任何开发建设活动。辅助型关键生态用地的面积为 1028.41 平方千米，占全区总面积的 32.01%，核心性和辅助型关键生态用地的面积接近区域总面积的 80%，这些区域是维护兴国县水土安全、生物多样性的关键性生态用地，需重点加以保护，禁止开发建设。非关键和过渡型生态用地的面积为 666.01 平方千米，约占全区总面积的 20%，主要是建成区和耕地，承担人类居住和农业生产的功能。

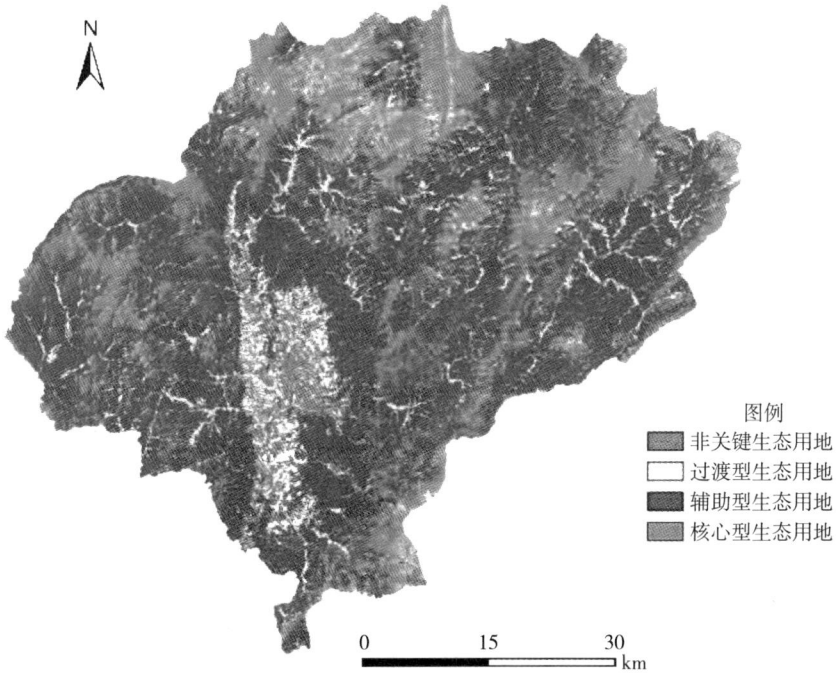

图例
■ 非关键生态用地
□ 过渡型生态用地
■ 辅助型生态用地
■ 核心型生态用地

图 11-1　兴国县关键性生态用地空间分布示意图

11.3　土地利用格局演化 CA 模型

11.3.1　情景设置

在区域关键性生态用地空间结构识别的基础上，综合考虑粮食安全和未来经济发展对建设用地的需求安全，本章设置三种情景来模拟区域未来（2030 年）的土地利用安全格局。

（1）情景 I——底线安全型。

该情景假定区域未来（2030 年）建成区扩张和耕地开发禁止在关键性生态用地内进行，即满足生态安全的最低要求，在生态保护的核心区内严格禁止建设开发活动, 同时满足耕地保护的最低要求, 即基本农田保护面积约束条件, 得出区域未来 (2030 年) 土地利用安全格局。

(2) 情景Ⅱ——满意安全型。

该情景假定区域未来 (2030 年) 建成区扩张和耕地开发禁止在核心型生态用地和辅助型生态用地内进行, 即满足生态安全的中度要求, 在生态保护的核心区和缓冲区内严格禁止任何建设开发活动, 同时满足耕地保有量和基本农田保护面积等约束条件, 得出区域未来 (2030 年) 土地利用安全格局。

(3) 情景Ⅲ——理想安全型。

该情景假定区域未来 (2030 年) 建成区扩张和耕地开发只允许在非关键性生态用地内进行, 即满足生态安全的理想格局, 同时满足耕地保有量、基本农田保护面积和新增建设用地占用耕地等约束条件, 得出区域未来 (2030 年) 土地利用安全格局。

11.3.2 CA 模型的基本思路

模型的基本思路是: 从解决传统 CA 在时空模拟时存在的缺陷的角度出发, 引入情景分析方法, 首先, 为土地利用安全格局设定三种发展情景, 即底线安全型、满意安全型和理想安全型, 每一种情景都嵌入政府的规划目标。每一种情景都预测未来各土地利用类型的总量, 并以总量预测值控制 CA 迭代时间。其次, 以 CA 模型为基础, 选择影响土地利用变化的自然和社会人文因素, 通过 Logistic 回归计算元胞适应度、确定邻域空间的影响以及强制性约束条件, 引入随机项, 以元胞综合转换概率代替复杂的转换规则的制定。最后, 在 GIS 技术支持下, 进行区域土地利用安全格局情景模拟。模型思路如图 11-2 所示。

11.3.2.1 土地利用宏观总量预测子模块

不同安全情景下的区域土地利用的宏观总量预测主要是根据兴国县土地利用总体规划中确定的耕地保有量、基本农田保护率和城乡建设用地约束条件, 在考虑规划基期现状数据的基础上, 预测建设用地总量和耕地总量, 然后预测生态用地和未利用地总量。

11.3.2.2 基于 CA 模型的土地利用微观格局演化子模块

CA 由元胞 (C)、状态 (S)、时间 (T)、邻域范围 (N)、转换规则 (R) 五个最基本的部分组成。简单地讲, CA 可以视为由一个元胞空间和定义于该空间的转换函数所组成, 即 $S_{(t+1)} = f(S_{(t)}, N)$。本章提出基于 Logistic 回归计算元

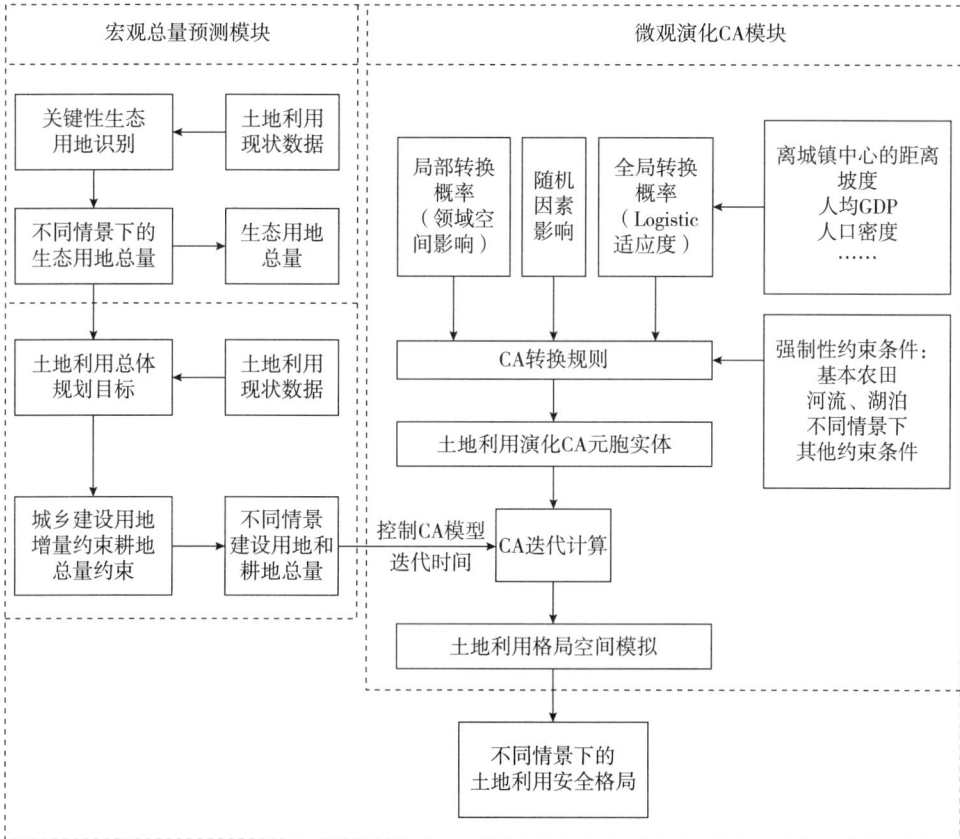

图 11-2　不同情景下的土地利用安全格局 CA 模型构建思路

胞适应度，并利用邻域函数确定元胞邻域空间影响，最后结合强制性约束条件随机项计算 CA 综合转换概率，以此解决传统 CA 由于转换规则复杂而难以解决的问题。

11.3.2.3　全局转换概率确定（基于 Logistic 回归的元胞适应度计算）

在土地利用发展模拟的过程中，元胞转换为其他土地利用类型的概率越高，预示着发展为其他土地利用类型的适宜性越大。一系列影响土地发展的空间变量能够很好地度量土地发展的适宜性问题。这些变量包括土地演变过程中的自然因素、社会经济因素等。本章以相关文献研究（Wu，2002）的 Logistic 回归模型为基础，计算 CA 元胞适宜度。公式如下：

$$P(i_m) = E(Y_m | X_i) \tag{11-1}$$

其中，P（i_m）为土地单元 i 在状态 X_i 时，选择第 m 种土地利用类型的概率；X_i 为土地利用变化影响因素，如距城镇中心的距离、距河流的距离、人口密度等；m ∈ {耕地，建设用地，生态用地，未利用地}。

对逻辑回归方程组采用 Theil 正规化之后，土地利用类型转换率可以表示为：

$$p(i_m) = \frac{\exp(\alpha_m + \beta_m X_i)}{1 + \sum_{j=2}^{n} \exp(\alpha_j + \beta_j X_i)} \quad m = 2, \cdots, n; \ 且 \sum_m p(i_m) = 1 \quad (11-2)$$

对式（11-2）求解，可以得到一定时期内元胞单元 i 从原来的土地利用类型转移为类型 j 的概率集合，每个元胞对应的概率最大值，就是该元胞下一期可能转移的土地利用类型；主要保存各地类的元胞适宜度作为 CA 全局转换率，P（i_j）值为 [0~1]。

11.3.2.4　局部转换概率确定

单元发展概率 P_{ij} 只考虑各种空间距离变量对其转化的影响，而 CA 的邻域影响是一个非常重要的因子，因此，我们还需要考虑邻域对中心单元的影响，本章在 CA 中增加了使土地利用类型趋于紧凑的动态模块，防止出现空间布局凌乱的现象。其定义公式如下：

$$\Omega_{(i_m)}^t = \frac{\sum_n con(i_m)}{n - 1} \quad (11-3)$$

其中，$\Omega_{(i_m)}^t$ 表示 t 时刻第 i 个地块单位上适合第 m 种土地利用类型发展的局部概率；con（i_m）是像元邻域范围内耕地、建设用地、生态用地、未利用地的总数目，n 为邻域范围内的总体像元数目。

11.3.2.5　强制性约束条件的设定

在 CA 模型中还必须考虑客观的单元约束条件，譬如，水体、基本农田等发展成建设用地的可能性一般较低。因此，在 CA 模型中有必要引入单元的约束条件 con（S_{ij}^t = suitable），值在 [0~1]。本章对不同的情景，设置不同的约束条件，以体现生态安全和粮食安全的实现程度。具体分为：①对于底线安全情景，约束条件只是核心型生态用地和基本农田等禁止演化；②对于满意安全情景，约束条件只是核心型生态用地、辅助型生态用地和基本农田等禁止演化；③对于理想安全情景，推行退耕还林还草、保护湿地、水源保护区、自然保护区、风景名胜区、地质公园等限制区禁止开发，以及耕地总量控制等政策，其约束条件为核心型生态用地、辅助型生态用地、过渡型生态用地和基本农田等禁止演化，即严格禁止建设开发占用生态用地和基本农田。

11.3.2.6　随机因子的设定

土地空间扩展过程中存在各种政治因素、人为因素、随机因素和偶然事件的影响和干预，特别是人的参与，使其更为复杂（黎夏等，2007）。因此，为了使模型的运算结果更接近实际情况，反映出土地系统所存在的不确定性，在改进的约束性 CA 中引进随机项。该随机项可表达为（White et al.，1993）：

$$R = 1 + (-\ln\gamma)^{\alpha} \tag{11-4}$$

其中，γ 为值在（0，1）的随机数；α 为控制随机变量影响大小的参数，取值为 1~10 的整数。

11.3.2.7　CA 元胞综合转换概率的确定

综合考虑全局发展概率、局部邻域转换概率、单元约束条件的影响和随机项，任意单元在 t+1 时刻发展的概率可由下式表达：

$$P_{总}^{t+1} = P_{i_m}^{t} \times \Omega_{i_m}^{t} \times con(S_{ij}^{t} = suitable) \times R \tag{11-5}$$

其中，$P_{总}^{t+1}$ 为 t+1 时刻土地发展的综合概率值；$P_{i_m}^{t}$ 为元胞单元全局发展概率值；$\Omega_{i_m}^{t}$ 为元胞单元受邻域空间范围影响的概率值；$con(S_{ij}^{t} = suitable)$ 为元胞单元的约束值；R 为土地发展过程中的随机变量。

将综合概率值标准化到（0，1），与所定义的发展为建设用地的阈值 $P_{threshold}$ 进行比较：

$$\begin{cases} P_{总} \geqslant P_{threshold}，转变为建设用地 \\ P_{总} < P_{threshold}，转为其他用地 \end{cases} \tag{11-6}$$

当 $P_{总} < P_{threshold}$ 时，土地应转化为其他用地，即耕地、生态用地、未利用地其中之一。其转化规则为：在局部约束条件中，统计当前元胞周围邻域范围内耕地、生态用地、未利用地的像元数目，根据上述公式计算每种土地利用类型的转换概率，在全局转换概率与随机因子不变的情况下，分别计算耕地、生态用地、未利用地三种土地利用类型的转换概率并取最大值，若：

$$\begin{cases} P_{总} \geqslant P_{threshold}，转变为 i 的土地利用类型 \\ P_{总} < P_{threshold}，保持原有土地类型不变 \end{cases} \tag{11-7}$$

那么，i 为耕地、生态用地、未利用地其中之一。

11.4 模型应用

以江西省兴国县为例进行实证研究。目前大多数 CA 模型的研究会选择区位因素，如离最近城镇中心、公路等的距离，而对土地利用变化影响较大的社会经济因素则较少考虑，主要是因为其难以空间量化，但这些影响因素是决不能忽略的，其对现代土地利用系统的变化往往起到重要的推动作用。本章为了能更加真实地开展 CA 模型模拟研究，在自然因素的基础上将人口和 GDP 两个社会经济因素考虑进来，依据相关研究成果，最终选取 5 个自然因素和 2 个社会因素变量（见表 11-1），将其原始属性值标准化到 [0，1]，并内插成 100m×100m 的栅格数据。本章中地理空间数据的采集和预处理基于 ArcGIS 软件进行，遥感图像预处理及分类基于 ERDAS 软件进行。整个模型在 Visual Basic 环境下开发实现。

表 11-1　逻辑回归模型挖掘转换规则所需要的空间变量

变量类型		获取方法	标准化值
因变量	2005~2015 年转为城镇建设用地	叠加分析	[0，1]
	2005~2015 年转为耕地	叠加分析	[0，1]
	2005~2015 年转为生态用地	叠加分析	[0，1]
自然因素自变量	离最近乡镇中心的距离	ArcGIS 的 Eucdistance 函数	[0，1]
	离最近公路的距离	ArcGIS 的 Eucdistance 函数	[0，1]
	离最近河流的距离	ArcGIS 的 Eucdistance 函数	[0，1]
	DEM	地形图数字化	[0，1]
	坡度	ArcGIS 的表面分析模块	[0，1]
社会因素自变量	非农业人口比例	ArcGIS 的 IDW 反比插值	[0，1]
	人口密度分布	ArcGIS 的 IDW 反比插值	[0，1]

首先将各土地利用类型 2005~2015 年的扩展变量作为因变量 Y 与影响因素（自变量 X_i）叠加，随机采样的数据量为 20%。随机的采样点坐标信息通过 Visual Basic 语言提供的随机函数 Random（）编程得到，并保存为 ASCII 格式的

文件。将得到的样本数据导入 SPSS 统计软件，执行 Logistic 回归模型。根据 Logistic 回归模型进行元胞适宜度计算。邻域空间影响主要分析 3×3 邻域。自然发展情景的强制性约束条件主要是基本农田，并赋值为 0。

　　设置好模型后，首先以 2005 年的土地利用类型为基础模拟 2015 年的土地利用格局，以训练模型参数，同时利用 ArcGIS 的叠加分析进行点对点精度检验，即计算地类不一致的元胞数与总元胞数的比值，得到总体精度为 81.58%，模拟精度较好；然后利用训练后的模型通过约束条件的改变，模拟底线安全情景、满意安全情景和理想安全情景三种情景下的 2030 年土地利用格局（见图 11-3、表 11-2）。

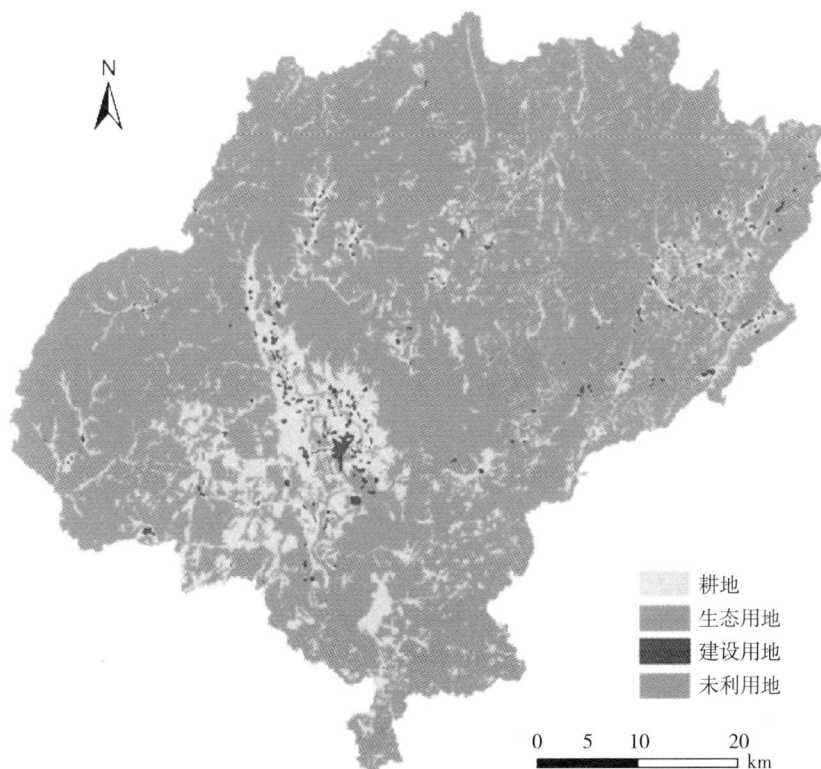

（a）2015年土地利用格局

图 11-3　兴国县 2015 年土地利用状况和不同安全情景下 2030 年土地利用格局示意图

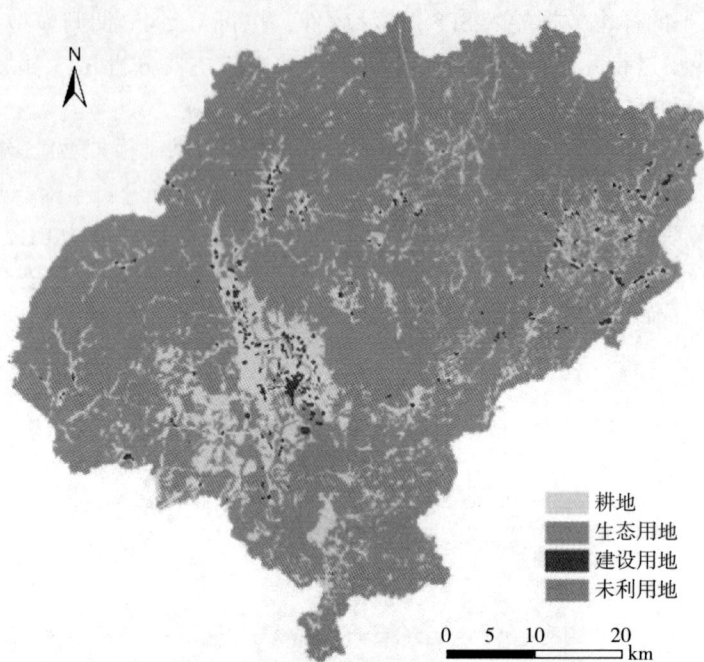

（b）底线安全情景下土地利用格局

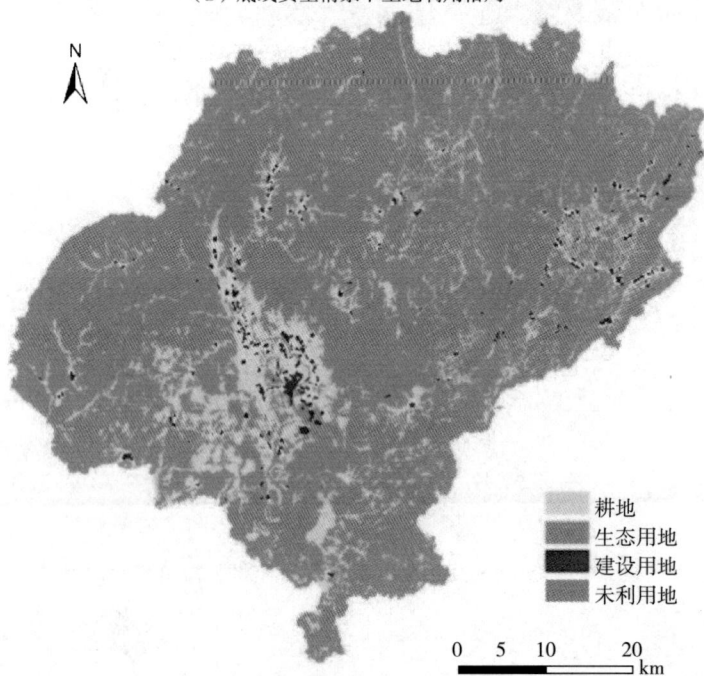

（c）满意安全情景下土地利用格局

图 11-3　兴国县 2015 年土地利用状况和不同安全情景下 2030 年土地利用格局示意图（续）

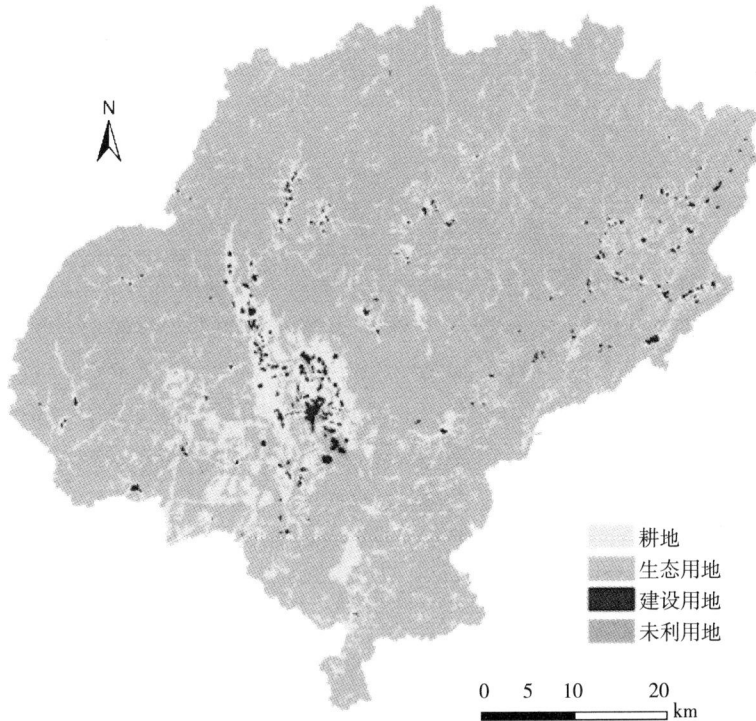

（d）理想安全情景下土地利用格局

图 11-3　兴国县 2015 年土地利用状况和不同安全情景下 2030 年土地利用格局示意图（续）

表 11-2　不同安全情景下兴国县 2030 年土地利用类型面积

单位：平方千米

类别	2015 年	2030 年		
		底线安全情景	满意安全情景	理想安全情景
城乡建设用地	24.4325	31.0278	31.0278	31.0278
耕地	544.8699	536.1861	534.5073	539.8655
生态用地	2642.928	2645.016	2646.695	2641.339
未利用地	0.5396	0.5396	0.5396	0.5396
总面积	3212.77	3212.77	3212.77	3212.77

　　不同安全情景下，建设用地指标和耕地指标均符合土地利用总体规划的约束条件，不仅可保证兴国县的粮食安全和经济发展对建设用地的需求安全，同时也满足了水土安全、生物多样性保护和灾害防护等生态安全的要求。

利用 Fragstats4.2 软件计算不同情景下土地利用格局指数，并把不同情景下模拟的 2030 年土地利用安全格局示意图和前文研究的关键性生态用地示意图进行叠加，分析不同情景下关键性生态用地的占用量，以比较不同情景下生态用地空间保护效果，具体结果如表 11-3 所示。

表 11-3　不同安全情景下 2030 年土地利用格局效果比较

评价指标	2015 年	2030 年		
		底线安全情景	满意安全情景	理想安全情景
关键性生态用地损失量（平方千米）	151.43	6.37	4.04	0
斑块密度（PD）	0.8700	0.8423	0.1020	0.8933
最大斑块指数（LPI）	71.6874	72.4796	72.3773	71.7141
斑块结合度指数（COHESION）	99.6806	99.6842	99.6825	99.6777
分离度（SPLIT）	1.9329	1.8896	1.8952	1.9315
聚集度（AI）	88.4523	88.4783	88.4044	88.3650

从表 11-3 可以看出，2015 年关键性生态用地的损失量>底线安全情景下关键性生态用地的损失量>满意安全情景下关键性生态用地的损失量>理想安全情景下关键性生态用地的损失量。因此，研究区应优先采取生态调控措施，严格限制开发建设，推行退耕还林还草，以便较好地保护区域的关键性生态用地，维护区域生态安全。

从景观优势度方面看，底线安全情景下兴国县土地利用格局的最大斑块指数最大为 72.4796，其次是满意安全情景为 72.3773，最小的为 2015 年。结果表明，底线安全情景下生态用地的优势斑块得到了有效保护，有利于生态用地对整个景观生态安全的维护。

聚集度指数反映景观中不同斑块类型的聚集程度，分离度指数反映斑块在空间分布上的分散程度。从表 11-3 可以看出，底线安全情景下土地利用格局的聚集度最大，为 88.4783，其次是 2015 年土地利用格局的聚集度，理想安全情景下土地利用格局的聚集度最小，为 88.3650，说明底线安全情景下的土地利用格局更趋于聚集，但各情景下土地利用格局之间聚集度的差异并不是很大。2015 年土地利用格局的分离度>理想安全情景下土地利用格局的分离度>满意安全情景下土地利用格局的分离度>底线安全情景下土地利用格局的分离度，同样表明底线安全情景下生态斑块之间更趋于聚集。

综合不同情景下生态用地的面积总量、关键性生态用地的损失量以及空间形态三个方面的因素，发现三种情景下的土地利用格局都满足了区域生态安全、粮食安全和经济发展对土地的需求。不同安全情景下土地利用格局的优劣排序为：底线安全情景>满意安全情景>理想安全情景。

11.5 结论与调控启示

本章运用情景分析法，通过设置底线安全、满意安全和理想安全三种情景，构建了土地利用安全格局的约束性 CA 模型，模拟兴国县不同安全情景下 2030 年的土地利用安全格局。主要结论如下：

（1）不同安全情景下的土地利用格局、建设用地指标和耕地指标均符合土地利用总体规划的约束条件，不仅保证了兴国县的粮食安全和经济发展对建设用地的需求安全，同时也满足了水土安全、生物多样性保护和灾害防护等生态安全的要求。

（2）2015 年关键性生态用地的损失量>底线安全情景下关键性生态用地的损失量>满意安全情景下关键性生态用地的损失量>理想安全情景下关键性生态用地的损失量。

（3）综合不同安全情景下生态用地的面积总量、关键性生态用地的损失量以及空间形态三个方面的因素，发现三种安全情景下的土地利用格局都满足了区域生态安全、粮食安全和经济发展对土地的需求。不同安全情景下土地利用格局的优劣排序为：底线安全情景>满意安全情景>理想安全情景。

（4）从（2）和（3）的结论来看，尽管理想安全情景下，区域关键性生态用地的损失量降到最低，但其景观格局指数表明该情景下的土地利用格局并不是最优；而在底线安全情景下，区域关键性生态用地的损失量是三种情景下最高的，但其景观格局指数表明该情景下的土地利用格局是最优的。决策者需要根据这样的结果权衡具体的措施。

（5）兴国县未来的土地利用管理应该优先推行退耕还林还草政策，保护湿地，禁止对水源保护区、自然保护区、风景名胜区、地质公园等限制区的开发，以维护区域生态系统健康与安全。

第 12 章

土地利用生态安全调控对策

12.1 实施国土空间的生态重要性分区管制

将研究区国土空间划分为生态一般地区、生态较重要地区、生态重要性地区和生态极重要性地区。各区域的主要生态与环境问题不尽相同,因此生态保护和生态建设的对策也有所区别。

12.1.1 生态极重要性地区的管制

生态极重要性地区主要是区域关键性生态空间,属于区域内水系、自然保护区的核心区,地表径流环境保护的一级缓冲区域,视觉敏感度高,也是维护区域生态系统服务功能的重要景观骨架。其植被覆盖程度好,生物多样性丰富,抗自然灾害能力较弱,不可承受人为扰动。本区域为禁建区,禁止任何开发建设活动。本区生态保护和建设方向为以生态养护为重点,保护水源涵养功能,建设林业生态工程,净化水源,加强生物多样性建设与保护。

12.1.2 生态重要性地区的管制

该区为河流水系和生物多样性保护的重要生态缓冲带。这些区域生态脆弱,自我调节能力弱,相对稳定性较差,在人为或自然因素的干扰下可能发生严重的生态退化,并会对整个区域的生态系统带来严重破坏,是生态风险防范的重点地区。因此,本区域为限制开发区,限制干扰强度大的开发建设活动。必须加强该区现有植被的保育,严禁乱垦滥伐等有损生态与环境的活动,并对已遭破坏的植被进行及时有效的恢复或重建。

12.1.3　生态较重要地区的管制

生态较重要地区主要包括农田生态系统、中度敏感区域过渡地带、主要地表径流汇水面、沿河生态缓冲带二级区域。该区域要从保护自然生态系统入手，调整产业结构和布局，形成对环境破坏小、附加值大的绿色产业，建成维系生态安全的生态廊道和生态产业发展区域。

12.1.4　生态一般地区的管制

该区域主要集中在已建设区域，土地利用类型主要为居民点和部分产业用地。该区生态系统较为简单，生物多样性较低。本区域为优化开发区，是将来的居住建设开发区。该区的主要功能为体现农村景观、实现清洁生产和生态人居，因此，该区的保护必须合理控制人口发展规模，调整产业结构，发展生态型产业，杜绝污染严重、能耗大的企业在该区落户。

12.2　建立土地利用生态安全的预警机制

加强生态安全预警监测和研判是维护生态安全的重点任务，有必要通过建立健全土地利用生态安全监测预警体系，定期对土地利用生态风险进行调查；完善多级联动的突发生态安全事件应急网络，提高土地利用生态安全预警的时效性；通过加强资源环境的国情、县情宣传，提高全民土地利用的生态安全意识，进而完善土地利用生态安全预警机制。

12.2.1　建立土地利用生态风险动态评价制度

以习近平新时代生态文明思想为指导，在生态风险评估过程中，秉承理性规避生态风险的监督新理念，改变"被动式发现，运动式查处"的执法方式，本着发现在初始，解决在萌芽，防患于未然的监管思路，建立土地利用生态风险常态化评价制度。现有的生态安全评价研究主要是对研究区过去十几年的空间变化的动态评价或现状的静态评价，而评价应包括过去、现在和未来三个方面，尤其要关注现状评价与未来预测。在当今资源紧缺和匮乏的情形下，注重现状和未来的、动态的土地利用生态安全评价，可为土地可持续利用及区域发展提供强有力的支撑。

12. 2. 2　建立土地利用生态风险预警调控机制

通过多种调控方式使土地利用、影响要素、预警体系和调控方案等之间建立有机联系和制约关系，对区域土地利用生态风险预警机制的运行过程和发展方向进行调节控制。特别是针对土地利用生态风险等级较高的乡镇，制定生态风险预警调控方案，进一步完善统一指挥、分级控制、条块结合、属地为主的土地利用生态安全应急管理体系，建立健全生态风险提示预警和应急机制及安全保障机制等，及时发现并处理可能出现的各种生态风险，寻找风险源并防范和消除风险，保障社会—生态—经济系统的正常运行。

12. 2. 3　建立土地利用生态风险预警管理机制

土地利用生态风险预警管理应从人才队伍建设、信息系统建设、组织管理建设和政策法规建设等方面入手，提升土地利用生态风险综合管理水平，增强土地利用生态安全管理效率。在人才队伍建设方面，通过与院校合作，提升土地利用生态管控的研究水平，为区域发展提供智力支撑。同时，建设土地利用生态风险信息系统，加强风险评价与管理的信息化平台建设，进一步完善信息服务和监督管理功能，保障相关信息的准确性和时效性，发挥预警管理和风险防范作用。此外，还应继续推进土地管理政策法规的宣传执行工作。

12. 2. 4　提高土地利用生态风险预警的时效性和科学性

预警重在突出时效性和科学性。由于现代监测技术较为成熟，土地利用生态风险监测无论是指标体系还是监测结果都趋于科学；由于数据技术的革新，风险监控是动态连续的，这又保证了预警的时效性。技术成熟保证了监测的科学性，而人为的操作也是监测系统的关键一环。监测人员应当认识到个人工作的重要性以避免渎职，一旦监测到土地利用生态风险，则需及时将监测结果传递给主管部门与公众，动员人民群众参与到紧急情况的应对中来。

12.3　创新土地利用生态安全的补偿机制

2018 年 12 月 28 日，国家发展和改革委员会、财政部、自然资源部、生态环境部、水利部、农业农村部、中国人民银行、国家市场监管总局、国家林草局九部门联合印发《建立市场化、多元化生态保护补偿机制行动计划》，要求建立政府主导、企业和社会参与、市场化运作、可持续的生态保护补偿机制，激发全社会参与生态保护的积极性。因此，土地利用生态安全补偿机制的建立要重视市场化、多元化和补偿的可持续。总的来说，土地利用生态安全补偿机制的构建既要遵循市场化、多元化和可持续的原则，激发各相关主体参与土地利用生态安全保护的积极性，又要最大化利用市场调节机制，最终实现生态保护与经济发展的协同共进。

12.3.1　补偿主体多元化

在生态补偿的主体方面，中央政府应作为最为重要的补偿主体。同时，地方政府也应该作为生态补偿的主体之一。除此之外，要把生态补偿的负责具体到某个部门，保证操作有效性。在我国，一些企事业单位并没有为自身受益而承担生态补偿责任，这与"谁受益，谁补偿"的原则不符，这种权利责任不明确的情况造成了相关利益的脱节和不均衡，挫伤了主动承担生态补偿责任者的积极性。应该加强不同地区、不同机构承担生态补偿责任的意识。在明确补偿主体的前提下，结合具体国情，可进一步将受偿主体细化为如下三类：一是为保护生态而被征收、征用土地者；二是为保护生态而发展受限者；三是为生态保护做出贡献者。

12.3.2　补偿资金来源多样化

当前，政府是主要的土地利用生态安全补偿主体，也是最为重要的生态补偿资金来源。这需要不断完善现有财政转移支付制度，建立土地利用生态安全补偿专项资金。但中央财政资金无法面面俱到，筹集生态补偿资金不能简单地依靠政府税收和财政转移支付，应该建立多元的资金来源渠道，这样才能为做好生态补偿提供有力的资金支持。例如，直接征收生态安全补偿税（费），从涉及生态安全损失的大型项目中收取生态补偿费，为生态安全受损的地区筹集生态治理资金。此外，还可以推行绿色贷款、完善生态安全治理备用金制度，引入生态保险、土地发展权交易等多种方式，鼓励社会资金参与到土地利用生态安全补偿中来，同时注重提高补偿资金的使用效率。

12.3.3 补偿方式多元化

补偿方式的选择是土地利用生态安全补偿机制实施中的重要一环，也是生态补偿活动的具体实现形式。我国生态补偿的方式有资金补偿、政策补偿、实物补偿、项目补偿和智力补偿等多种形式，资金补偿、实物补偿倾向于"输血"，其他补偿方式则倾向于"造血"。"输血"补偿方式和"造血"补偿方式相结合比直接经济补偿或单一补偿更具有长远和现实意义，但补偿方式的选择只有贴近区域实际，才能有效促进受偿方的长足发展。土地利用生态安全补偿的形式可从单一要素补偿向多要素综合补偿转变，通过补偿方式的多元组合提高生态补偿机制运行效率。

12.3.4 因地制宜长期补偿

土地利用生态安全补偿最终还是要落到生态安全这个点上来，通过维护生态安全来指导土地利用行为，使土地利用行为不仅追求经济效益，也重视生态效益和生态环境的保护。同时生态补偿机制内部极其复杂，涉及的行为主体位于不同层面，利益关系错综复杂，区域内的土地资源本底、社会经济发展水平和方向也具有差异性，因此土地利用生态安全补偿方式的选择不应该一概而论，应该根据区域发展差异和生态风险实际情况因地制宜采取不同的补偿方式，以实现生态补偿的长足发展。此外，生态补偿机制的执行应循序渐进，有重点、有层次、有次序地推进，延长补偿链，创新机制，不断注入新活力。

12.4 完善土地利用生态安全的公众参与机制

生态安全事关良好生态环境和人民群众生活品质。公众即是生态安全的建设者，同时也是生态安全的受益者。保护生态环境的动力最终还是来自于全体大众。公众的积极参与是维护生态安全最直接和最有效的手段。政府要主动及时公开环境信息，提高透明度，更好地保障广大人民群众的知情权、监督权，积极发挥新闻媒体和民间组织的作用，通过宣传、教育等多种手段提升公众生态风险意识，建立健全土地利用生态安全的公众参与机制。

12.4.1 建立公众参与土地利用生态安全的保障机制

随着生态文明理念逐渐深入人心，公众的生态环保意识和参与度逐渐提高，但相关法律规定没有明确公众的参与权，尚未形成一个完善的和制度化的公众参与保障机制。政府应通过出台相关规定，完善相应的法律法规，鼓励公众积极行使参与建设生态文明的权力，引导公众参与生态文明制度的建立并推动其有效实施。公众监督是公众参与的重要组成部分，地方应公开曝光违法典型案件，加强对公众环保举报工作的规范化管理，督促做好群众监督受理和反馈工作。同时，保护举报人的合法权益，对于公众的相关信息要严格保密。

12.4.2 强化土地利用生态安全信息公开

土地利用生态安全信息公开事关人民群众的知情权、参与权、表达权和监督权，要加强相关信息发布，保持传播力度，重视社会舆情，把网民的"表情包"变成生态安全保护工作的"晴雨表"，面对错误思想和负面有害言论敢于接招发声，始终占领网络传播主阵地，打好生态环境舆论主动仗，牢牢把握话语权和主导权。生态信息知情权是公众其他环境权力尤其是参与权的前提。只有把相关的信息全面、透明地展现在公众面前，使公民的环境知情权得到保障，公众才能更好地了解并参与其中。信息公开应做细做实，拓宽公开渠道，扩大空开范围，细化公开内容，强化重特大突发生态安全事件信息公开，对涉及群众切身利益的重大项目及时主动公开。

12.4.3 充分发挥第三方作用

以环保社会服务机构、环保社会团体为主体组成的第三方环保社会组织是我国生态文明建设与绿色发展的重要力量，其在提升公众生态文明意识，促进公众参与生态环境保护、参与环保政策制定和实施、监督土地利用多方主体环境行为，促进生态环境保护国际交流与合作方面做出了积极的贡献。因此，土地利用生态安全保护要充分发挥这些第三方组织和机构的积极作用。同时，也要引导相关社会组织健康有序发展，发动民间组织和社会志愿者，加大对第三方组织的扶持力度，规范其管理，使其成为生态环境保护工作的同盟军，构建多元共治的生态安全保护格局。

12. 4. 4　提高全民土地利用生态安全意识

当前，我国行政机关及其工作人员、社会公众对土地利用生态安全的认识不足，无法形成全社会公民共同参与和支持生态安全保护的良好氛围。为此，我国可借鉴国外做法，切实加大土地利用生态安全宣传教育的力度，提升生态安全观念，充分调动全民参与生态安全防范的积极性。同时，也要充分发挥媒介的宣传作用，引导社会公众了解、参与，如通过微博、微信等渠道加大生态安全宣传力度，以群众喜闻乐见、贴近生活的方式，让土地利用的多个行为主体更加全面地理解和支持生态安全；在全国土地日等纪念宣传日中增设土地利用生态安全的内容，提高全民土地利用生态安全意识。

参考文献

[1] ABILDTRUP J, AUDSLEY E, FEKETE-FARKAS M, et al. Socio-economic scenario development for the assessment of climate change impacts on agricultural land use—A pairwise comparison approach [J]. Environmental Science & Policy, 2006, 9 (2): 101-115.

[2] ADEMOLA K B. Random and systematic land-cover transitions in northern Ghana [J]. Agriculture, Ecosystems and Environment, 2006, 113 (1-4): 254-263.

[3] AKWANGO D, OBAA B B, TURYAHABWE N, et al. Quality and dissemination of information from a drought early warning system in Karamoja sub-region, Uganda [J]. Journal of Arid Environments, 2017 (145): 69-80.

[4] ALLAN I, PETERSON J. Spatial modeling in decision support for land-use planning: A demonstration from the Lal Lal catchment, Victoria, Australia [J]. Australian Geographical Studies, 2002, 40 (1): 84-92.

[5] ANNETTE B. Ecological process indicators used for nature protection scenarios in agricultural landscapes of SW Norway [J]. Ecological Indicators, 2007, 7 (2): 396-411.

[6] ANSELIN L. Local indicators of spatial association [J]. Geographical Analysis, 1995, 27 (2): 93-115.

[7] ANSELIN L. Spatial econometrics: Methods and models [J]. Studies in Operational Regional Science, 1990, 85 (411): 310-330.

[8] ANSELIN L. Spatial econometrics: Methods and models [M]. Dordrecht: Kluwer Academic Publishers, 1988.

[9] ANSELL D, FREUDENBERGER S, MUNRO N, et al. The cost-effectiveness of agri-environment schemes for biodiversity conservation: A quantitative review [J]. Agricultural, Ecosystems & Environment, 2016 (225): 184-191.

[10] ARTTI J. Old-growth boreal forests: Worth protecting for biodiversity? [J] Journal of Forest Economics, 2008, 14 (4): 242-267.

[11] ASFA S, ALMAS S, SANDEEP M, et al. Urban growth dynamics of an

Indian metropolitan using CA markov and logistic regression [J]. The Egyptian Journal of Remote Sensing and Space Science, 2017, 11 (6): 229-236.

[12] BAE M J, PARK Y S. Biological early warning system based on the responses of aquatic organisms to disturbances: A review [J]. Science of the Total Environment, 2014, 466-467 (1): 635-649.

[13] BAJOCCO S, DEANGELIS A, PERINI L, et al. The impact of land use/land cover changes on land degradation dynamics: A mediterranean case study [J]. Environmental Management, 2012, 49 (5): 980-989.

[14] BARNSLEY M. Fractals everywhere [J]. American Journal of Physics, 1989, 57 (11): 1053.

[15] BROUWER R, VAN E R. Integrated ecological: Economic and social impact assessment of alternative flood control policies in the Netherlands [J]. Ecological Economics, 2004, 49 (1-2): 1-21.

[16] BULTE E H, HORAN R D. Habitat conservation, wildlife extraction and agricultural expansion [J]. Journal of Environment Economic Management, 2003, 45 (1): 109-127.

[17] CHEN L L, SONG G, MEADOWS M E, et al. Spatio-temporal evolution of the early-warning status of cultivated land and its driving factors: A case study of Heilongjiang Province, China [J]. Land Use Policy, 2018, 72 (12): 280-292.

[18] CHEN Y H, LI X B, SU W, et al. Simulating the optimal land-use pattern in the farming-pastoral transitional zone of Northern China [J]. Computers, Environment and Urban Systems, 2008, 32 (5): 407-414.

[19] CLARK J S, CARPENTER S R, BARBER M, et al. Ecological forecasts: An emerging imperative [J]. Journal of Environmental Economics and Management, 2001, 293 (5530): 657-660.

[20] CORDEIRO N J, BORGHESIO L, JOHO M P, et al. Forest fragmentation in an African biodiversity hotspot impacts mixed-species bird flocks [J]. Biological Conservation, 2015, 188 (9): 61-71.

[21] COSTA G C, NOGUEIRA C, MACHADO R B. Sampling bias and the use of ecological niche modeling in conservation planning: A field evaluation in a biodiversity hotspot [J]. Biodiversity Conservation, 2010, 19 (3): 883-899.

[22] COSTANZA R, D'ARGE R, GROOT R D, et al. The value of the world's ecosystem services and natural capital [J]. Nature, 1997, 387 (15): 253-260.

[23] CÉSAR V G, JOSÉ LUIS F A, PATRICIA M C, et al. Scenarios of vul-

nerability in coastal municipalities of tropical Mexico: An analysis of wetland land use [J]. Ocean and Coastal Management, 2014, 89 (3): 11-19.

[24] DENG X Z, HUANG J, UCHIDA E, et al. Pressure cookers or pressure valves: Do roads lead to deforestation in China? [J]. Journal of Environment Economic Management, 2011, 61 (1): 79-94.

[25] DE OLIVEIRA AVERNA VALENTE R, VETTORAZZI C A. Definition of priority areas for forest conservation through the ordered weighted averaging method [J]. Forest Ecology and Management, 2008, 256 (6): 1408-1417.

[26] DOOLE G J, BLACKMORE L, SCHILIZZI S. Determinants of cost-effectiveness in tender and offset programmers for Australian biodiversity conservation [J]. Land Use Policy, 2014, 36 (1): 23-32.

[27] DRECHSLER M. The impact of fairness on side payments and cost-effectiveness in Agglomeration payments for biodiversity conservation [J]. Ecological Economics, 2017, 141 (11): 127-135.

[28] EICHNER T, PETHIG R. Economic land use, ecosystem services and micro founded species dynamics [J]. Journal of Environment Economic Management, 2006, 52 (3): 707-720.

[29] ELGAR M, CLODE D. Inbreeding and extinctions in island populations: A cautionary tale [J]. Conservation Biology, 2001 (15): 284-286.

[30] ERWIN T L. An evolutionary basis for conservation strategies [J]. Science, 1991, 253 (5021): 750-752.

[31] FISHER B, CHRISTOPHER T. Poverty and biodiversity: Measuring the overlap of human poverty and the biodiversity hotspots [J]. Ecological Economics, 2007, 62 (1): 93-101.

[32] FOLEY J A, DE FRIES R, ASNER G P, et al. Global consequences of land use [J]. Science, 2005, 309 (5734): 570-574.

[33] FORMAN R. Land mosaics: The ecology of landscapes and regions [M]. New York: Cambridge University Press, 1995.

[34] FORMAN R T T, GODRON M. Landscape ecology [M]. New York: John Wiley, 1986.

[35] FORMAN R T T. Some general principles of landscape and regional ecology [J]. Landscape Ecology, 1995, 10 (3): 133-142.

[36] FRANCESCO R, JORGE A. The tropical ecology, assessment and monitoring (TEAM) network: An early warning system for tropical rain forests [J]. Science

of the Total Environment, 2017, 574 (1): 914-923.

[37] FULLER D. Forest fragmentation in loudoun county, virginia, USA evaluated with multi-temporal Landsat imagery [J]. Landscape Ecology, 2001, 16 (7): 627-642.

[38] FU X, WANG X H, YANG Y J. Deriving suitability factors for CA-Markov land use simulation model based on local historical data [J]. Journal of Environmental Management, 2018, 206 (10): 10-19.

[39] GARCIA-GUZMAN G, TREGO I, SANCHEZ-CORONADO M E. Foliar diseases in a seasonal tropical dry forest: Impacts of habitat fragmentation [J]. Forest Ecology and Management, 2016, 369 (3): 126-134.

[40] GLODSTEIN J H, CALDARONE G, DUARTET K, et al. Integrating ecosystem-service tradeoffs into land-use decisions [J]. Proceedings of the National Academy of Sciences of the United States of America, 2012, 109 (19): 7565-7570.

[41] GONG J, XIE Y C, CAO E J, et al. Integration of InVest-habitat quality model with landscape pattern indexes to assess mountain plant biodiversity change: A case study of Bailongjiang watershed in Gansu Province [J]. Journal of Geographical Sciences, 2019, 29 (7): 1193-1210.

[42] GOOVAERT P. Geostatistics in soil science: State-of-the-art and perspectives [J]. Geoderma, 1999, 89 (1-2): 0-45.

[43] GREN I, BAXTER P, MIKUSINSKI G, et al. Cost-effective biodiversity restoration with uncertain growth in forest habitat quality [J]. Journal of Forest Economics, 2014, 20 (1): 77-92.

[44] GU L, LIU B, GONG G T, et al. Dynamic characteristics of forest landscape in Chengdu City in last 20 years [J]. Journal of Applied Ecology, 2010, 21 (5): 1081-1089.

[45] HADDOCK J, TZANOPOULOS J, MITCHLEY J, et al. A method for evaluating alternative landscape management scenarios in relation to the biodiversity conservation of habitats [J]. Ecological Economics, 2007, 61 (2-3): 277-283.

[46] HAIGH R, AMARATUNGA D, HENACHANDRA K. A capacity analysis framework for multi-hazard early warning in coastal communities [J]. Procedia Engineering, 2018 (212): 1139-1146.

[47] HALKS G, MANAGI S. Land use, forest preservation and biodiversity in Asia [J]. Journal of Forest Economics, 2017, 29 (1): 1-3.

[48] HALL L S, KRAUSMAN P R, MRRISO. The habitat concept and a plea

for standard terminology [J]. Wildlife Society Bulletin, 1997, 25 (1): 173-182.

[49] HALMY M W A, GESSLER P E, HICKE J A, et al. Land use/ land cover change detection and prediction in the north-western coastal desert of Egypt using Markov-CA [J]. Applied Geography, 2015 (63): 101-112.

[50] HARMS W B. Landscape fragmentation by urbanization in the Netherlands: options and ecological consequences [J]. Journal of Environmental Sciences, 1999, 11 (2): 141-148.

[51] HARRIS L D. The fragmented forest: Island biogeography theory and preservation of biotic diversity [M]. Chicago: University of Chicago Press, 1984.

[52] HAYES E H, LANDIS W G. Regional ecological risk assessment of a nearshore marine environment: Cherry point, WA [J]. Human and Ecological Risk Assessment, 2004, 10 (2): 299-325.

[53] HERNANDEZ M, GONEZ T, MOLINA J, et al. Efficiency in forest management: A multi-objective harvest scheduling model [J]. Journal of Forest Economics, 2014, 20 (3): 236-251.

[54] HERRMANN S, OSINSKI E. Planning sustainable land use in rural areas at different spatial using GIS and modeling tools [J]. Landscape and Urban Planning, 1999, 46 (1): 93-101.

[55] HERRMARN S, DABBERT S, RAUMER H S. Threshold value for nature protection areas as indicators for biodiversity: A regional evaluation of economic and ecological consequences [J]. Agriculture, Ecosystems and Environment, 2003, 98 (1-3): 493-506.

[56] HE X D, XUE P P, ZHANG N, Wu W. Evaluation of ecological suitability in Changping district of Beijing city [J]. Acta Scientiarum Naturalium Universitatis Sunyatseni, 2008, 41 (5): 50-56.

[57] HE Y F, XIE H L, FAN Y H, et al. Forested land use efficiency in China: Spatiotemporal patterns and influencing factors from 1999 to 2010 [J]. Sustainability, 2016, 8 (8): 772.

[58] HILY E, GARCIA S, STENGER A, et al. Assessing the cost-effectiveness of a biodiversity conservation policy: A bio-econometric analysis of Natura 2000 contracts in forest [J]. Ecological Economics, 2015, 119 (11): 197-208.

[59] HOSMER D W, LENESHOW S. Applied regression analysis [M]. New York: Wiley, 1989.

[60] HUANG D Q, HUANG J, LIU T. Delimiting urban growth boundaries

using the CLUE-S model with village administrative boundaries [J]. Land Use Policy, 2019 (82): 422-435.

[61] HUANG Q, WANG R H, REN Z Y, et al, Regional ecological security assessment based on long periods of ecological footprint analysis [J]. Resources, Conservation and Recycling, 2007, 51 (1): 24-41.

[62] HUANG X J, QU F T. The theory and methods for early warning system of cultivated land eco-economy [J]. Ecological Economy, 1998 (5): 15-18, 23.

[63] IPBES. Summary for policymakers of the regional assessment report on biodiversity and ecosystem services for Asia and the Pacific of the Intergovernmental Science-Policy Platform on Biodiversity and Ecosystem Services [Z]. Bonn: IPBES secretariat, 2018.

[64] JANA V, ROB A, JAN K, et al. Combining biodiversity modeling with political and economic development scenarios for 25 EU countries [J]. Ecological Economics, 2007, 62 (2): 267-276.

[65] JANET H, JOSEPH T, JONATHAN M, et al. A method for evaluating alternative landscape management scenarios in relation to the biodiversity conservation of habitats [J]. Ecological Economics, 2007, 61 (2-3): 277-283.

[66] JENNINGS M D. Gap analysis: Concepts, methods, and recent results [J]. Landscape Ecology, 2000, 15 (1): 5-20.

[67] JEPSEN J U, TOPPING P O. Evaluating consequences of land-use strategies on wildlife populations using multiple-species predictive scenarios [J]. Agriculture, Ecosystems and Environment, 2005, 105 (4): 581-594.

[68] JOURNEL A G, HUIJBREGTS C G. Mining geostatistics [M]. London: Academic Press, 1978.

[69] JUANITA A D, IGNACIO P, JORGELINA G A, et al. Assessing the effects of past and future land cover changes in ecosystem services, disservices, and biodiversity: A case study in Barranquilla Metropolitan Area (BMA), Colombia [J]. Ecosystem Services, 2019, 37 (3): 1-21.

[70] KEKEN Z, KUSTA T, LANGER P, et al. Landscape structural changes between 1950 and 2012 and their role in wildlife-vehicle collisions in the Czech Republic [J]. Land Use Policy, 2016, 59 (6): 543-556.

[71] KHAN I, RAZZAP A, JAN A, et al. An analysis of community based flood early warning system in the state of azad jammu & kashmir [J]. Procedia Engineering, 2018, 212 (1): 792-800.

［72］KIKUCHI S, SHIBATA M, TANAKA H. Effects of forest fragmentation on the mating system of a cool-temperate heterodichogamous tree Acer mono［J］. Global Ecology and Conservation, 2015, 3（3）: 789-801.

［73］KLEIN C J, WILSON K A, WATTS M, et al. Spatial conservation prioritization inclusive of wilderness quality: A case study of Australia's biodiversity［J］. Biological Conservation, 2009, 142（7）: 1282-1290.

［74］KNAAPEN J P, SCHEFFER M, HARMS B. Estimating habitat isolation in landscape planning［J］. Landscape and Urban Planning, 1992（23）: 1-16.

［75］LAMBIN E F, GEIST H J. Global land-use and land-cover change: What have we learned so far?［J］. Economic Nature and Policy, 2001, 46（6）: 27-30.

［76］LANDIS W G, WEIGERS J A. Design considerational a suggested approach for regional and comparative ecological risk assessment［J］. Human and Ecological Risk Assessment, 1997, 1（3）: 287-297.

［77］LENZ, R J M, STERY R. Landscape diversity and land use planning: A case study in Bavaria［J］. Landscape and Urban Planning, 1995, 31（1-3）: 387-398.

［78］LI G L, CHEN J, SUN Z Y, et al. Establishing a minimum dataset for soil quality assessment based on soil properties and land use change［J］. Acta Ecologica Sinica, 2007, 27（7）: 2715-2724.

［79］LIGTENBERG A, BREGT A, LAMMEREN R. Multi-actor based land use modelling: Spatial planning using agents［J］. Landscape and Urban planning, 2001, 56（1-2）: 21-33.

［80］LIGTENBERG A. Validation of an agent-based model for spatial planning: A role-playing approach［J］. Computer, Environment and Urban System, 2010, 34（5）: 424-434.

［81］LI H B, WU J G. Use and misuse of landscape indices［J］. Landscape Ecology, 2004, 19（4）: 389-399.

［82］LI H, Franklin J, Swanson F, et al. Developing alternative forest cutting patterns: A simulation approach［J］. Landscape Ecology, 1993, 8（1）: 63-75.

［83］LI H, FRANKLIN J, SWANSON F, SPIES T. Developing alternative forest cutting patterns: A simulation approach［J］. Landscape Ecology, 1993, 8（1）: 63-75.

［84］LI M S, MAO L, ZHOU C, et al. Comparing forest fragmentation and its drivers in China and the USA with Globcover［J］. Journal of Environment

Management, 2010, 91 (12): 2572-2580.

[85] LI M S, MING L, FAN M M, et al. Spatio-temporal patterns and managerial implications of forest fragmentation derived from three national parks in the Western United States [J]. Journal of Northeast Forestry University, 2012, 40 (3): 103-107.

[86] LIU J Y, KUANG W H, ZHANG Z X, et al. Spatiotemporal characteristics, patterns, and causes of land-use changes in China since the late 1980s [J]. Journal of Geographical Sciences, 2014, 24 (2): 195-210.

[87] LIU X, SU J, ZHANG L. Research on applying minim a l cumulative resistance model in urban land ecological suitability assessment: As an example of Xiamen city [J]. Acta Ecologica Sinica, 2010, 30 (2): 421-428.

[88] LI Z F, GAO J X. A review on assessment methods of biodiversity [J]. China Development, 2018, 18 (2): 1-13.

[89] LORD J, NORYON D. Scale and the spatial concept of fragmentation [J]. Conservation Biology, 1990, 4 (2): 197-202.

[90] LUO T W, SU M, XU Y L. Progresses of early warning on ecological and environmental issues and its application in land use and management fields [J]. Modern economic information, 2010 (16): 202-204.

[91] LZZAT Y, AIGERIM O, DANIYA N. The ecological and legal aspects of ensuring the food security of the republic of Kazakhstan under the transition to a "green" economy [J]. Procedia-social and Behavioral Sciences, 2014, 143 (7): 971-975.

[92] MACCAGNANI B, FERRARI R, POZZATIM. Ecological infrastructure management for enhanced pollination and targeted precision biocontrol. [J]. Bull of Insectology, 2013, 66 (1): 26.

[93] MAHER M A, YUEK M H, MOHAMMAD F R, et al. Improving the capability of an integrated CA-Markov model to simulate spatio-temporal urban growth trends using an Analytical Hierarchy Process and Frequency Ratio [J]. International Journal of Applied Earth Observation and Geoinformation, 2017, 59 (3): 65-78.

[94] MAKOWSKI D, ELIGIUS M T, HENDRIX EMT, et al. A framework to study nearly optimal solutions of linear of programming models developed for agricultural land use exploration [J]. Ecological Modeling, 2000, 131 (1): 65-77.

[95] MALCZEWSKI J, CHAPMAN T, FLEGEL C, et al. GIS-multicriteria evaluation with ordered weighted averaging (OWA). case study of developing watershed man-

agement strategies [J]. Environment and Planning A, 2003, 35 (10): 1769-1784.

[96] MALCZEWSKI J. GIS-based land-use suitability analysis: A critical overview [J]. Progress in Planning, 2004, 62 (1): 3-65.

[97] MANDELBROT B B. Stochastic models for the Earch's relief, the shape and the fractal dimension of the coastlines, and the number-area rule for islands [J]. Proceedings of the National Academy of Sciences of the United States of America, 1975, 72 (10): 3825-3828.

[98] MANDELBROT B B. The fractal geometry of nature [M]. San Francisco. W. H. Freeman and Compan, 1982.

[99] MANHAES A P, LOYOLA R, MAZZOCHINI G G, et al. Low-cost strategies for protecting ecosystem services and biodiversity [J]. Biological Conservation, 2018, 217 (1): 187-194.

[100] MARGULES C R, NICHOLLS A O, PRESSEY R L. Selecting networks of reserves to maximize biological diversity [J]. Biological Conservation, 1988, 43 (1): 63-76.

[101] MARGULES C R, PRESSEY R L. Systematic conservation planning [J]. Nature, 2000, 405 (6783): 243-253.

[102] MARTIN J F, WHITE M, REYES E, et al. Evaluation of coastal management plans with a spatial model. Mississippi Delta, Louisiana, USA [J]. Environmental Management, 2000, 26 (2): 117-129.

[103] MARWA W A H, PAUL E G, JEFFREY A H, et al. Land use/land cover change detection and prediction in the north-western coastal desert of Egypt using Markov-CA [J]. Applied Geography, 2015, 63 (6): 101-112.

[104] MA S W, XIE D T, ZHANG X C, et al. Measures of land ecological security early warning and its spatial-temporal evolution in the ecologically sensitive area of the Three Gorges reservoir area. A case study of Wanzhou District, Chongqing City [J]. Acta Ecologica Sinica, 2017, 37 (24): 8227-8240.

[105] Matheron G. Principles of geostatistics [J]. Economic Geology, 1963, 58 (8): 1246.

[106] MCHARG I. Design with nature [M]. New York: Natural History Press, 1969.

[107] MCHARG I. Human planning at Pennsylvania [J]. Landscape Planning, 1981, 8 (2): 109-120.

[108] MEISEL J E, TURNER M G. Scale detection in real and artificial land-

scapes using semi-variance analysis [J]. Landscape Ecology, 1998, 13 (6): 347-362.

[109] MENARD S. Applied Logistic Regression Analysis [M]. Thousand Oaks, CA: Sage Pubns, 1995.

[110] MOHANTY A, HUSSAIN M, MISHRA M, et al. Exploring community resilience and early warning solution for flash floods, debris flow and landslides in conflict prone villages of Badakhshan, Afghanistan [J]. International Journal of Disaster Risk Reduction, 2019, 33 (2): 5-15.

[111] MOILANEN A, ARPONEN A. Administrative regions in conservation: Balancing local priorities with regional to global preferences in spatial planning [J]. Biological Conservation, 2011, 144 (5): 1719-1725.

[112] MOKANY K, WESTCOTT D A, PRASAD S, et al. Identifying priority areas for conservation and management in diverse tropical forests [J]. PLoS One, 2014, 9 (2): e89084.

[113] MOREIRA M, FONSECA C, VERGILIO M, et al. Spatial assessment of habitat conservation status in Macaronesian island based on the InVEST model: A case study of Pico Island (Azores, Portugal) [J]. Land use policy, 2018, 78 (11): 637-649.

[114] MUNIER B, BIRR-PEDERSEEN K, SCHOU J S. Combined ecological and economic modelling in agricultural land use scenarios [J]. Ecological Modelling, 2004, 174 (1): 5-18.

[115] MUNN R E. Global environmental monitoring systems (GEMS): Action plan for phase I. SCOPE report 3 [R]. Toronto, Canada: ICSU-SCOPE, 1973.

[116] NEWBOLD T, HUDSON L N, HILL S L L, et al. Global effects of land use on local terrestrial biodiversity [J]. Nature, 2015, 520 (7545): 45-50.

[117] NHANCALE B A, SMITH R J. The influence of planning unit characteristics on the efficiency and spatial pattern of systematic conservation planning assessments [J]. Biological Conservation, 2011, 20 (8): 1821-1835.

[118] NIU S W, QING J, SUN H J, et al. An evaluation of sustainable development of agricultural production land based on terrain constraints in mountain areas of western China: A case study of the southern mountain region of Gansu Province [J]. Resources Science, 2010, 32 (1): 50-56.

[119] NORMAN M. Biodiversity paying its way [J]. Diversity and Distributions, 2004, 101 (24): 56-63.

[120] N. 维纳. 控制论 [M]. 北京: 科学出版社, 1962.

［121］OLSOY P J, ZELLER K A, HICKE J A, et al. Quantifying the effects of deforestation and fragmentation on a rang-wide conservation plan for jaguars［J］. Biological Conservation, 2016, 203（11）: 8-16.

［122］ORSI F, CHURCH R L, GENELETTI D. Restoring forest landscapes for biodiversity conservation and rural livelihoods: A spatial optimisation model［J］. Environmental Modelling & Software, 2011, 26（12）: 1622-1638.

［123］OUYANG Z Y, WANG R, FU G. Ecological niche suitability model and its application in land suitability assessment［J］. Acta EcologicaSinica, 1996, 16（2）: 113-120.

［124］PAN G X, GAO M, HU G H, et al. Impacts of climate change on agricultural production of China［J］. Acta EcologicaSinica, 2011, 30（9）: 1698-1706.

［125］PARK J Y, LEE S R, LEE D H, et al. A regional-scale landslide early warning methodogy applying statistical and physically based approaches in sequence［J］. Engineering Geology, 2019, 260（6）: 1-14.

［126］PETER K, HEATHER T, TAYLOR H, et al. Natural capital: Theory and practice of mapping ecosystem services［M］. Oxford: Oxford University Press, 2011.

［127］PETERSEN A H, STRANGE N, ANTHON S, et al. Conserving what, where and how? Cost-efficient measures to conserve biodiversity in Denmark［J］. Journal of Nature Conservation, 2016, 29（10）: 33-34.

［128］PHOEBE B, RES A, ISMAIL E, et al. Early warning systems for biodiversity in southern Africa-How much can citizen science mitigate imperfect data?［J］. Biological Conservation, 2017, 208（11）: 183-188.

［129］PICIULLO L, CALVELLO M, CEPEDA J M. Territorial early warning systems for rainfall-induced landslides［J］. Earth-Science Reviews, 2018, 179（2）: 228-247.

［130］PICKETT S T, CADENASSO M L. Landscape ecology: Spatial heterogeneity in ecological systems［J］. Science, 1995, 269（5222）: 331-334.

［131］PIJANOWSKI B C, ROBINSON K D. Rates and patterns of land use change in the Upper Great Lakes States, USA: A framework for spatial temporal analysis［J］. Landscape and Urban Planning, 2011, 102（2）: 102-116.

［132］PLATT R H. Land use and society: Geography, law and public policy［M］. Washington D C: Island Press, 1996.

［133］POTI M. Identifying priority conservation area in Georgetown County ［D］. South Carolina. Durbam N C：Duke University，2000.

［134］PRAMIT G, ANIRBAN M, ABHRA C, et al. Application of Cellular automata and Markov-chain model in geospatial environmental modeling-A review ［J］. Remote Sensing Applications：Society and Environment，2017，5（1）：64-77.

［135］PURUCKER S T, WELSH C J E, STEWART R N. Use of habitat-contamination spatial correlation to determine when to perform a spatially explicit ecological risk assessment ［J］. Ecological Modelling，2007，204（1-2）：180-192.

［136］RAPPORT D J, GAUDET C, KARR J R, et al. Evaluating landscape health：Integrating societal goals and biophysical process ［J］. Journal of Environmental Management，1998，53（1）：1-15.

［137］RICARD R C S, BAELOW J, ANDERSEN A N, et al. Biodiversity consequences of land-use change and forest disturbance in the Amazon：A multi-scale assessment using ant communities ［J］. Biological Conservation，2016，197（3）：98-107.

［138］RIITTERS K, WICKHAM J, O'NEILL R, et al. Fragmentation of continental United States forests ［J］. Ecosystems，2002，5（8）：815-822.

［139］RISSER P G, KARR J R, FORMAN R T T. Landscape ecology：Directions and approaches ［M］. A Workshop Held at Allerton Park，Piatt：County Iillinois，1984.

［140］ROB C V A, KNAAPEN J P, SCHIPPERS P, et al. Applying ecological knowledge in landscape planning—A simulation model as a tool to evaluate scenarios for the badger in the Netherlands ［J］. Landscape and Urban Planning，1998，41（1）：57-69.

［141］ROBERT C. What is ecological economics？［J］. Ecological Economics，1989，1（1）：1-7.

［142］ROGERS K S. Ecological security and multinational corporations ［J］. Environmental Change and Security Project Report，1997（3）：29-36.

［143］ROUGET M, COWLING R M, PRESSEY R L, et al. Identifying spatial components of ecological and evolutionary processes for regional conservation planning in the Cape Floristic Region，South Africa ［J］. Diversity and Distributions，2003，9（3）：191-210.

［144］ROVERO F, AHUMADA J. The tropical ecology，assessment and monitor（TEAM）network：An early warning system for tropical rain forests ［J］. Science of the Total Environment, 2017, 574 (9): 914-923.

［145］SALLUSTIO L, TONI A D, STROLLO A, et al. Assessing habitat quality in relation to the spatial distribution of protected areas in Italy ［J］. Journal of Environmental Management, 2017, 201 (10): 129-137.

［146］SATHER N K, JOHNSON G E, TEEL D J. Shallow tidal freshwater habitats of the Columbia River: Spatial and temporal variability of fish communities and density, size, and genetic stock composition of juvenile chinook salmon ［J］. Transaction of the American Fisheries Society, 2016, 145 (4): 734-753.

［147］SAUNDERS D A, HOBBS R J, MARGULES C R. Biological consequences of ecosystem fragmentation: A review ［J］. Conservation Biology, 1991, 5 (1): 18-32.

［148］SCHOLZ M, HEDMARK A, HARTLEY W. Recent advances in sustainable multifunctional land and urban management in Europe: A review ［J］. Journal of environmental planning and management, 2012, 55 (7): 833-854.

［149］SELVI F, CARRARI E, COPPI A. Impact of pine invasion on the taxonomic and phylogenetic diversity of a relict Mediterranean forest ecosystem ［J］. Forest Ecology & Management, 2016, 367 (2): 1-11.

［150］SEPPELT R, VOINOV A. Optimization methodology for land use patterns using spatially explicit landscape models ［J］. Ecological Modelling, 2002, 151 (2): 125-142.

［151］SIDDIG A A H. Why is biodiversity data-deficiency an ongoing conservation dilemma in Africa? ［J］. Journal for Nature Conservation, 2019, 50 (125719): 1-3.

［152］SMITH R J, DI MININ E, LINKE S, et al. An approach for ensuring minimum protected area size in systematic conservation planning ［J］. Biological Conservation, 2010, 143 (11): 2525-2531.

［153］SNYDER S, REVELLE C, HAIGHT R. One-and two-objective approaches to an area-constrained habitat reserve site selection problem ［J］. Biological Conservation, 2004, 119 (4): 565-574.

［154］SONG W, DENG X Z. Land-use/land-cover change and ecosystem service provision in China ［J］. Science of the Total Environment, 2017, 576 (1): 705-719.

［155］SONG W, PIJANOWSKI B C. The effects of China's cultivated land balance program on potential land productivity at a national scale ［J］. Applied

Geography, 2014, 46 (1): 158-170.

[156] STEINER F, BLAIR J, MCSHERRY L, et al. A watershed at a watershed: The potential for environmentally sensitive area protection in the upper San Pedro Srainage Basin (Mexico and USA) [J]. Landscape and Urban Planning, 2000, 49 (3): 129-148.

[157] STEINITZ C. A framework for theory applicable to the education of landscape architects and other environmental design professionals [J]. Landscape Journal, 1990, 9 (2): 136-143.

[158] STEINITZ C. GIS: A personal perspective-part 2. A framework for theory and practice in landscape planning [J]. GIS Europe, 1993, 2 (6): 42-45.

[159] STEPHENNE N, LAMBIN E F. A dynamic simulation model of land-use changes in the African Sahel (SALU) [J]. Agriculture Ecosystems & Environment, 2001, 85 (1-3): 145-162.

[160] STEPHEN P, CHRISTOPHER C, CAROL M. On trade, land-use, and biodiversity [J]. Journal of Environment Economic Management, 2004, 48 (2): 911-925.

[161] STEVENS D, DRAGICEVIC S, ROTHLEY K. iCity: A GIS-CA modelling tool for urban planning and decision making [J]. Environmental Modelling and Software, 2007, 22 (6): 761-773.

[162] STRANGE N, MEILBY H, THORSEN B J. Optimization of land use in afforestation areas using evolutionary self-organization [J]. Forest Science, 2002, 48 (3): 543-555.

[163] SUTER G W, VERMEIRE T, MUNNS W R, et al. Framework for the integration of health and ecological risk assessment [J]. Human and Ecological Risk Assessment, 2003, 9 (1): 281-301.

[164] TALLIS H, POLASKY S. Mapping and valuing ecosystem services as an approach for conservation and natural resource management [J]. Annals of the New York Academy of Sciences, 2009, 1162 (1): 265-283.

[165] TAO G Q, OU X K, GUO Y M, et al. Priority area identification for vegetation in northwest Yunnan, based on protection value and protection cost [J]. Acta EcologicaSinica, 2016, 36 (18): 5777-5789.

[166] TERRADO M, SABATER S, CHAPLIN-KRAMER B, et al. Model development for the assessment of terrestrial and aquatic habitat quality in conservation planning [J]. Science of the Total Environment, 2016, 540 (3): 63-70.

[167] THIENE M, MEYERHOFF J, SALVAO M D. Scale and taste heteroge-neity for forest biodiversity: Models of serial nonparticipation and their effects [J]. Journal of Forest Economics, 2012, 18 (4): 355-369.

[168] TOBLER W R. A computer movie simulating urban growth in the detroit Region [J]. Economic Geography, 1970, 46 (1): 234-240.

[169] TOUMI S, MEDDI M, MAHE G, et al. Remote sensing and GIS applied to the mapping of soil loss by erosion in the Wadi Mina catchment [J]. Hydrological Sciences Journal, 2013, 58 (7): 1542-1558.

[170] TURNER M G, GARDNER H R, DALE V H, et al. Predicting the spread of disturbance in heterogeneous landscape [J]. Oikos, 1989, 55 (1): 1221-1229.

[171] TURNER M G. Landscape ecology: The effect of pattern on process [J]. Annual Review of Ecology an Dsystematic, 1989, 20 (1): 171-179.

[172] VALBUENA D, VERBURG P, BREGT A, et al. An agent-based ap-proach to model land-use change at a regional scale [J]. Landscape Ecology, 2010, 25 (2): 185-199.

[173] VAN H, WILLEM W. S. A fractal model of vegetation complexity in Alaska [J]. Landscape Ecology, 1994, 9 (4): 271-278.

[174] VAN VLIET J, VERBURG P H, GRRADINARU S R, et al. Beyond the urban-rural dichotomy: Towards a more nuanced analysis of changes in built-up land [J]. Computers Environment and Urban Systems, 2019, 74 (3): 41-49.

[175] VICTOR B. Applying ecological risk principles to watershed assessment and management [J]. Environmental Management, 2002, 29 (2): 145-154.

[176] VIMAL R, PLUVINET P, SACCA C, et al. Exploring spatial patterns of vulnerability for diverse biodiversity descriptors in regional conservation planning [J]. Journal of Environmental Management, 2012, 95 (1): 9-16.

[177] VITOUSEK P M, MOONEY H A, LUBCHENCO J, et al. Human domi-nation of Earth's ecosystems [J]. Science, 1997, 277 (5325): 494-499.

[178] VOS C, VAN DER HOEK D C J, VONK M. Spatial planning of a climate adaptation zone for wetland ecosystems [J]. Landscape Ecology, 2010, 25 (10): 1465-1477.

[179] VUILLEUMIER S, PRELAZ-DROUX R. Map of ecological networks for landscape planning [J]. Landscape and Urban Planning, 2002, 58 (2-4): 157-170.

［180］WADE T G, RIITTERS K, WICKHAM J, et al. Distribution and causes of global forest fragmentation ［J］. Conservation Ecology, 2003, 7 (2): 7.

［181］WANG X H, Du C M. An internet based flood warning system ［J］. Journal of Environmental Informatics, 2003, 2 (1): 48-56.

［182］WARNTZ W. Geography of prices and spatial interaction ［J］. Papers in Regional Science, 1957, 3 (1): 118-129.

［183］WARNTZ W. The topology of a social-economic terrain and spatial flows ［J］. Papers in Regional Science, 1966, 17 (1): 47-61.

［184］WEI F W, NIE Y G, MIAO H X, et al. Advancements of the researches on biodiversity loss mechanisms ［J］. Chinese Science Bulletin, 2014, 59 (6): 430-437.

［185］WICKHAM J, RIITTERS K, WADE T, et al. Temporal change in fragmentation of continental US forests ［J］. Landscape Ecology, 2008, 23 (8): 891-898.

［186］WIERSMA Y F, NUDDS T D. Efficiency and effectiveness in representative reserve design in Canada: The contribution of existing protected areas ［J］. Biological Conservation, 2009, 142 (8): 1639-1646.

［187］WU J, HOBBS R. Key issues and research priorities in landscape ecology: An idiosyncratic synthesis ［J］. Landscape Ecology, 2002, 17 (4): 355-365.

［188］WU J, JONES B, LI H, et al. Spatial scaling and uncertainty analysis ecology methods and application ［D］. New York: Columbia University Press, 2004.

［189］WU J Q. Integrated assessment of ecosystem in Hainan Bamen Bay based on CA-Markov and InVEST models ［D］. Hai kou: Hainan University, 2012.

［190］WU Y, TAO Y, YANG G S, et al. Impact of land use change on multiple ecosystem services in the rapidly urbanizing Kunshan City of China: Past trajectories and future projections ［J］. Land use policy, 2019, 85 (4): 419-427.

［191］XIAO M. The application of GIS in watershed ecological quality evaluation ［D］. Hai kou: Hainan university, 2011.

［192］XIE G D, LU C X, LENG Y F, et al. Ecological assets valuation of the Tibetan Plateau ［J］. Journal of Natural Product and Plant Resources, 2003, 18 (2): 189-196.

［193］XIE H L. GIS-based land-use eco-security evaluation in typical agro-pastoral zone ［J］. Chinese Journal of Ecology, 2008, 27 (1): 135-139.

［194］XIE H L, HE Y F, XIE X. Exploring the factors influencing ecological land change for China's Beijing-Tianjin-Hebei Region using big data ［J］. Journal of Cleaner Production. 2017, 142 (2)：677-687.

［195］XIE H L, HE Y F, ZHANG N, et al. Spatiotemporal changes and fragmentation of forest land in Jiangxi Province, China ［J］. Journal of Forest Economics, 2017 (29)：4-13.

［196］XIE H L, KUNG C C, ZHANG Y T, et al. Simulation of regionally ecological land based on a cellular automation model：A case study of Beijing, China ［J］. International Journal of Environmental Research and Public Health, 2012, 9 (8)：2986-3001.

［197］XIE H L, KUNG C C, ZHAO Y L. Spatial disparities of regional forest land change based on ESDA and GIS at the county level in Beijing-Tianjin-Hebei area ［J］. Frontiers in Earth Science, 2012, 6 (4)：445-452.

［198］XIE H L, LIU Z F, WANG P, et al. Exploring the mechanisms of ecological land change based on the spatial autoregressive model：A case study of the Poyang lake eco-economic zone, China ［J］. International Journal of Environmental Research and Public Health, 2014, 11 (1)：583-599.

［199］XIE H L, LU H, Impact of fragmentation and non-agricultural labor supply on circulation of agricultural land management rights ［J］. Land Use Policy, 2017, 68 (7)：355-364.

［200］XIE H L, WANG P, HUANG H S. Ecological risk assessment of land use change in the poyang lake eco-economic zone, China ［J］. International Journal of Environmental Research and Public Health, 2013, 10 (1)：328-346.

［201］XIE H L, WANG P, YAO G R. Exploring the dynamic mechanisms of farmland abandonment based on a spatially explicit economic model for environmental sustainability：A case study in Jiangxi Province, China ［J］. Sustainability, 2014b, 6 (3)：1260-1282.

［202］XIE H L, YAO G, HE Y F. Study on spatial identification of critical ecological space based on GIS：A case study of Poyang Lake Ecological Economic Zone ［J］. Acta Ecologica Sinica, 2018, 38 (16)：5926-5937.

［203］XIE H L, YAO G R, LIU G Y. Spatial evaluation of ecological importance based on GIS for environmental management：A case study in Xingguo County of China ［J］. Ecological Indicators, 2015, 51 (3)：3-12.

［204］XIE H L, HE Y F, YONGROC C, et al. Warning of negative effects of land-use changes on ecological security based on GIS [J]. Science of the Total Environment, 2020, 704 (2): 1-9.

[205] XIE Y, GONG P C, HAN X, et al. The effect of collective forestland tenure reform in China. does land parcelization reduce forest management intensity? [J]. Journal of Forest Economics, 2014, 20 (2): 126-140.

[206] XIONG J H. Preliminary research on early-warning of land ecological security [J]. Land and Resources Information, 2018 (4): 30-34, 40.

[207] XU X L, LIU J Y, ZHUANG D F, et al. Spatial - temporal characteristics and driving forces of woodland resource changes in China [J]. Journal of Beijing Forestry University, 2004, 26 (1): 41-46.

[208] YANG S, FENG X M, CHEN L D. Spatial-temporal differentiation and mechanism of land-use/cover change. A case study of Hai dian and Yanqing Districts, Beijing [J]. Acta Ecologica Sinica, 2009, 29 (8): 4501-4511.

[209] YAN L, XU X G, XIE Z L. Integrated assessment on ecological sensitivity for Beijing [J]. Acta EcologicaSinica, 2009 (29): 3117-3125.

[210] YAO G R, XIE H L. Rural spatial restructuring in ecologically fragile mountainous areas of southern China. A case study of Changgang Town, Jiangxi Province [J]. Journal of Rural Studies, 2016, 47 (7): 435-448.

[211] YU K J, QIAO Q, LI D H. Ecological land use in three towns of eastern Beijing. A case study based on landscape security pattern analysis [J]. Chinese Journal Applied Ecology, 2009, 20 (8): 1932-1939.

[212] YU K J. Security pattern and surface model in landscape ecological planning [J]. Landscape Urban Planning, 1996, 36 (1): 1-17.

[213] YU K J. Security Patterns in Landscape Planning: With a case in South China [D]. Cambridge: Harvard University, 1995.

[214] YU S, WANG Y, LI J. Appraisal of eco-sensitivity on small sized industrial city in Northern China. Set the shahe city as an example [J]. Journal of Fudan University (Natural Science), 2008, 47 (4): 501-508.

[215] ZAGAS T D, RAPTIS D I, ZAGAS D T. Identifying and mapping the protective forests of southeast Mt. Olympus as a tool for sustainable ecological and silvicultural planning, in a multi-purpose forest management framework [J]. Ecological Engineering, 2011, 37 (2): 286-293.

[216] ZHANG M, WANG J M, LI S J, et al. Dynamic changes in landscape pattern in a large-scale opencast coal mine area from 1986 to 2015: A complex network

approach [J]. Catena, 2020 (12): 194.

[217] ZHAN J, SHI N, YAN H, et al. Exploration of the causes for forest area changes in Jiangxi Province [J]. Journal of Natural Product and Plant Resources, 2011, 26 (2): 335-343.

[218] ZHAO L Y, PENG Z R. Land Sys: An agent-based Cellular Automata model of land use change developed for transportation analysis [J]. Journal of Transport Geography, 2012, 25 (7). 35-49.

[219] ZHAO T, OUYANG Z, ZHANG H. Forest ecosystem services and their valuation in China [J]. Journal of Natural Product and Plant Resources, 2004, 19 (8): 480-491.

[220] ZHENG Y, ZHANG P T, TANG F, et al. The effects of land use change on habitat quality in Changli county based on InVEST model [J]. Chinese Journal of Agricultural Resources and Regional Planning, 2018, 39 (7): 121-128.

[221] ZHOU N J, HUBACEK K, ROBERTS M. Analysis of spatial patterns of urban growth across South Asia using DMSP-OLS nighttime lights data [J]. Applied Geography, 2015, 63 (9): 292-303.

[222] 安佑志, 尹占娥, 殷杰, 等. 上海市土地利用变化及生态安全风险研究 [J]. 地域研究与开发, 2011, 30 (1): 130-134.

[223] 蔡汉, 朱权, 罗云建, 等. 快速城镇化地区耕地景观生态安全格局演变特征及其驱动机制 [J/OL]. 南京林业大学学报 (自然科学版): 1-11 [2020-07-27]. http: //kns. cnki. net/kcms/detail/32. 1161. S. 20200515. 1555. 002. html.

[224] 曹爱霞. 兰州市土地利用生态安全评价 [D]. 兰州: 甘肃农业大学, 2008.

[225] 曹敏, 范广勤, 史照良. 基于 MSVM-CA 模型的区域土地利用演变模拟 [J]. 中国土地科学, 2012, 26 (6): 62-67.

[226] 常青, 刘丹, 刘晓文. 矿业城市土地损毁生态风险评价与空间防范策略 [J]. 农业工程学报, 2013, 29 (20): 245-254.

[227] 常青, 邱瑶, 谢苗苗, 等. 基于土地破坏的矿区生态风险评价: 理论与方法 [J]. 生态学报, 2012, 32 (16): 5164-5174.

[228] 车通, 李成, 罗云建. 城市扩张过程中建设用地景观格局演变特征及其驱动力 [J]. 生态学报, 2020, 40 (10): 3283-3294.

[229] 陈传明. 武夷山国家级自然保护区景观生态格局分析与评价 [J]. 生态科学, 2015, 34 (5): 142-146.

[230] 陈东景, 徐中民. 干旱区农业生态经济系统的能值分析——以黑河流

域中游张掖地区为例 [J]. 冰川冻土, 2002 (4): 374-379.

[231] 陈国阶, 何锦峰. 生态环境预警的理论和方法探讨 [J]. 重庆环境科学, 1999 (4): 3-5.

[232] 陈辉, 刘劲松, 曹宇, 等. 生态风险评价研究进展 [J]. 生态学报, 2006, 26 (5): 1558-1566.

[233] 陈利顶, 傅伯杰. 黄河三角洲地区人类活动对景观结构的影响分析——以山东省东营市为例 [J]. 生态学报, 1996, 16 (4): 337-344.

[234] 陈美婷, 匡耀求, 黄宁生. 基于 RBF 模型的广东省土地生态安全时空演变预警研究 [J]. 水土保持研究, 2015, 22 (3): 217-224.

[235] 陈爽, 刘云霞, 彭立华. 城市生态空间演变规律及调控机制———以南京市为例 [J]. 生态学报, 2008, 28 (5): 2270-2278.

[236] 陈文波, 赵丽红, 钱奇霞. 鄱阳湖区土地利用安全格局研究 [J]. 农业工程学报, 2008, 24 (7): 86-90.

[237] 陈彦光. 基于 Moran 统计量的空间自相关理论发展和方法改进 [J]. 地理研究, 2009, 28 (6): 1449-1463.

[238] 陈勇, 洪强, 刘艳中, 等. 地下铁矿山土地生态安全评价——理论方法与实证检验 [J]. 安全与环境学报, 2016, 16 (3): 366-371.

[239] 陈仲新, 张新时. 中国生态系统效益的价值 [J]. 科学通报, 2000 (1): 17-22, 113.

[240] 成超男, 胡杨, 冯尧, 等. 基于 CA-Markov 模型的城市生态分区构建研究——以晋中主城区为例 [J]. 生态学报, 2020, 40 (4): 1455-1462.

[241] 程江, 杨凯, 赵军. 基于生态服务价值的上海土地利用变化影响评价 [J]. 中国环境科学, 2009, 29 (1): 95-100.

[242] 程舒鹏, 孙煜航, 姜晗琳, 等. 黄河下游宽河段沿岸地区土地利用景观格局特征 [J]. 北京大学学报 (自然科学版), 2020, 56 (3): 479-490.

[243] 程文仕, 姚尧, 黄鑫, 等. 基于生态风险空间差异的土地整治投入优先序研究 [J]. 资源科学, 2018, 40 (10): 2073-2084.

[244] 储金龙, 王佩, 顾康康, 等. 山水型城市生态安全格局构建与建设用地开发策略 [J]. 生态学报, 2016, 36 (23): 7804-7813.

[245] 储佩佩, 付梅臣. 中国区域土地生态安全与评价研究进展 [J]. 中国农学通报, 2014, 30 (11): 160-164.

[246] 崔胜辉, 洪华生, 黄云凤, 等. 生态安全研究进展 [J]. 生态学报, 2005 (4): 861-868.

[247] 邓飞, 于云江, 全占军. 区域生态风险评价研究进展 [J]. 环境科学

与技术，2011，34（6）：141-147.

［248］邓红兵，陈春娣，刘昕，等. 区域生态用地的概念及分类［J］. 生态学报，2009，29（3）：1519-1524.

［249］丁乙宸，刘科伟，程永辉，等. 县级国土空间规划中"三区三线"划定研究——以延川县为例［J］. 城市发展研究，2020，27（5）：1-9.

［250］董飞，宋戈. 城市区域土地生态安全评价——以哈尔滨市阿城区为例［J］. 国土资源情报，2010（4）：41-45.

［251］董家华，包存宽，舒廷飞. 生态系统生态服务的供应与消耗平衡关系分析［J］. 生态学报，2006（6）：2001-2010.

［252］杜栋. 管理控制学［M］. 北京：清华大学出版社，2006.

［253］杜悦悦，胡熠娜，杨旸，等. 基于生态重要性和敏感性的西南山地生态安全格局构建——以云南省大理白族自治州为例［J］. 生态学报，2017（24）：1-13.

［254］段增强，张凤荣，苗利梅. 基于IPAT2S脚本语言的土地利用情景分析及其应用［J］. 农业工程学报，2006，22（7）：75-82.

［255］凡非得，王克林，熊鹰，等. 西南喀斯特区域水土流失敏感性评价及其空间分异特征［J］. 生态学报，2011，31（21）：6353-6362.

［256］樊凯，张建生，裴文娟，等. 云南省三大高原湖泊流域土地利用景观格局及其稳定性分析［J］. 西南农业学报，2018，31（8）：1706-1711.

［257］范贺娟，来风兵，曹家睿，等. 天山野果林区滑坡景观时空演变及生态风险预测［J］. 山地学报，2020，38（2）：231-240.

［258］范瑞锭，陈松林，戴菲，等. 福建省土地利用生态安全评价［J］. 福建师范大学学报（自然科学版），2010（5）：97-101.

［259］范胜龙，杨玉珍，陈训争，等. 基于PSR和无偏GM（1，1）模型的福建省耕地生态安全评价与预测［J］. 中国土地科学，2016，30（9）：19-27.

［260］范泽孟，岳天祥，刘纪元，等. 中国土地覆盖时空变化未来情景分析［J］. 地理学报，2005，60（6）：941-952.

［261］方创琳. 中国人地关系研究的新进展与展望［J］. 地理学报，2004，（S1）：21-32.

［262］冯文斌，李升峰. 江苏省土地生态安全评价研究［J］. 水土保持通报，2013，33（2）：285-290.

［263］冯异星，罗格平，尹昌应，等. 干旱区内陆河流域土地利用程度变化与生态安全评价——以新疆玛纳斯河流域为例［J］. 自然资源学报，2009，24（11）：1921-1932.

[264] 付伟章, 曲衍波, 齐伟, 等. 东部小城镇土地生态安全评价方法及应用——以山东省大汶口镇为例 [J]. 农业现代化研究, 2006 (3): 202-205.

[265] 付在毅, 许学工. 区域生态风险评价 [J]. 地球科学进展, 2001 (2): 267-271.

[266] 傅伯杰, 陈利顶, 马克明, 等. 景观生态学原理及其应用 [M]. 北京: 科学出版社, 2000.

[267] 傅伯杰. 黄土区农业景观空间格局分析 [J]. 生态学报, 1995, 15 (2): 113-120.

[268] 傅伯杰. 区域生态环境预警的理论及其应用 [J]. 应用生态学报, 1993 (4): 436-439.

[269] 傅伯杰. 土地资源系统认知与国土生态安全格局 [J]. 中国土地, 2019 (12): 9-11.

[270] 傅丽华, 谢炳庚, 张晔, 等. 长株潭城市群核心区土地利用生态风险评价 [J]. 自然灾害学报, 2011, 20 (2): 96-101.

[271] 高桂芹, 韩美. 区域土地资源生态安全评价 [J]. 水土保持研究, 2005, 12 (5): 271-273.

[272] 高吉喜, 徐德琳, 乔青, 等. 自然生态空间格局构建与规划理论研究 [J]. 生态学报, 2020, 40 (3): 749-755.

[273] 高明美, 孙涛, 赵天燕, 等. 正态云模型在皖江地区土地生态安全评价中的应用 [J]. 湖南农业大学学报 (自然科学版), 2015, 41 (2): 196-201.

[274] 高清竹, 许红梅, 江源, 等. 黄河中游砒砂岩地区长川流域土地利用/覆盖安全格局初探 [J]. 农业工程学报, 2006 (3): 51-56.

[275] 高宇, 曹明明, 邱海军, 等. 榆林市生态安全预警研究 [J]. 干旱区资源与环境, 2015, 29 (9): 57-62.

[276] 郜红娟, 蔡广鹏, 罗绪强, 等. 基于能值分析的贵州省 2000-2010 年耕地生态安全预警研究 [J]. 水土保持研究, 2013, 20 (6): 307-310.

[277] 宫雪, 张晟源, 李明玉. 延吉市城市生态用地空间结构评价 [J]. 延边大学农学学报, 2016, 38 (1): 24-30.

[278] 龚文峰, 袁力, 党永峰. 基于 RS、GIS 的城市化流域土地利用的生态风险研究——以松花江干流哈尔滨段为例 [J]. 中国农学通报, 2012, 28 (20): 255-261.

[279] 关文彬, 谷晓坤, 刘静, 等. 大都市郊区景观生态型土地整治模式设计 [J]. 农业工程学报, 2014, 30 (6): 205-211.

[280] 关文彬, 谢春华, 马克明, 等. 景观生态恢复与重建是区域生态安全

格局构建的关键途径 [J]. 生态学报，2003（1）：64-73.

[281] 郭斌. 基于 RS、GIS 的城市土地利用变化与生态安全评价研究 [D]. 西安：陕西师范大学，2007.

[282] 郭春华，史晓颖. 我国土地生态安全管理对策建议 [J]. 环境与可持续发展，2007（1）：17-19.

[283] 郭凤芝. 土地资源安全评价的几个理论问题 [J]. 山西财经大学学报，2004（3）：61-65.

[284] 郭利刚，冯珍珍，刘庚，等. 基于物元模型的汾河流域土地生态安全评价 [J]. 生态学杂志，2020，39（6）：2061-2069.

[285] 郭伟峰，王武科. 关中平原人地关系地域系统结构耦合的关联分析 [J]. 水土保持研究，2009，16（5）：110-115.

[286] 郭中伟，甘雅玲. 关于生态系统服务功能的几个科学问题 [J]. 生物多样性，2003（1）：63-69.

[287] 国家环境保护部自然生态保护司. 国家生态保护红线——生态功能基线划定技术指南（试行）[Z]. 2014.

[288] 韩博，金晓斌，沈春竹，等. 基于景观生态评价与最小阻力模型的江南水乡土地整治规划 [J]. 农业工程学报，2019，35（3）：235-245.

[289] 韩晨霞，赵旭阳，贺军亮，等. 石家庄市生态安全动态变化趋势及预警机制研究 [J]. 地域研究与开发，2010，29（5）：99-103，143.

[290] 韩逸，郭熙，江叶枫，等. 南方丘陵区耕地景观生态安全影响因素及其空间差异 [J]. 生态学报，2019，39（17）：6522-6533.

[291] 何春燕，杨庆媛. 镇域土地生态安全综合评价研究——以重庆市丰都县十直镇为例 [J]. 水土保持研究，2014，21（3）：163-168，321.

[292] 何珍珍，王宏卫，杨胜天，等. 渭干河—库车河绿洲景观生态安全时空分异及格局优化 [J]. 生态学报，2019，39（15）：5473-5482.

[293] 侯景艳. 浑河沈阳段生态健康评价的研究 [D]. 沈阳：沈阳农业大学，2007.

[294] 胡海龙，曾永年，张鸿辉，等. 多智能体与蚁群算法结合选址模型：长沙市生态用地选址 [J]. 资源科学，2011，33（6）：1211-1217.

[295] 胡和兵，林逢春，王红新. 皖南丘陵山区可持续发展的生态足迹分析——以池州市为例 [J]. 资源开发与市场，2007（7）：590-593.

[296] 胡学东，邹利林. 生态优先导向下长江经济带土地利用景观格局演变及其驱动机制研究——以武汉市为例 [J]. 地域研究与开发，2020，39（3）：138-143，149.

[297] 黄国平. 景观安全格局理论在风景区规划中的应用——以湖南省武陵源风景名胜区为例 [D]. 北京：北京大学，1999.

[298] 黄海，刘长城，陈春. 基于生态足迹的土地生态安全评价研究 [J]. 水土保持研究，2013，20（1）：193-196，201.

[299] 黄海，谭晶今，陈春，等. 基于TOPSIS方法的山东省土地生态安全动态评价 [J]. 水土保持研究，2016，23（3）：220-224.

[300] 黄蛟. 我国农村与城市土地闲置的原因及对策 [J]. 国土资源，2010（8）：48-49.

[301] 黄烈佳，杨鹏. 长江经济带土地生态安全时空演化特征及影响因素 [J]. 长江流域资源与环境，2019，28（8）：1780-1790.

[302] 黄青，任志远. 论生态承载力与生态安全 [J]. 干旱区资源与环境，2004（2）：11-17.

[303] 黄庆旭，史培军，何春阳，等. 中国北方未来干旱化情景下的土地利用变化模拟 [J]. 地理学报，2006，61（12）：1299-1310.

[304] 黄震方，黄睿. 基于人地关系的旅游地理学理论透视与学术创新 [J]. 地理研究，2015，34（1）：15-26.

[305] Hunsaker，傅梅臣. 中国区域土地生态安全与评价研究进展 [J]. 干旱区资源与环境，2015，29（1）：186-191.

[306] 江曼琦，刘勇. "三生"空间内涵与空间范围的辨析 [J]. 城市发展研究，2020，27（4）：43-48，61.

[307] 蒋依依，王仰麟，成升魁. 旅游景观生态系统格局研究方法探讨——以云南省丽江纳西族自治县为例 [J]. 地理研究，2009，28（4）：1069-1077.

[308] 荆玉平，张树文，李颖. 基于景观结构的城乡交错带生态风险分析 [J]. 生态学杂志，2008，27（2）：229-234.

[309] 井云清，张飞，陈丽华，等. 艾比湖湿地土地利用/覆被—景观格局和气候变化的生态环境效应研究 [J]. 环境科学学报，2017，37（9）：3590-3601.

[310] 康紫薇，张正勇，位宏，等. 基于土地利用变化的玛纳斯河流域景观生态风险评价 [J]. 生态学报，2020（18）：1-14.

[311] 柯小玲，郭海湘，龚晓光，等. 基于系统动力学的武汉市生态安全预警仿真研究 [J]. 管理评论，2020，32（4）：262-273.

[312] 柯新利，肖邦勇，郑伟伟，等. 城镇—农业—生态空间划定的多情景模拟 [J]. 地球信息科学学报，2020，22（3）：580-591.

[313] 孔令桥，王雅晴，郑华，等. 流域生态空间与生态保护红线规划方

法——以长江流域为例［J］. 生态学报，2019，39（3）：835-843.

［314］雷金睿，陈宗铸，陈毅青，等. 1990—2018 年海南岛湿地景观生态安全格局演变［J］. 生态环境学报，2020，29（2）：293-302.

［315］黎德川，廖铁军，刘洪，等. 乐山市土地生态安全预警研究［J］. 西南大学学报（自然科学版），2009，31（3）：141-147.

［316］黎晓亚，马克明，傅伯杰，等. 区域生态安全格局. 设计原则与方法［J］. 生态学报，2004，24（5）：1055-1062.

［317］李才伟. 元胞自动机及复杂系统的时空演化模拟［D］. 武汉：华中理工大学，1997.

［318］李闯，刘吉平. 霍林河流域中下游土地利用变化及生态安全响应［J］. 水土保持研究，2012，19（1）：174-178.

［319］李锋，叶亚平，宋博文，等. 城市生态用地的空间结构及其生态系统服务动态演变——以常州市为例［J］. 生态学报，2011，31（19）：5623-5631.

［320］李广东，方创琳. 城市生态—生产—生活空间功能定量识别与分析［J］. 地理学报，2016，71（1）：49-65.

［321］李果，吴晓莆，罗遵兰，等. 构建我国生物多样性评价的指标体系［J］. 生物多样性，2011，19（5）：497-504.

［322］李哈滨，王政权，王庆成. 空间异质性定量研究理论与方法［J］. 应用生态学报，1998，9（6）：651-657.

［323］李昊，李世平，银敏华. 中国土地生态安全研究进展与展望［J］. 干旱区资源与环境，2016，30（9）：50-56.

［324］李加林，徐谅慧，杨磊，等. 浙江省海岸带景观生态风险格局演变研究［J］. 水土保持学报，2016，30（1）：293-299. 314.

［325］李洁，赵锐锋，梁丹，等. 兰州市城市土地生态安全评价与时空动态研究［J］. 地域研究与开发，2018，37（2）：151-157.

［326］李晋昌，王文丽，胡光印，等. 玛曲县土地利用/覆盖变化对区域生态系统服务价值的影响［J］. 中国环境科学，2010，30（11）：1579-1584.

［327］李景刚，何春阳，李晓兵. 快速城市化地区自然/半自然景观空间生态风险评价研究——以北京为例［J］. 自然资源学报，2008，23（1）：33-47.

［328］李昆，谢玉静，孙伟，等. 农业主产区湖泊水质对湖滨带多尺度景观格局的空间响应［J］. 应用生态学报，2020，31（6）：2057-2066.

［329］李玲，侯淑涛，赵悦，等. 基于 P-S-R 模型的河南省土地生态安全评价及预测［J］. 水土保持研究，2014，21（1）：188-192.

［330］李明诗，明莉，樊鸣鸣，等. 美国西部国有森林破碎化模式及其管理

含义 [J]. 东北林业大学学报, 2012, 40 (3): 103-107.

[331] 李明玉, 田丰昊, 董玉芝. 延龙图地区城市生态用地生态重要性空间识别与保护 [J]. 地理科学, 2016, 36 (12): 1870-1876.

[332] 李青圃, 张正栋, 万露文, 等. 基于景观生态风险评价的宁江流域景观格局优化 [J]. 地理学报, 2019, 74 (7): 1420-1437.

[333] 李锐, 杨勤科, 温仲明, 等. 区域土地利用变化环境效应研究综述 [J]. 水土保持通报, 2002, 22 (2): 65-70.

[334] 李赛红, 马其芳. 区域土地利用生态安全研究进展 [J]. 国土与自然资源研究, 2012 (2): 41-44.

[335] 李素珍, 闫振飞, 付卫强, 等. 生态风险评估技术框架及其在环境管理中的应用 [J]. 环境工程, 2019, 37 (3): 186-191.

[336] 李伟峰, 欧阳志云, 肖燚. 景观生态学原理在城市土地利用分类中的应用 [J]. 生态学报, 2011, 31 (3): 593-601.

[337] 李潇然, 李阳兵, 王永艳, 等. 三峡库区县域景观生态安全格局识别与功能分区——以奉节县为例 [J]. 生态学杂志, 2015, 34 (7): 1959-1967.

[338] 李晓文, 肖笃宁, 胡远满. 辽河三角洲滨海湿地景观规划各预案对指示物种生态承载力的影响 [J]. 生态学报, 2001 (5): 709-715.

[339] 李谢辉, 李景宜. 基于 GIS 的区域景观生态风险分析——以渭河下游沿线区域为例 [J]. 干旱区研究, 2008, 25 (6): 899-902.

[340] 李谢辉, 李景宜. 我国生态风险评价研究 [J]. 干旱区资源与环境, 2008, 22 (3): 70-74.

[341] 李鑫, 董斌, 孙力, 等. 基于 TM 像元的湿地土地利用生态风险评价研究 [J]. 水土保持研究, 2014, 21 (4): 114-118, 321.

[342] 李秀彬. 土地利用变化的解释 [J]. 地理科学进展, 2002, 21 (3): 195-203.

[343] 李秀芝. 北戴河新区耕地景观生态安全时空变化研究 [J]. 中国农业资源与区划, 2017, 38 (3): 59-64.

[344] 李杨帆, 林静玉, 孙翔. 城市区域生态风险预警方法及其在景观生态安全格局调控中的应用 [J]. 地理研究, 2017, 36 (3): 485-494.

[345] 李耀明, 王玉杰, 王云琦. 基于 GIS 的北京地区生态风险评价 [J]. 中国水土保持科学, 2017, 15 (2): 100-106.

[346] 李益敏, 管成文, 朱军, 等. 基于加权叠加模型的高原湖泊流域重要生态用地识别——以星云湖流域为例 [J]. 长江流域资源与环境, 2017, 26 (8): 1251-1259.

［347］李咏红，香宝，袁兴中，等. 区域尺度景观生态安全格局构建——以成渝经济区为例［J］. 草地学报，2013，21（1）：18-24.

［348］李玉平，蔡运龙. 河北省土地安全评价［J］. 北京大学学报（自然科学版），2007，2（3）：1-6.

［349］梁发超，刘诗苑，刘黎明. 基于"居住场势"理论的乡村聚落景观空间重构——以厦门市灌口镇为例［J］. 经济地理，2017，37（3）：193-200.

［350］梁留科，张运生，方明. 我国土地生态安全理论研究初探［J］. 云南农业大学学报，2005，20（6）：81-86.

［351］林彰平，刘湘南. 东北农牧交错带土地利用生态安全模式案例研究［J］. 生态学杂志，2002，21（6）：15-19.

［352］刘宝涛，王鑫森，刘帅，等. 基于正态云模型的吉林省耕地生态安全诊断［J］. 地域研究与开发，2019，38（3）：119-124，129.

［353］刘迪，陈海，耿甜伟，等. 基于地貌分区的陕西省区域生态风险时空演变［J］. 地理科学进展，2020，39（2）：243-254.

［354］刘迪，陈海，梁小英，等. 黄土丘陵沟壑区生态风险动态变化及其地形梯度分析——以陕西省米脂县为例［J］. 生态学报，2018，38（23）：8584-8592.

［355］刘吉平，赵丹丹，田学智，等. 1954-2010年三江平原土地利用景观格局动态变化及驱动力［J］. 生态学报，2014，34（12）：3234-3244.

［356］刘家明. 旅游度假区的景观生态设计思路［J］. 人文地理，2004，19（1）：82-85.

［357］刘洁. 设计生态学的景观绩效实证研究——以天津桥园公园盐碱地改善为例［J］. 景观设计学，2019，7（1）：68-81.

［358］刘凌冰，李世平. 西北荒漠化地区土地生态安全评价——以酒泉市为例［J］. 水土保持研究，2014，21（4）：190-194，202.

［359］刘庆，陈利根，舒帮荣，等. 长株潭城市群土地生态安全动态评价研究［J］. 长江流域资源与环境，2010，19（10）：1192-1197.

［360］刘盛佳. 吴传钧院士的人文地理思想与人地关系地域系统学说［J］. 地理科学进展，1998，17（1）：12-18.

［361］刘小平，黎夏，艾彬，等. 基于多智能体的土地利用模拟与规划模型［J］. 地理学报，2006，61（10）：1101-1112.

［362］刘小平，黎夏，彭晓鹃. "生态位"元胞自动机在土地可持续规划模型中的应用［J］. 生态学报，2007，27（6）：2391-2402.

［363］刘晓，苏维词，王铮，等. 基于RRM模型的三峡库区重庆开县消落

区土地利用生态风险评价 [J]. 环境科学学报, 2012, 32 (1): 248-256.

[364] 刘昕, 谷雨, 邓红兵. 江西省生态用地保护重要性评价研究 [J]. 中国环境科学, 2010, 30 (5): 716-720.

[365] 刘艳芳, 明冬萍, 杨建宇. 基于生态绿当量的土地利用结构优化 [J]. 武汉大学学报 (信息科学版), 2002, 27 (5): 493-498, 515.

[366] 刘勇, 刘友兆, 徐萍. 区域土地资源生态安全评价——以浙江嘉兴市为例 [J]. 资源科学, 2004, 26 (3): 69-75.

[367] 刘勇, 邢育刚, 李晋昌. 土地生态风险评价的理论基础及模型构建 [J]. 中国土地科学, 2012, 26 (6): 20-25.

[368] 刘玉洁, 代粮, 张婕, 等. 资源承载力监测——以西藏"一江两河"地区为例 [J]. 自然资源学报, 2020, 35 (7): 1699-1713.

[369] 陆大道. 春风化雨润物无声——贺毕生走治学和创业并重道路的吴传钧老师90华诞 [J]. 地理学报, 2008, 63 (4): 339-345.

[370] 陆大道, 郭来喜. 地理学的研究核心——人地关系地域系统——论吴传钧院士的地理学思想与学术贡献 [J]. 地理学报, 1998, 53 (2): 3-11.

[371] 陆大道. 中国人文地理学发展的机遇与任务 [J]. 地理学报, 2004, 59 (S1): 3-7.

[372] 陆威, 赵源, 冯薪霖, 等. 土地资源生态安全研究综述 [J]. 中国农学通报, 2016, 32 (32): 88-93.

[373] 陆禹, 佘济云, 陈彩虹, 等. 基于粒度反推法的景观生态安全格局优化——以海口市秀英区为例 [J]. 生态学报, 2015, 35 (19): 6384-6393.

[374] 吕广斌, 廖铁军, 姚秋昇, 等. 基于DPSIR-EES-TOPSIS模型的重庆市土地生态安全评价及其时空分异 [J]. 水土保持研究, 2019, 26 (6): 249-258, 266.

[375] 吕乐婷, 张杰, 孙才志, 等. 基于土地利用变化的细河流域景观生态风险评估 [J]. 生态学报, 2018, 38 (16): 5952-5960.

[376] 吕添贵, 吴次芳, 李冠, 等. 基于生态足迹的港口型城镇土地生态安全研究——以宁波市镇海区为例 [J]. 水土保持通报, 2014, 34 (6): 250-255.

[377] 罗静, 曾菊新. 城市化进程中的土地稀缺性与政府管制 [J]. 中国土地科学, 2004, 18 (5): 16-20.

[378] 罗微, 谢德体, 潘智. 土地资源系统控制论探讨 [J]. 农业系统科学与综合研究, 1998, 14 (3): 3-5.

[379] 罗娅, 杨胜天, 刘晓燕, 等. 黄河河口镇—潼关区间1998-2010年土地利用变化特征 [J]. 地理学报, 2014, 69 (1): 42-53.

［380］罗贞礼. 土地利用生态安全评价指标体系的系统聚类分析［J］. 湖南地质，2002，21（4）：252-254.

［381］马彩虹. 基于 GIS 的黄土台塬区土地资源开发利用与生态风险分析［D］. 西安：陕西师范大学，2013.

［382］马红莉，盖艾鸿. 基于熵权物元模型的青海省土地生态安全评价［J］. 中国农学通报，2014，30（2）：208-214.

［383］马欢，于强，岳德鹏，等. 基于 MAS-LCM 的沙漠化空间模拟方法研究［J］. 农业机械学报，2017，48（10）：134-141.

［384］马克明，傅伯杰，黎晓亚，等. 区域生态安全格局：概念与理论基础［J］. 生态学报，2004，24（4）：761-768.

［385］马良，金陶陶，文一惠，等. InVEST 模型研究进展［J］. 生态经济，2015，31（10）：126-131，179.

［386］马泉来，高凤杰，张志民，等. 东北农林交错区土地利用景观及生态服务价值变化［J］. 水土保持通报，2016，36（1）：265-271，345.

［387］马世五，谢德体，张孝成，等. 三峡库区生态敏感区土地生态安全预警测度与时空演变——以重庆市万州区为例［J］. 生态学报，2017，37（24）：1-14.

［388］马晓钰，叶小勇. 新疆"脆弱生态环境—人口"系统安全预警机制初探［J］. 生态经济，2012（1）：176-178，186.

［389］马瑛. 北方农牧交错带土地利用生态安全评价［J］. 干旱区资源与环境，2007，21（7）：53-58.

［390］马志昂，盖艾鸿，程久苗. 基于 BP 人工神经网络的区域土地生态安全评价研究——以安徽省为例［J］. 中国农学通报，2014，30（23）：289-295.

［391］毛汉英. 县域经济和社会同人口、资源、环境协调发展研究［J］. 地理学报，1991，46（4）：385-395.

［392］蒙晓，任志远，张翀. 咸阳市土地利用变化及生态风险［J］. 干旱区研究，2012，29（1）：137-142.

［393］孟展，张锐，刘友兆，等. 基于熵值法和灰色预测模型的土地生态系统健康评价［J］. 水土保持通报，2014，34（4）：226-231.

［394］年雁云，王晓利，陈璐. 1930-2010 年额济纳三角洲土地利用景观格局变化［J］. 应用生态学报，2015，26（3）：777-785.

［395］宁珊，张正勇，周红武，等. 基于生态服务价值的玛纳斯河流域土地利用结构优化［J］. 生态学报，2019，39（14）：5208-5217.

［396］欧阳志云，李小马，徐卫华，等. 北京市生态用地规划与管理对策

[J]. 生态学报, 2015, 35 (11): 3778-3787.

[397] 潘竟虎, 石培基, 刘英英. 干旱区县域土地利用规划环境影响的生态安全评价——以张掖市甘州区为例 [J]. 水土保持通报, 2012, 10 (1): 102-107.

[398] 庞雅颂, 王琳. 区域生态安全评价方法综述 [J]. 中国人口·资源与环境, 2014, 24 (S1): 340-344.

[399] 彭保发, 陈端吕, 李文军, 等. 土地利用景观格局的稳定性研究——以常德市为例 [J]. 地理科学, 2013, 33 (12): 1484-1488.

[400] 彭皓玥. 公众参与区域生态风险防范模式影响因素及政策干预路径研究——基于扎根理论的探索性研究 [J]. 软科学, 2015, 29 (2): 140-144.

[401] 彭建, 党威雄, 刘焱序, 等. 景观生态风险评价研究进展与展望 [J]. 地理学报, 2015, 70 (4): 664-677.

[402] 彭建, 吕丹娜, 董建权, 等. 过程耦合与空间集成: 国土空间生态修复的景观生态学认知 [J]. 自然资源学报, 2020, 35 (1): 3-13.

[403] 彭建, 王仰麟, 刘松, 等. 景观生态学与土地可持续利用研究 [J]. 北京大学学报 (自然科学版), 2004 (1): 154-160.

[404] 彭文君, 舒英格. 典型石漠化地区土地覆被变化对生态环境的影响——以贵州省晴隆县为例 [J]. 江苏农业科学, 2017 (14): 200-206.

[405] 彭文君, 舒英格. 喀斯特山区县域耕地景观生态安全及演变过程 [J]. 生态学报, 2018 (3): 1-14.

[406] 彭羽, 卿凤婷, 米凯, 等. 生物多样性不同层次尺度效应及其耦合关系研究进展 [J]. 生态学报, 2015, 35 (2): 577-583.

[407] 秦向东, 闵庆文. 元胞自动机在景观格局优化中的应用 [J]. 资源科学, 2007 (4): 85-91.

[408] 曲衍波. 基于 GIS 的山区县城土地生态安全评价与土地利用优化调控研究 [D]. 泰安: 山东农业大学, 2008.

[409] 曲衍波, 齐伟, 商冉, 等. 基于 GIS 的山区县域土地生态安全评价 [J]. 中国土地科学, 2008 (4): 38-44.

[410] 全泉, 田光进, 沙默泉. 基于多智能体与元胞自动机的上海城市扩展动态模拟 [J]. 生态学报, 2011 (10): 2875-2887.

[411] 任启平. 人地关系地域系统结构研究 [D]. 长春: 东北师范大学, 2005.

[412] 任志远, 张晗. 银川盆地土地利用变化对景观格局脆弱性的影响 [J]. 应用生态学报, 2016, 27 (1): 243-249.

[413] 荣联伟, 师学义, 高奇, 杨静, 李炳意. 黄土高原山丘区土地生态安

全动态评价及预测 [J]. 水土保持研究, 2015, 22 (3): 210-216.

[414] 尚海龙, 潘玉君. 西安市人地关系协调状态评价及动态预测 [J]. 人文地理, 2013, 28 (2): 104-110, 90.

[415] 邵晓梅. 基于 GIS 与景观生态学的土壤资源格局分析——以鲁西北地区为例 [J]. 中国农业资源与区划, 2004 (6): 14-19.

[416] 申元村. 土地资源结构及其功能的研究——以宁夏、甘肃干旱区为例 [J]. 地理学报, 1992 (6): 489-498.

[417] 石浩朋, 于开芹, 冯永军. 基于景观结构的城乡结合部生态风险分析——以泰安市岱岳区为例 [J]. 应用生态学报, 2013, 24 (3): 705-712.

[418] 石小伟, 冯广京, YI Yang, 等. 浙中城市群土地利用格局时空演变特征与生态风险评价 [J]. 农业机械学报, 2020, 51 (5): 242-251.

[419] 时卉, 杨兆萍, 韩芳, 等. 新疆天池景区生态安全度时空分异特征与驱动机制 [J]. 地理科学进展, 2013, 32 (3): 475-485.

[420] 史忠植. 城市化与城市地理系统 [M]. 北京: 科学出版社, 1998.

[421] 舒昶, 张林波, 冯雪华. 基于 RS 和 GIS 的区域生态风险评价 [J]. 生态经济, 2015, 31 (12): 116-119.

[422] 宋晓媚, 周忠学, 王明. 城市化过程中都市农业景观变化及其生态安全评价——以西安市为例 [J]. 冰川冻土, 2015, 37 (3): 835-844.

[423] 苏凯, 王茵然, 孙小婷, 等. 基于 GIS 与 RS 的东北森林带景观格局演变与模拟预测 [J]. 农业机械学报, 2019, 50 (12): 195-204.

[424] 苏伟忠, 杨桂山, 甄峰. 生态用地破碎度及演化机制——以长江三角洲为例 [J]. 城市问题, 2007 (9): 7-11, 19.

[425] 苏小红, 谢花林, 王存. 南方丘陵山区生态足迹动态变化研究——以建宁县为例 [J]. 环境科学与管理, 2008, 33 (7): 129-132.

[426] 苏泳娴, 张虹鸥, 陈修治, 等. 佛山市高明区生态安全格局和建设用地扩展预案 [J]. 生态学报, 2013, 33 (5): 1524-1534.

[427] 孙芬, 吴涌泉, 刘秀华, 等. 基于 GIS 的三峡库区土地生态安全评价——以丰都县沿江地区为例 [J]. 中国农学通报, 2012, 28 (8): 240-247.

[428] 孙峰华, 朱传耿, 王振波, 等. TRIZ: 研究人地关系问题的一种新的理论与方法 [J]. 地理研究, 2012, 31 (10): 1737-1748.

[429] 孙奇奇, 宋戈, 齐美玲. 基于主成分分析的哈尔滨市土地生态安全评价 [J]. 水土保持研究, 2012, 19 (1): 234-238.

[430] 孙翔, 朱晓东, 李杨帆. 港湾快速城市化地区景观生态安全评价——以厦门市为例 [J]. 生态学报, 2008 (8): 3563-3573.

[431] 谈娟娟，董增川，方庆，等. 滦河流域景观生态健康演变及驱动力分析 [J]. 中国农村水利水电，2015（9）：47-51.

[432] 谭敏，孔祥斌，段建南，等. 基于生态安全角度的城镇村建设用地空间预警——以北京市房山区为例 [J]. 中国土地科学，2010，24（2）：31-37.

[433] 谭万能，李志安，邹碧，等. 地统计学方法在土壤学中的应用 [J]. 热带地理，2005，25（4）：307-311.

[434] 汤旭，冯彦，王慧，等. 湖南省县域森林生态安全评价与时空分析 [J]. 南京林业大学学报（自然科学版），2018，42（4）：61-67.

[435] 唐丽静，王冬艳，杨园园. 基于"多规合一"和生态足迹法的土地利用结构优化 [J]. 农业工程学报，2019，35（1）：243-251.

[436] 唐双娥. 法学视角下生态用地的内涵与外延 [J]. 生态经济，2009（7）：190-193.

[437] 唐秀美，任艳敏，潘瑜春. 基于景观格局与限制性因素分析的土地整治规划设计 [J]. 北京大学学报（自然科学版），2015，51（4）：677-684.

[438] 陶聪，吴承照，石鼎. 生态环境预警理论与关键技术研究动态的评述 [C] //中国科学技术协会、重庆市人民政府. 自主创新与持续增长第十一届中国科协年会论文集（1）. 北京：中国科学技术协会学会学术部，2009.

[439] 田丰昊. 延龙图地区城市生态用地评价与空间格局优化研究 [D]. 延边：延边大学，2016.

[440] 田劲松，过家春，刘琳，等. 基于 GIS 和景观生态学的土地整理景观研究 [J]. 国土资源遥感，2011（1）：110-114.

[441] 田克明，王国强. 我国农用地生态安全评价及其方法讨论 [J]. 地域研究与开发，2005，24（4）：79-82.

[442] 田雅楠，张梦晗，许荡飞，等. 基于"源—汇"理论的生态型市域景观生态安全格局构建 [J]. 生态学报，2019，39（7）：2311-2321.

[443] 田义超，任志远. 基于 CLUE-S 模型的黄土台塬区土地利用变化模拟——以陕西省咸阳台塬区为例 [J]. 地理科学进展，2012，31（9）：1224-1234.

[444] 田雨，周宝同，付伟，等. 2000~2015 年山地城市土地利用景观格局动态演变研究——以重庆市渝北区为例 [J]. 长江流域资源与环境，2019，28（6）：1344-1353.

[445] 王枫，刘小玲，袁中友. 区域土地生态安全突变评价模型及其实证 [J]. 统计与决策，2009（24）：85-87.

[446] 王根绪，程国栋. 荒漠绿洲生态系统的景观格局分析 [J]. 干旱区研究，1999，16（3）：6-11.

［447］王根绪，程国栋，钱鞠. 生态安全评价研究中的若干问题［J］. 应用生态学报，2003（9）：1551-1556.

［448］王耕，王利，吴伟. 区域生态安全概念及评价体系的再认识［J］. 生态学报，2007（4）：1627-1637.

［449］王耕，吴伟. 区域生态安全预警指数——以辽河流域为例［J］. 生态学报，2008（8）：3535-3542.

［450］王耕，周腾禹. 基于文献计量分析的区域生态安全研究热点与趋势［J］. 生态学报，2019，39（18）：6950-6957.

［451］王观湧，张乐，于化龙，等. 基于生态安全的土地利用结构优化研究［J］. 土壤通报，2015，46（6）：1321-1327.

［452］王辉，宋长春. 三江平原湿地区域生态风险评价研究［J］. 地理科学进展，2019，38（6）：872-882.

［453］王济川，郭志刚. Logistic 回归模型：方法与应用［M］. 北京：高等教育出版社，2001.

［454］王娇，程维明，祁生林，等. 基于 USLE 和 GIS 的水土流失敏感性空间分析——以河北太行山区为例［J］. 地理研究，2014，33（4）. 614-624.

［455］王洁，李锋，钱谊，等. 基于生态服务的城乡景观生态安全格局的构建［J］. 环境科学与技术，2012，35（11）：199-205.

［456］王瑾，张广磊. 建立健全生态安全预警机制，维护生态安全——从法律与政策层面完善生态安全预警机制［J］. 商品与质量，2011（S8）：164.

［457］王晶，原伟鹏，刘新平. 哈尔滨城市土地生态安全时序评价及预测分析［J］. 干旱区地理，2018，41（4）：885-892.

［458］王娟，崔保山，刘杰，等. 云南澜沧江流域土地利用及其变化对景观生态风险的影响［J］. 环境科学学报，2008，28（2）：269-277.

［459］王娟，盖艾鸿，谢保鹏，等. 基于 GIS 的土地生态安全综合评价——以合水县为例［J］. 甘肃农业大学学报，2015，50（1）：147-153.

［460］王军，赵金龙，崔秀丽，等. 建立河北省农业生态安全预警机制的理论探讨［J］. 生态经济，2007（5）：130-133.

［461］王军，钟莉娜. 景观生态学在土地整治中的应用研究进展［J］. 生态学报，2017，37（12）：3982-3990.

［462］王楠君，吴群，陈成. 城市化进程中土地资源安全评价指标体系研究［J］. 国土资源科技管理，2006（2）：28-31.

［463］王鹏，况福民，邓育武，等. 基于主成分分析的衡阳市土地生态安全评价［J］. 经济地理，2015，35（1）：168-172.

［464］王祺, 蒙吉军, 毛熙彦. 基于邻域相关的漓江流域土地利用多情景模拟与景观格局变化 ［J］. 地理研究, 2014, 33 （6）: 1073-1084.

［465］王强, 杨京平. 我国草地退化及其生态安全评价指标体系的探索 ［J］. 水土保持学报, 2003, 17 （16）: 27-31.

［466］王涛, 张超, 于晓童, 等. 洱海流域土地利用变化及其对景观生态风险的影响 ［J］. 生态学杂志, 2017, 36 （7）: 2003-2009.

［467］王天山, 郑寒. 城市化过程中环洱海区域土地利用及景观格局变化分析 ［J］. 生态经济, 2016, 32 （1）: 181-185.

［468］王婷婷, 蒋知栋, 杨耀淇, 等. 农村生态文明建设中的环境污染问题与治理对策 ［J］. 贵州农业科学, 2013, 41 （10）: 203-208.

［469］王伟, 孙雷. 区域创新系统与产业转型耦合协调度分析——以铜陵市为例 ［J］. 地理科学, 2016, 36 （2）: 204-212.

［470］王文萱, 李明孝. 基于 DPSIR 的湖南省土地生态安全时空变化 ［J/OL］. 生态学杂志, 2020, 39 （8）: 2724-2736.

［471］王夏晖, 李翠华, 杜静, 等. 农村区域景观生态建设与空间格局优化设计研究 ［J］. 环境保护, 2015, 43 （17）: 28-30.

［472］王效科, 李长生, 欧阳志云. 温室气体排放与中国粮食生产 ［J］. 生态环境, 2003 （4）: 379-383.

［473］王雪, 杨庆媛, 何春燕, 等. 基于 P-S-R 模型的生态涵养发展型区域土地生态安全评价——以重庆市丰都县为例 ［J］. 水土保持研究, 2014, 21 （3）: 169-175.

［474］王玉明. 地理环境演化趋势的熵变化分析 ［J］. 地理学报, 2011, 66 （11）: 1508-1517.

［475］王媛, 周长威. 黔中城市群景观生态安全格局构建 ［J］. 生态与农村环境学报, 2019, 35 （9）: 1111-1117.

［476］王志海, 徐建华, 董山. 楼宇经济空间集聚效应——上海陆家嘴功能区域的实证 ［J］. 经济师, 2008 （4）: 225-226, 238.

［477］王志涛, 哈凯, 门明新. 沽源县生态用地重要性识别及生态用地类型划定 ［J］. 土壤通报, 2016, 47 （4）: 769-776.

［478］韦仕川, 吴次芳, 杨杨, 等. 基于 RS 和 GIS 的黄河三角洲土地利用变化及生态安全研究——以东营市为例 ［J］. 水土保持学报, 2008, 22 （1）: 185-189.

［479］魏菲宇. 现代景观生态设计的思索与实践 ［J］. 沈阳建筑大学学报 （社会科学版）, 2006 （4）: 326-329.

［480］魏后凯，张燕. 全面推进中国城镇化绿色转型的思路与举措［J］. 经济纵横，2011（9）：15-19.

［481］魏华杰. 广西人地关系现状、趋势与优化对策研究［D］. 南宁：广西师范大学，2012.

［482］温晓金，杨海娟，刘焱序，等. 陕北能源富集区工业化过程与生态风险格局［J］. 生态学杂志，2013，32（6）：1578-1586.

［483］文博，朱高立，夏敏，等. 基于景观安全格局理论的宜兴市生态用地分类保护［J］. 生态学报，2017，37（11）：3881-3891.

［484］邬建国. 景观生态学——概念与理论［J］. 生态学杂志，2000a，19（1）：42-52.

［485］邬建国. 景观生态学——格局、过程、尺度与等级［M］. 北京：高等教育出版社，2000b.

［486］巫丽芸，何东进，游巍斌，等. 东山岛海岸带景观破碎化时空梯度分析［J］. 生态学报，2020，40（3）：1055-1064.

［487］吴波，慈龙骏. 毛乌素沙地景观格局变化研究［J］. 生态学报，2001（2）：191-196.

［488］吴传钧. 论地理学的研究核心——人地关系地域系统［J］. 经济地理，1991（3）：1-6.

［489］吴次芳. 保障土地资源可持续利用的政策建议［J］. 浙江国土资源，2003（4）：10-11.

［490］吴次芳，鲍海君. 土地资源安全研究的理论与方法［M］. 北京：气象出版社，2004.

［491］吴冠岑，牛星. 土地生态安全预警的惩罚型变权评价模型及应用——以淮安市为例［J］. 资源科学，2010，32（5）：992-999.

［492］吴健生，乔娜，彭建，等. 露天矿区景观生态风险空间分异［J］. 生态学报，2013，33（12）：3816-3824.

［493］吴巍，王红英. 城市化进程中景观生态设计的理论探讨［J］. 生态经济，2011（2）：163-165.

［494］吴末，谢嗣频. 中国土地生态安全评价研究进展与展望［J］. 河北农业科学，2010，14（5）：99-102，159.

［495］向文，涂建军，李琪，等. 基于灰色预测模型的长江经济带城市土地生态安全预警［J］. 生态科学，2018，37（2）：78-88.

［496］肖笃宁，布仁仓，李秀珍. 生态空间理论与景观异质性［J］. 生态学报，1997，17（5）：453-461.

［497］肖笃宁，陈文波，郭福良. 论生态安全的基本概念和研究内容［J］. 应用生态学报，2002（3）：354-358.

［498］肖武，李素萃，梁苏妍，等. 土地整治生态景观效应评价方法及应用［J］. 中国农业大学学报，2017，22（7）：152-162.

［499］肖晓楠，韩西丽，曾辉，等. 废弃矿坑的景观生态设计与可持续利用——以海口市矿坑群改造为例［J］. 生态环境学报，2018，27（7）：1343-1350.

［500］肖玉，谢高地，安凯. 莽措湖流域生态系统服务功能经济价值变化研究［J］. 应用生态学报，2003（5）：676-680.

［501］谢花林. 典型农牧交错区农业生态系统健康测度及其持续利用对策——以赤峰市为例［J］. 资源科学，2009，31（7）：1257-1263.

［502］谢花林. 基于 Logistic 回归模型的区域生态用地演变影响因素分析——以京津冀地区为例［J］. 资源科学，2011，33（11）：2063-2070.

［503］谢花林. 基于景观结构和空间统计学的区域生态风险分析［J］. 生态学报，2008，28（10）：5020-5026.

［504］谢花林，李秀彬. 基于 GIS 的区域关键性生态用地空间结构识别方法探讨［J］. 资源科学，2011，33（1）：112-119.

［505］谢花林，李秀彬. 基于分形理论的土地利用空间行为特征——以江西东江源流域为例［J］. 资源科学，2008，30（12）：1866-1872.

［506］谢花林，刘黎明，李波，等. 土地利用变化的多尺度空间自相关分析——以内蒙古翁牛特旗为例［J］. 地理学报，2006，61（4）：389-400.

［507］谢花林. 区域土地利用变化的生态效应研究［M］. 北京：中国环境科学出版社，2011.

［508］谢花林. 土地利用规划环境影响评价理论、方法与实践研究［M］. 北京：经济科学出版社，2009

［509］谢花林. 土地利用生态安全格局进展［J］. 生态学报，2008，28（12）：6305-6311.

［510］谢花林，姚干，何亚芬，等. 基于 GIS 的关键性生态空间辨识——以鄱阳湖生态经济区为例［J］. 生态学报，2018，38（16）：5926-5937.

［511］谢余初，巩杰，张玲玲. 基于 PSR 模型的白龙江流域景观生态安全时空变化［J］. 地理科学，2015，35（6）：790-797.

［512］熊建华. 土地生态安全评价研究回顾、难点与思考［J］. 地理与地理信息科学，2018a，34（6）：71-76.

［513］熊建华. 土地生态安全研究理论框架初探［J］. 国土资源情报，

2018b（7）：22-27.

[514] 熊勇，赵翠薇. 山地城镇化进程中土地生态安全动态评价研究——以贵阳市为例 [J]. 水土保持研究，2014，21（4）：195-202.

[515] 徐建华，艾南山，金炯，等. 西北干旱区景观要素镶嵌结构的分形研究 [J]. 干旱区研究，2001，18（1）：35-39.

[516] 徐兰，罗维，周宝同. 基于土地利用变化的农牧交错带典型流域生态风险评价——以洋河为例 [J]. 自然资源学报，2015，30（4）：580-590.

[517] 徐美，朱翔，李静芝. 基于DPSIR-TOPSIS模型的湖南省土地生态安全评价 [J]. 冰川冻土，2012，34（5）：1265-1272.

[518] 徐学选，张世彪，王栓全. 黄土丘陵区生态建设中农林牧土地结构优化模式探讨 [J]. 干旱地区农业研究，2001（2）：94-99.

[519] 徐英，陈亚新，王俊生，等. 农田土壤水分和电导率空间分布的指示克立格分析评价 [J]. 水科学进展，2006，17（4）：477-482.

[520] 许慧，王家骥. 景观生态学的理论与应用 [M]. 北京：中国环境科学出版社，1993.

[521] 许学工，林辉平，付在毅，等. 黄河三角洲湿地区域生态风险评价 [J]. 北京大学学报（自然科学版），2001，37（1）：111-120.

[522] 许妍，高俊峰，高永年. 基于土地利用动态变化的太湖地区景观生态风险评价 [J]. 湖泊科学，2011，23（4）：642-648.

[523] 许月卿，田媛，孙丕苓. 基于Logistic回归模型的张家口市土地利用变化驱动力及建设用地增加空间模拟研究 [J]. 北京大学学报（自然科学版），2015，51（5）：955-964.

[524] 闫玉玉，曹宇，谭永忠. 基于景观安全格局的县域生态用地保护研究——以浙江省青田县为例 [J]. 中国土地科学，2016，30（11）：78-85，97.

[525] 闫玉玉. 生态用地保护的景观安全格局规划途径 [D]. 杭州：浙江大学，2016.

[526] 严超，张安明，吴仕海. 基于GM（1，1）模型的土地生态安全动态分析与预测——以安徽省池州市为例 [J]. 西南大学学报（自然科学版），2015，37（2）：103-109.

[527] 燕守广，李辉，李海东，等. 基于土地利用与景观格局的生态保护红线生态系统健康评价方法——以南京市为例 [J]. 自然资源学报，2020，35（5）：1109-1118.

[528] 杨娟，王昌全，夏建国，等. 基于元胞自动机的土地利用空间规划辅助研究——以眉山市东坡区为例 [J]. 土壤学报，2010，47（5）：847-856.

［529］杨俊，裴颖，席建超，等. 基于 BDI 决策的 MAS-CA 模型黄海海滨城镇格局模拟研究——以大连金石滩为例［J］. 地理科学，2016，36（3）：410-416.

［530］杨青山，刘继斌. 区域人类社会与自然环境相互作用的类型分析及其实践意义［J］. 人文地理，2005（6）：111-114.

［531］杨青生，黎夏. 多智能体与元胞自动机结合及城市用地扩张模拟［J］. 地理科学，2007（4）：542-548.

［532］杨青生，乔纪纲，艾彬. 快速城市化地区景观生态安全时空演化过程分析——以东莞市为例［J］. 生态学报，2013，33（4）：1230-1239.

［533］杨小雄，刘耀林，王晓红，等. 基于约束条件的元胞自动机土地利用规划布局模型［J］. 武汉大学学报（信息科学版），2007（12）：1164-1167，1185.

［534］杨彦昆，王勇，程先，等. 基于连通度指数的生态安全格局构建——以三峡库区重庆段为例［J］. 生态学报，2020（15）：1-13.

［535］叶长盛，冯艳芬. 基于土地利用变化的珠江三角洲生态风险评价［J］. 农业工程学报，2013，29（19）：224-232，294.

［536］易平，方世明. 地质公园社会经济与生态环境效益耦合协调度研究——以嵩山世界地质公园为例［J］. 资源科学，2014，36（1）：206-216.

［537］殷贺，王仰麟，蔡佳亮，等. 区域生态风险评价研究进展［J］. 生态学杂志，2009，28（5）：969-975.

［538］游巍斌，何东进，巫丽芸，等. 武夷山风景名胜区景观生态安全度时空分异规律［J］. 生态学报，2011，31（21）：6317-6327.

［539］于海洋. 基于乡镇尺度的艾比湖流域土地生态安全评价研究［D］. 乌鲁木齐：新疆大学，2017.

［540］于海洋，张飞，王娟，等. 土地经济生态位在县域景观格局分析中的应用——以新疆精河县为例［J］. 应用生态学报，2015，26（12）：3849-3857.

［541］于婧，陈艳红，彭婕，等. 基于 GIS 和 Fragstats 的土地生态质量综合评价——以湖北省仙桃市为例［J］. 生态学报，2020，40（9）：2932-2943.

［542］于潇，吴克宁，郧文聚，等. 三江平原现代农业区景观生态安全时空分异分析［J］. 农业工程学报，2016，32（8）：253-259.

［543］余敦，高群，欧阳龙华. 鄱阳湖生态经济区土地生态安全警情研究［J］. 长江流域资源与环境，2012，21（6）：678-683.

［544］俞孔坚，陈义勇，王春连，等. 垦殖后洲滩湿地生态恢复的景观设计途径——以长江新济洲滩为例［J］. 长江流域资源与环境，2011，20（10）：

1255-1261.

［545］俞孔坚，李迪华，吉庆萍. 景观与城市的生态设计：概念与原理［J］. 中国园林，2001（6）：3-10.

［546］俞孔坚，李海龙，李迪华，等. 国土尺度生态安全格局［J］. 生态学报，2009，29（10）：5163-5175.

［547］俞孔坚，乔青，李迪华，等. 基于景观安全格局分析的生态用地研究——以北京市东三乡为例［J］. 应用生态学报，2009，20（8）：1932-1939.

［548］俞孔坚. 生物保护的景观生态安全格局［J］. 生态学报，1999，19（1）：8-15.

［549］宇振荣，杨新民，陈雅杰. 河南省南太行地区山水林田湖草生态保护与修复［J］. 生态学报，2019，39（23）：8886-8895.

［550］喻锋，李晓兵，王宏，等. 皇甫川流域土地利用变化与生态安全评价［J］. 地理学报，2006，61（6）：645-653.

［551］袁家根. 区域生态用地识别及空间管理策略研究［D］. 西安：西北大学，2016.

［552］袁静文，武辰，杜博，等. 高分五号高光谱遥感影像的城市土地利用景观格局分析［J］. 遥感学报，2020，24（4）：465-478.

［553］袁林，刘志辉，李民. 新疆霍城县土地生态安全评价［J］. 新疆农业科学，2010，47（1）：157-162.

［554］岳健，张雪梅. 关于我国土地利用分类问题的讨论［J］. 干旱区地理，2003（1）：78-88.

［555］臧淑英. 梁欣，张思冲. 基于 GIS 的大庆市王地利用生态风险分析［J］. 自然灾害学报，2005，14（4）：141-145.

［556］曾浩，张中旺，张红，等. BP 神经网络方法在城市土地生态安全评价中的应用——以武汉市为例［J］. 安徽农业科学，2011，39（33）：20687-20689，20740.

［557］曾辉，刘国军. 基于景观结构的区域生态风险分析［J］. 中国环境科学，1999，19（5）：454-457.

［558］曾乐春，李小玲. 土地资源生态安全评价及分析——以广州市为例［J］. 国土与自然资源研究，2011（4）：56-59.

［559］曾勇. 区域生态风险评价——以呼和浩特市区为例［J］. 生态学报，2010，30（3）：668-673.

［560］曾招兵，陈效民，李英升，等. 上海市青浦区生态用地建设评价指标体系研究［J］. 中国农学通报，2007，23（11）：328-332.

［561］张兵，金凤君，董晓峰. 甘肃中部地区景观生态格局与土地利用变化研究［J］. 地理科学进展，2005（3）：34-43.

［562］张成，黄芳芳，尚国琲. 土地生态安全预警系统设计与实现［J］. 中国生态农业学报（中英文），2020，28（6）：931-944.

［563］张德平，李德重，刘克顺. 规划修编，别落了生态用地［J］. 中国土地，2006（12）：26-27.

［564］张凤太，王腊春，苏维词. 基于物元分析-DPSIR 概念模型的重庆土地生态安全评价［J］. 中国环境科学，2016，36（10）：3126-3134.

［565］张光宇. 控制论应用新分支——土地控制论［J］. 中国软科学，1999（5）：3-5.

［566］张红旗，王立新，贾宝全. 西北干旱区生态用地概念及其功能分类研究［J］. 中国生态农业学报，2004（2）：10-13.

［567］张红旗，许尔琪，朱会义. 中国"三生用地"分类及其空间格局［J］. 资源科学，2015，37（7）：1332-1338.

［568］张红伟，王占岐，柴季，等. 基于"源""汇"景观理论的山区农村居民点整治适宜性评价研究——以湖北省十堰市房县为例［J］. 中国土地科学，2018，32（11）：65-72.

［569］张虹波，刘黎明. 土地资源生态安全研究进展与展望［J］. 地理科学进展，2006（5）：77-85.

［570］张华兵，高卓，王娟，等. 基于"格局—过程—质量"的盐城滨海湿地生境变化分析［J］. 生态学报，2020（14）：1-11.

［571］张惠远，王仰麟. 土地资源利用的景观生态优化方法［J］. 地学前缘，2000（S2）：112-120.

［572］张瑾青，罗涛，徐敏，等. 闽三角地区城镇空间扩张对区域生态安全格局的影响［J］. 生态学报，2020（15）：1-11.

［573］张可云，王裕瑾，王婧. 空间权重矩阵的设定方法研究［J］. 区域经济评论，2017（1）：19-25.

［574］张克锋，彭晋福，张定祥. 基于城镇化水平和 GDP 情景下中国未来30 年土地利用变化模拟［J］. 中国土地科学，2007，21（2）：58-64.

［575］张利，陈影，王树涛，等. 滨海快速城市化地区土地生态安全评价与预警——以曹妃甸新区为例［J］. 应用生态学报，2015，26（8）：2445-2454.

［576］张林波，李伟涛，王维，等. 基于 GIS 的城市最小生态用地空间分析模型研究——以深圳市为例［J］. 自然资源学报，2008（1）：69-78.

［577］张强，薛惠锋，张明军，等. 基于可拓分析的区域生态安全预警模型

及应用——以陕西省为例 [J]. 生态学报, 2010, 30 (16): 4277-4286.

[578] 张青峰, 吴发启, 王力, 等. 黄土高原生态与经济系统耦合协调发展状况 [J]. 应用生态学报, 2011, 22 (6): 1531-1536.

[579] 张清军, 鲁俊娜, 程从勉. 区域土地资源生态安全评价——以石家庄市为例 [J]. 湖北农业科学, 2011, 50 (6): 1122-1127.

[580] 张秋霞, 张合兵, 刘文锴, 等. 新郑市耕地生态安全动态预警研究 [J]. 水土保持研究, 2017, 24 (1): 256-264.

[581] 张晟源. 延吉市城市生态用地空间结构评价 [D]. 延边: 延边大学, 2015.

[582] 张天华, 王彤, 黄琼中, 等. 西藏高原拉萨河流域生态风险评估 [J]. 生态学报, 2018, 38 (24): 9012-9020.

[583] 张祥义, 许皞, 刘名冲, 等. 基于熵权物元模型的耕地生态安全评价研究——以河北省肥乡县为例 [J]. 土壤通报, 2014, 45 (1): 18-23.

[584] 张祥义, 许皞, 赵文廷. 基于 PSR 模型的河北省土地生态安全评价的分区 [J]. 贵州农业科学, 2013, 41 (8): 207-211.

[585] 张小虎, 雷国平, 袁磊, 等. 黑龙江省土地生态安全评价 [J]. 中国人口·资源与环境, 2009, 19 (1): 88-93.

[586] 张晓媛, 周启刚, 张建军. 基于综合模糊评价的三峡库区屏障带重庆段土地利用生态风险评价 [J]. 水土保持研究, 2013, 20 (6): 262-266, 301.

[587] 张学斌, 石培基, 罗君, 等. 基于景观格局的干旱内陆河流域生态风险分析: 以石羊河流域为例 [J]. 自然资源学报, 2014, 29 (3): 410-419.

[588] 张雪飞, 王传胜, 李萌. 国土空间规划中生态空间和生态保护红线的划定 [J]. 地理研究, 2019, 38 (10): 2430-2446.

[589] 张宇硕, 吴殿廷, 吕晓. 土地利用/覆盖变化对生态系统服务的影响: 空间尺度视角的研究综述 [J]. 自然资源学报, 2020, 35 (5): 1172-1189.

[590] 张月平, 刘友兆, 毛良祥, 张炳宁. 根据承载力确定土地资源安全度——以江苏省为例 [J]. 长江流域资源与环境, 2004 (4): 328-332.

[591] 张正峰. 面向 SDGs 的土地可持续利用目标、挑战与应对策略 [J]. 中国土地科学, 2019, 33 (10): 48-55.

[592] 张智光. 人类文明与生态安全: 共生空间的演化理论 [J]. 中国人口·资源与环境, 2013, 23 (7): 1-8.

[593] 赵冠伟, 龚建周, 谢建华, 等. 基于 CA 模型的城市边缘区土地利用演变模拟——以广州市花都区为例 [J]. 中国土地科学, 2009, 23 (12): 56-62.

[594] 赵米金, 徐涛. 土地利用/土地覆被变化环境效应研究 [J]. 水土保

持研究，2005，12（1）：43-46.

[595] 赵小娜，宫雪，田丰昊，李明玉. 延龙图地区城市土地生态适宜性评价 [J]. 自然资源学报，2017，32（5）：778-787.

[596] 赵晓波. 新古典理论框架下土地要素与经济增长关系的理论研究 [J]. 商业时代，2013（11）：25-26.

[597] 赵筱青，和春兰. 外来树种桉树引种的景观生态安全格局 [J]. 生态学报，2013，33（6）：1860-1871.

[598] 赵筱青，王兴友，谢鹏飞，等. 基于结构与功能安全性的景观生态安全时空变化——以人工园林大面积种植区西盟县为例 [J]. 地理研究，2015，34（8）：1581-1591.

[599] 赵筱青，赵小娜. 基于景观安全格局的延龙图地区生态用地保护研究 [D]. 延边：延边大学，2017.

[600] 赵岩洁，李阳兵，邵景安. 基于土地利用变化的三峡库区小流域生态风险安全评价——以草堂溪为例 [J]. 自然资源学报，2013，28（6）：944-956.

[601] 赵艳，杜耘. 人类活动与武汉市自然地理环境 [J]. 长江流域资源与环境，1998（3）：87-92.

[602] 郑度. 21 世纪人地关系研究前瞻 [J]. 地理研究，2002（1）：9-13.

[603] 郑华伟，张锐，孟展，等. 基于 PSR 模型与集对分析的耕地生态安全诊断 [J]. 中国土地科学，2015，29（12）：42-50.

[604] 钟莉娜，王军，白中科，等. 农用地整理对区域景观动态与生态风险影响研究——以福建省建溪流域为例 [J]. 中国土地科学，2019，33（1）：73-82.

[605] 钟文平，刘文，章璐. 基于土地现状调查的中国土地利用分类浅析 [J]. 广东土地科学，2014，13（5）：45-48.

[606] 钟学斌，刘成武，陈锐凯. 基于生态补偿的低丘岗地改造与景观生态设计 [J]. 水土保持研究，2012，19（4）：147-152.

[607] 周成虎，孙战利，谢一春. 地理元胞自动机研究 [M]. 北京：科学出版社，1999.

[608] 周国富. 生态安全与生态安全研究 [J]. 贵州师范大学学报（自然科学版），2003（3）：105-108.

[609] 周俊驰. 基于 GIS 及地统计学的县域耕地重金属污染评价预警与源解析 [D]. 长沙：湖南农业大学，2017.

[610] 周锐，王新军，苏海龙，等. 平顶山新区生态用地的识别与安全格局构建 [J]. 生态学报，2015，37（6）：2003-2012.

［611］周正龙，沙晋明，范跃新，等. 厦门市不透水面景观格局时空变化及驱动力分析［J］. 应用生态学报，2020，31（1）：230-238.

［612］周子英. 土地利用及其功能变化研究［D］. 长沙：湖南农业大学，2012.

［613］朱东国，谢炳庚，熊鹏. 基于三维景观格局指数的张家界市土地利用格局时空演化［J］. 经济地理，2017，37（8）：168-175.

［614］庄伟，廖和平，潘卓，等. 基于变权 TOPSIS 模型的三峡库区土地生态安全评估——以巫山县为例［J］. 西南大学学报（自然科学版），2014，36（8）：106-112.

［615］邹长新，徐梦佳，高吉喜，等. 全国重要生态功能区生态安全评价［J］. 生态与农村环境学报，2014，30（6）：688-693.

［616］邹利林，王建英，胡学东. 中国县级"三生用地"分类体系的理论构建与实证分析［J］. 中国土地科学，2018，32（4）：59-66.

［617］左伟，王桥，王文杰. 区域生态安全评价指标与标准研究［J］. 地理学与国土研究，2002，18（1）：67-71.

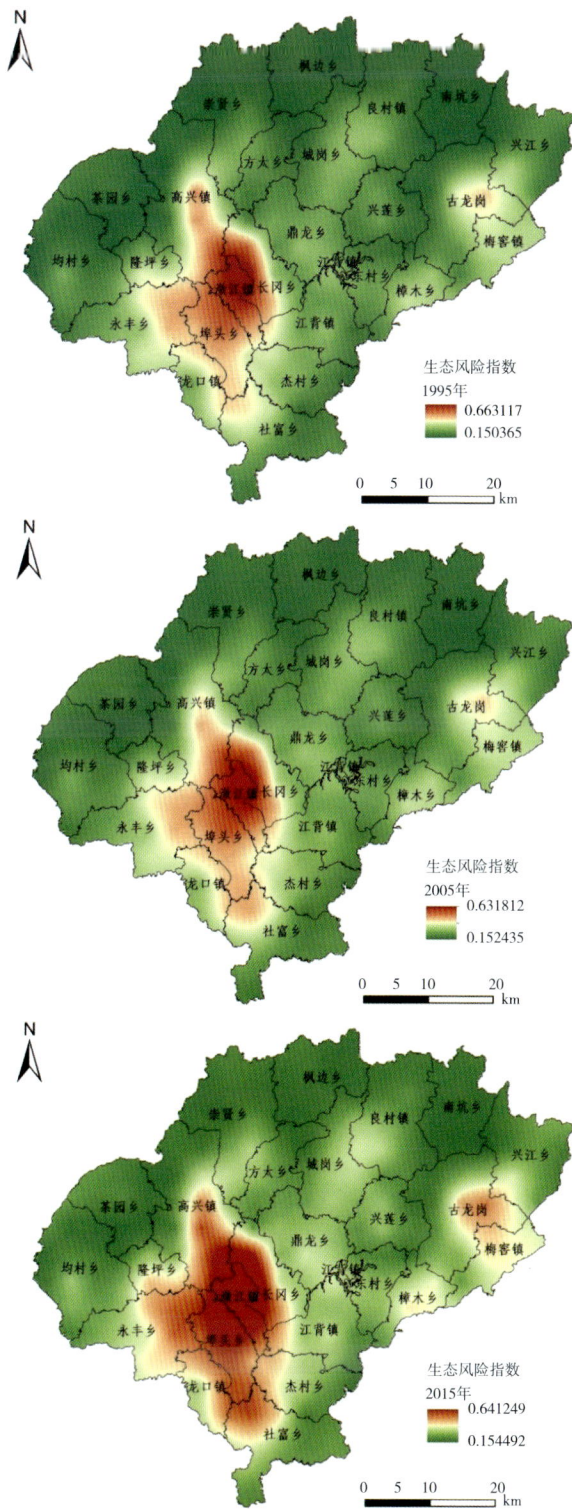

彩图 1　兴国县 2000-2015 年土地利用生态风险指数趋势变化

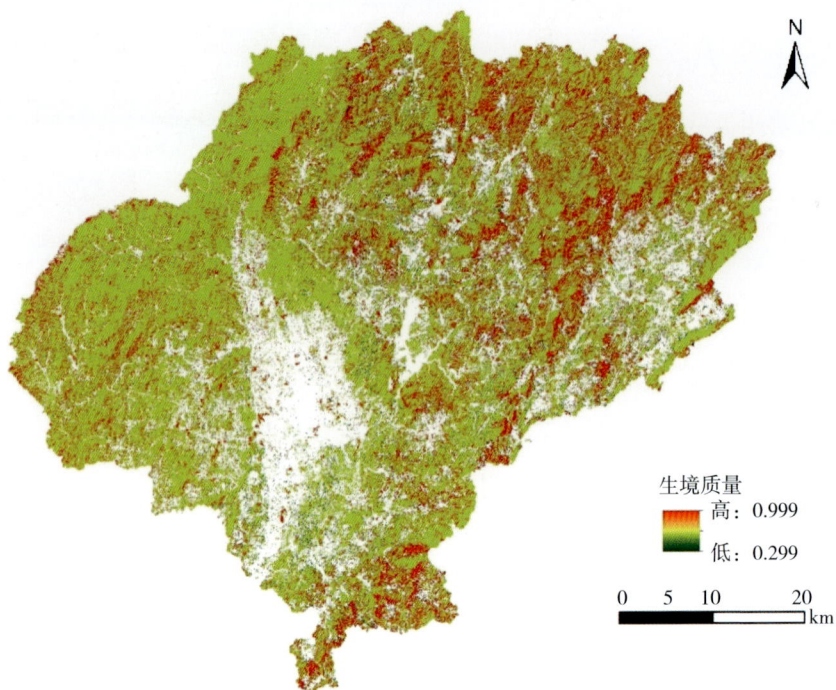

生境质量
高：0.999
低：0.299

0 5 10 20
km

彩图 2　兴国县森林生境质量

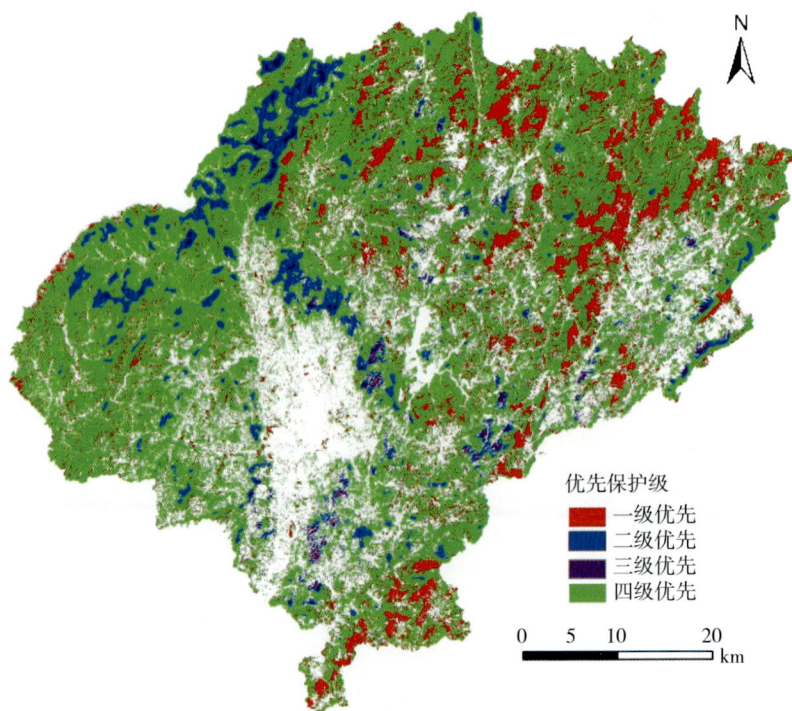

优先保护级
一级优先
二级优先
三级优先
四级优先

0 5 10 20
km

彩图 3　兴国县森林生物多样性保护优先级

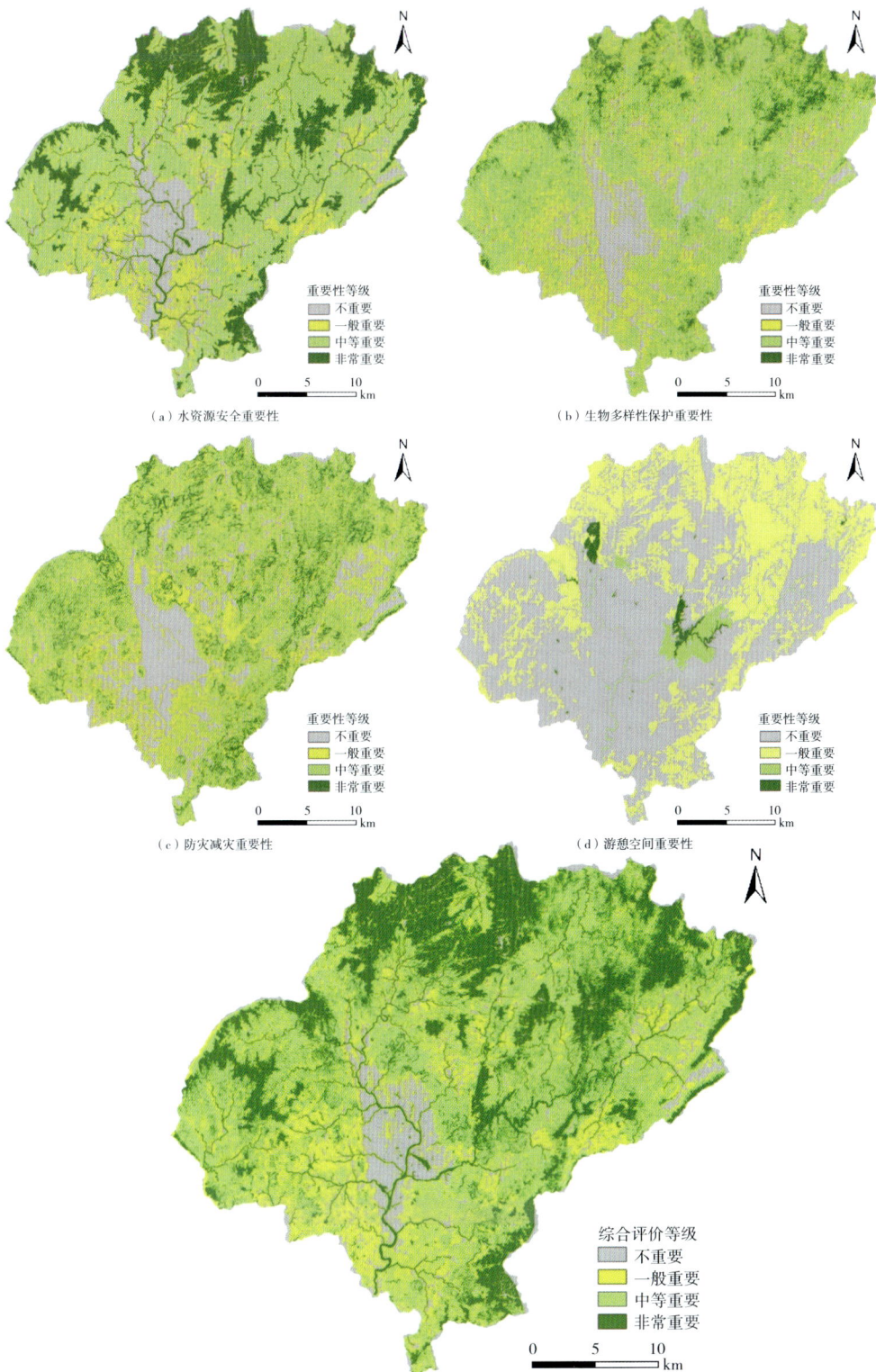

彩图 4 兴国县单项安全生态重要性和综合重要性评价结果

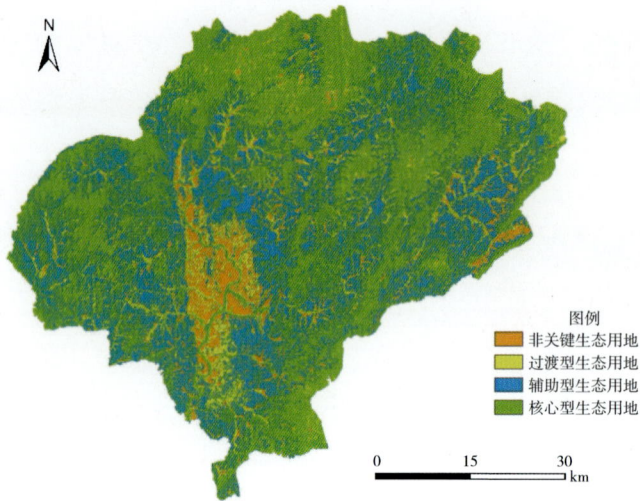

图例
- 非关键生态用地
- 过渡型生态用地
- 辅助型生态用地
- 核心型生态用地

0　　　15　　　30
km

彩图 5　兴国县关键性生态用地空间结构

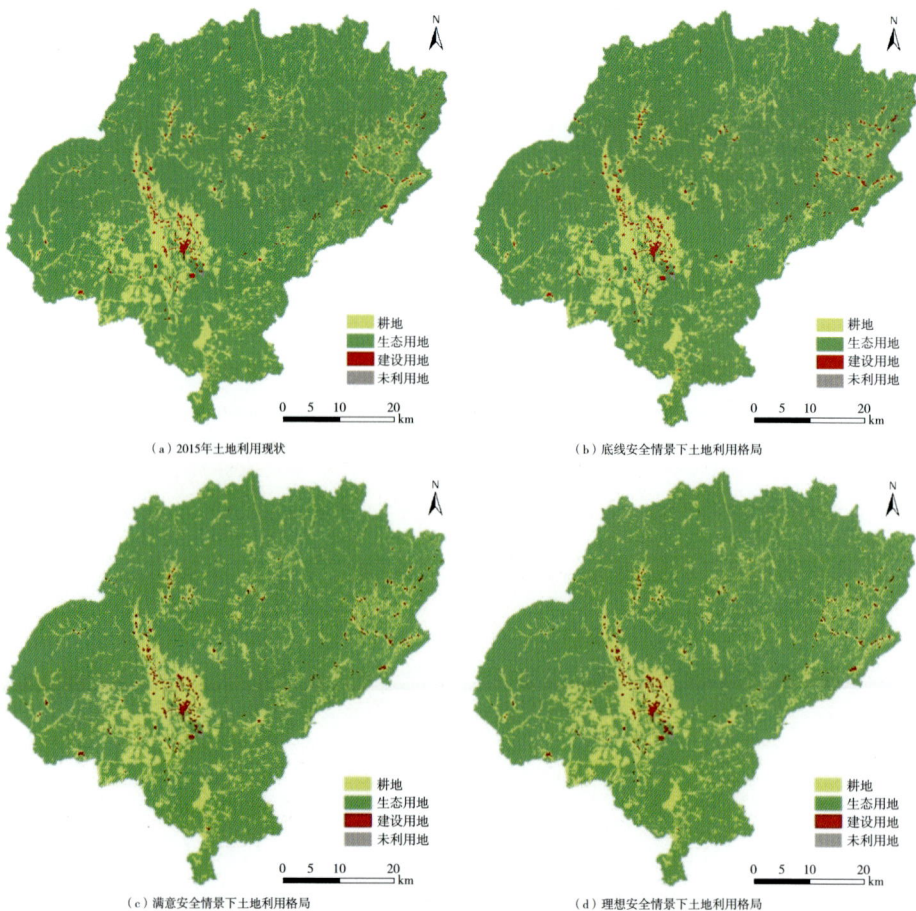

图例
- 耕地
- 生态用地
- 建设用地
- 未利用地

0　5　10　　20
km

（a）2015年土地利用现状

图例
- 耕地
- 生态用地
- 建设用地
- 未利用地

0　5　10　　20
km

（b）底线安全情景下土地利用格局

图例
- 耕地
- 生态用地
- 建设用地
- 未利用地

0　5　10　　20
km

（c）满意安全情景下土地利用格局

图例
- 耕地
- 生态用地
- 建设用地
- 未利用地

0　5　10　　20
km

（d）理想安全情景下土地利用格局

彩图 6　兴国县土地利用现状和不同情景下 2030 年土地利用安全格局